Inhaltsübersicht
Inhou

Umgebung von Berlin / Environ
Environs of Berlin / Omgeving v
Dintorni di Berlino / Alrededores

Übersicht - Hauptverkesstraßen
Tableau d'assemblage - Grands axes de circulation
Key to map pages - Main traffic artery .... 4 - 5
Overzichtskaart - Belangrijke verkeersaders
Quadro d'insieme - Grandi direttrici stradali
Mapa índice - Grandes viás de circulación

Berlin - 1/15 000 .... 2 - 97

Zeichenerklärung / Légende / Key / Verklaring van de tekens ...... 98 - 100
Legenda / Signos convencionales

Straßenverzeichnis / Index / Straatnamenregister /
Indice / Índice .... 101 - 142

Durch Nummern gekennzeichnete Straßen
Index des rues numérotées sur le plan
Index of streets numbered on plan 143
Register met de genummerde straten op de plattegrond
Indice delle vie numerate sulla pianta
Índice de calles numeradas en el plano

Nützliche Telefonnummern / Téléphones utiles
Useful telephone numbers / Nuttige telefoonnummers ..... 144 - 145
Numeri di telefono utili / Teléfonos útiles

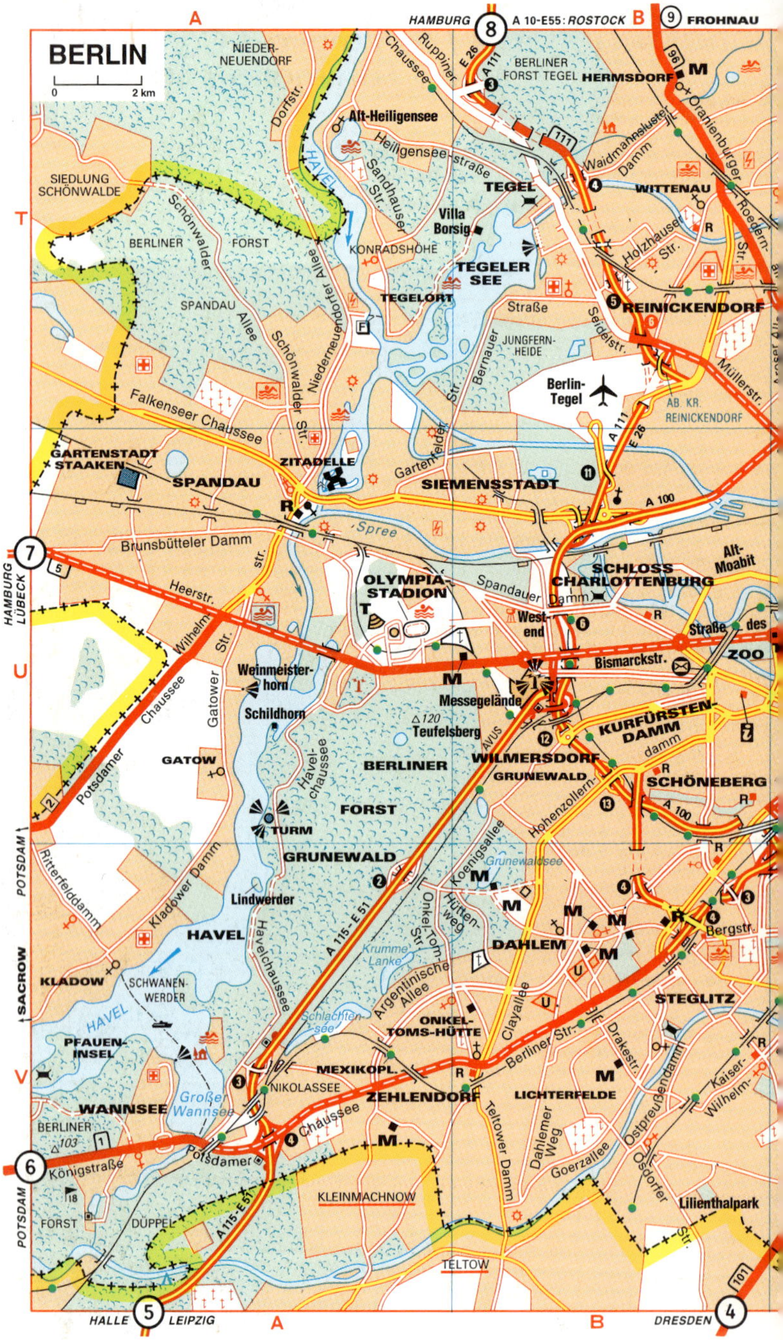
BERLIN
0
2 km
A
B
HAMBURG
8
A 10-E55: ROSTOCK
9
FROHNAU
HALLE
5
LEIPZIG
DRESDEN
4
T
U
V
7
HAMBURG LÜBECK
6
POTSDAM
SACROW
POTSDAM
NIEDER-NEUENDORF
Alt-Heiligensee
BERLINER FORST TEGEL
HERMSDORF
SIEDLUNG SCHÖNWALDE
Dorfstr.
HAVEL
Ruppiner
Chaussee
Heiligensee-straße
Sandhauser Str.
TEGEL
Waidmannsluster Damm
Oranienburger
WITTENAU
Roedern-
Villa Borsig
KONRADSHÖHE
BERLINER
FORST
Schönwalder
Allee
SPANDAU
Allee
Schönwalder
Niederneuendorfer Allee
TEGELER SEE
TEGELORT
Holzhauser Str.
Straße
REINICKENDORF
JUNGFERN-HEIDE
Seidelstr.
Bernauer Str.
Berlin-Tegel
Müllerstr.
AB. KR. REINICKENDORF
Falkenseer Chaussee
Gartenfelder
GARTENSTADT STAAKEN
SPANDAU
ZITADELLE
SIEMENSSTADT
A 111
E 26
A 100
Spree
Brunsbütteler Damm
str.
OLYMPIA-STADION
SCHLOSS CHARLOTTENBURG
Alt-Moabit
Spandauer Damm
Heerstr.
West-end
Straße des
ZOO
Bismarckstr.
Wilhelm
Chaussee
Str.
Gatower
Weinmeister-horn
Schildhorn
Messegelände
Teufelsberg
AVUS
KURFÜRSTEN-DAMM
damm
WILMERSDORF
GRUNEWALD
SCHÖNEBERG
A 100
GATOW
Havel-chaussee
BERLINER
FORST
Potsdamer
TURM
Hohenzollern-
GRUNEWALD
Grunewaldsee
Ritterfelddamm
Kladower Damm
Koenigsallee
Lindwerder
Hütten-weg
Onkel-Tom-Str.
HAVEL
Havelchaussee
A 115 - E 51
DAHLEM
Bergstr.
Krumme Lanke
Argentinische Allee
KLADOW
SCHWANEN-WERDER
HAVEL
Clayallee
STEGLITZ
PFAUEN-INSEL
Schlachten-see
ONKEL-TOMS-HÜTTE
Berliner Str.
Drakestr.
Kaiser-Wilhelm-
MEXIKOPL.
Ostpreußendamm
NIKOLASSEE
ZEHLENDORF
LICHTERFELDE
WANNSEE
Großer Wannsee
Chaussee
Teltower Damm
Dahlemer Weg
Goerzallee
BERLINER
Königstraße
Potsdamer
Osdorfer Str.
Lilienthalpark
KLEINMACHNOW
FORST
DÜPPEL
A 115-E51
TELTOW

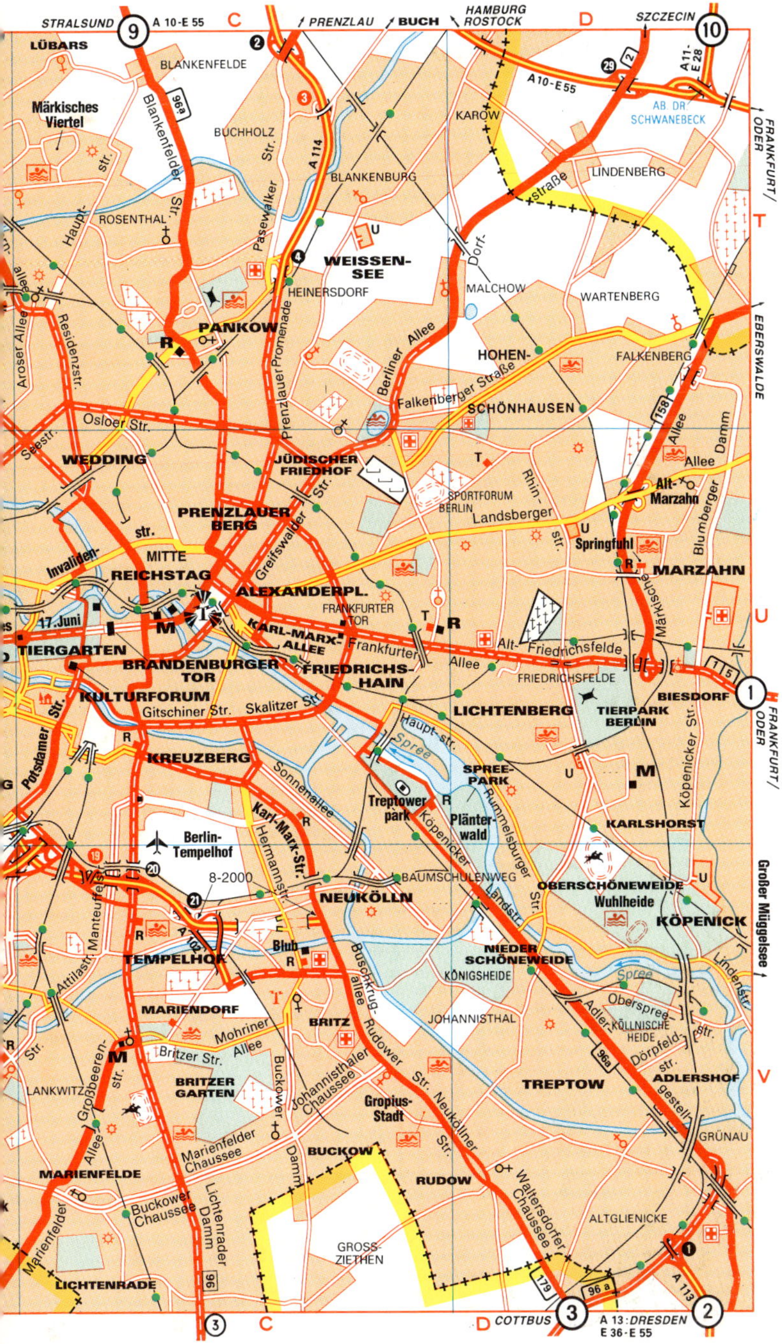

STRALSUND
A 10-E 55
C
PRENZLAU
BUCH
HAMBURG
ROSTOCK
D
SZCZECIN
A 11-E 28
LÜBARS
BLANKENFELDE
Märkisches Viertel
Blankenfelder Str.
BUCHHOLZ
Pasewalker Str.
A 114
BLANKENBURG
KAROW
A 10-E 55
AB. DR. SCHWANEBECK
FRANKFURT/ODER
LINDENBERG
Straße
ROSENTHAL
Haupt-str.
WEISSEN-SEE
HEINERSDORF
Dorf-
MALCHOW
WARTENBERG
T
EBERSWALDE
Residenzstr.
Aroser Allee
PANKOW
Prenzlauer Promenade
Berliner Allee
HOHEN-
FALKENBERG
Falkenberger Straße
SCHÖNHAUSEN
Osloer Str.
Seestr.
WEDDING
JÜDISCHER FRIEDHOF
SPORTFORUM BERLIN
Rhin-str.
Allee
Alt-Marzahn
Blumberger Damm
PRENZLAUER BERG
Greifswalder Str.
Landsberger
Springfuhl
MARZAHN
str.
Invaliden-
MITTE
REICHSTAG
ALEXANDERPL.
FRANKFURTER TOR
U
17. Juni
TIERGARTEN
KARL-MARX-ALLEE
Frankfurter Allee
Alt-Friedrichsfelde
Märkische
FRIEDRICHSFELDE
BRANDENBURGER TOR
FRIEDRICHS-HAIN
BIESDORF
FRANKFURT/ODER
KULTURFORUM
Gitschiner Str.
Skalitzer Str.
LICHTENBERG
TIERPARK BERLIN
Potsdamer Str.
Haupt-str.
Spree
KREUZBERG
SPREE-PARK
Köpenicker Str.
Sonnenallee
Treptower park
Plänter-wald
Rummelsburger
Köpenicker Landstr.
KARLSHORST
Berlin-Tempelhof
Karl-Marx-Str.
Hermannstr.
8-2000
BAUMSCHULENWEG
Manteuffelstr.
OBERSCHÖNEWEIDE
Wuhlheide
NEUKÖLLN
KÖPENICK
Großer Müggelsee
A 102
Blub
TEMPELHOF
Attilastr.
NIEDER SCHÖNEWEIDE
KÖNIGSHEIDE
Spree
Lindenstr.
Buschkrugallee
Oberspree-str.
JOHANNISTHAL
KÖLLNISCHE HEIDE
MARIENDORF
Mohriner Allee
BRITZ
Adler-gestell
Britzer Str.
Dörpfeld-str.
Großbeeren-str.
Buckower Damm
Rudower Str.
ADLERSHOF
V
LANKWITZ
BRITZER GARTEN
Johannisthaler Chaussee
TREPTOW
Gropius-Stadt
Neuköllner Str.
Allee
Marienfelder Chaussee
BUCKOW
GRÜNAU
MARIENFELDE
RUDOW
Waltersdorfer Chaussee
Buckower Chaussee
Lichtenrader Damm
ALTGLIENICKE
Marienfelder
GROSS-ZIETHEN
A 113
LICHTENRADE
96
179
96 a
C
D
COTTBUS
A 13: DRESDEN
E 36 - E 55

Übersicht - Hauptverkesstraßen

Tableau d'assemblage - Grands axes de circulation

Key to map pages - Main traffic artery

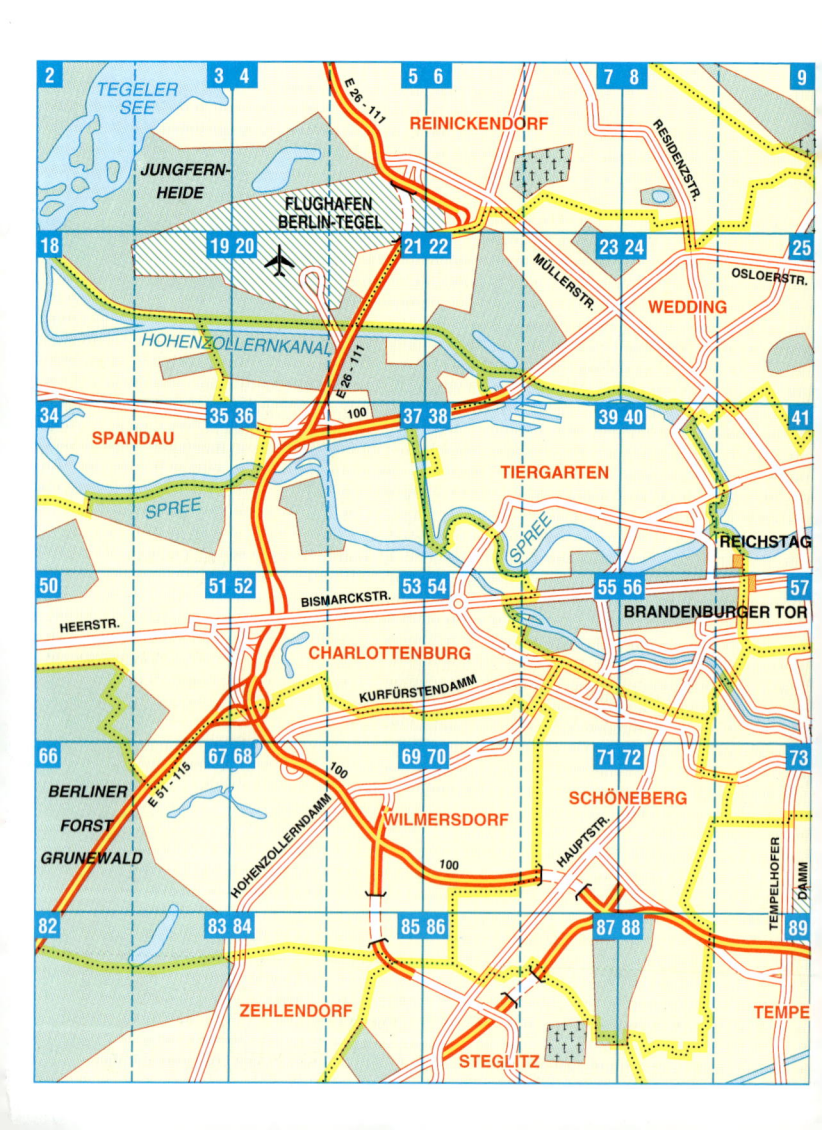

Overzichtskaart - Belangrijke verkeersaders

Quadro d'insieme - Grandi direttrici stradali

Mapa índice - Grandes viás de circulación

2

A1	A2
B1	B2
C1	C2
D1	D2

Waldkrauzstr.
Schwarzer Weg
Lindwerder
Schwarzer Weg
Theresenweg
Ottilienweg
Scharfenberger Str.
TEGELORT
Tegelorter Ufer
Scharfenberg
TEGELER SEE
Baumwerder
Reiswerder
Valentinswerder
Maienwerder
Bernauer Str.
Semmel-
weg
Seeweg
Parallel-
Hohenzollern-
Bootshaus
weg
Kol. Am Tegeler See
Kol. Wiese
Tulpenweg
Asternweg
Lilienweg
Saatwinkel
Maienwerder-
Nord
Saatwinkel Str.

18

3

A 3

A 4

Borsig-hafen

Borsigdamm

Gänsewerder

Neheimer Str.

Lesooner Weg

Neheimer Str.

Namslaustr.

Bernauer Str.

Bernauer Str.

Krumpuhler Weg

Coesfelder

Billerbecker Weg

Kamener Weg

Billerbecker Weg

B 3

Selmer Pfad

Dülmener Pfad

B 4

Rauxeler W.

Hattinger

Herscheider

Nordhelle

Plettenberger

Bocholter

Polsumer

Seppenrader Weg

Sendener

Ascheberger Weg

Westiger Pfad

Kamener W.

Semmel-weg

Datteiner Weg

Bokener

Breckerfelder Pfad

Leimather Weg

Werdohler Weg

steig

Bernauer Str.

Semmel-weg

JUNGFERN-

C 3

C 4

HEIDE

D 3

D 4

Map 4 — Berlin-Tegel

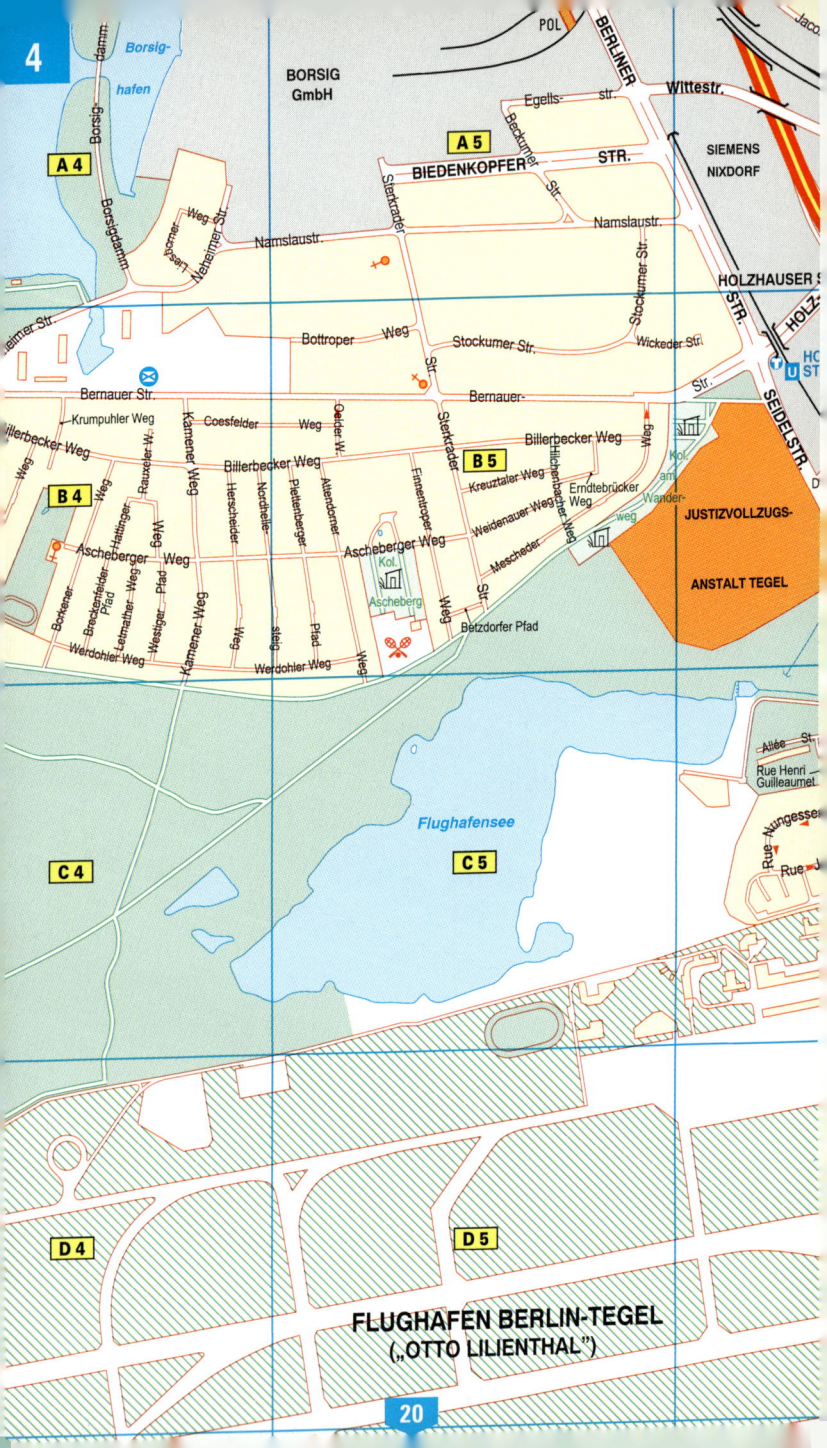

Grid references: A4, A5, B4, B5, C4, C5, D4, D5

Labeled features:

- Borsighafen
- Borsigdamm
- BORSIG GmbH
- BERLINER (Str.)
- POL
- Wittestr.
- Egellsstr.
- Beckumer Str.
- BIEDENKOPFER STR.
- SIEMENS NIXDORF
- Sterkrader Str.
- Namslaustr.
- Lysener Weg
- Wehlheimer Str.
- Stockumer Str.
- Wickeder Str.
- HOLZHAUSER STR.
- Bottroper Weg
- Bernauer Str.
- SEIDELSTR.
- Krumpuhler Weg
- Coesfelder Weg
- Oerter W.
- Billerbecker Weg
- Kol. am Wanderweg
- Erndtebrücker Weg
- JUSTIZVOLLZUGSANSTALT TEGEL
- Kamener Weg
- Herschelder
- Altendorner
- Plettenberger
- Kreuztaler Weg
- Weidenauer Weg
- Hilchenbacher Weg
- Mescheder Str.
- Rauxeler W.
- Hattinger Pfad
- Nachtigalle
- Ascheberger Weg
- Kol. Ascheberg
- Bockumer
- Bredenfelder Pfad
- Telmather Pfad
- Westiger Pfad
- Kamener Steig
- Werdohler Weg
- Betzdorfer Pfad
- Flughafensee
- Allee-Str.
- Rue Henri Guilleaumet
- Rue Nungesser
- Rue J.
- FLUGHAFEN BERLIN-TEGEL („OTTO LILIENTHAL")

20

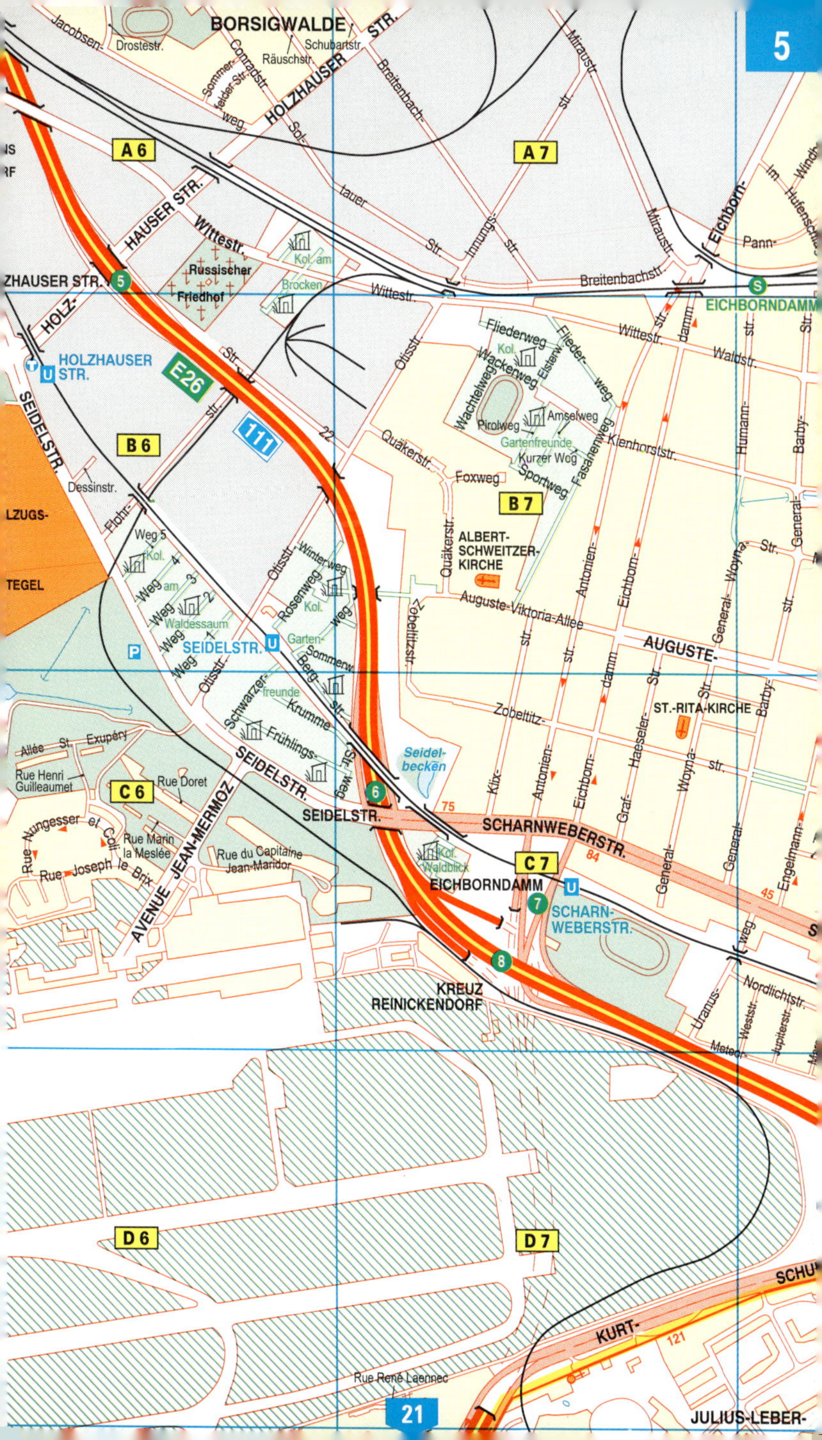
BORSIGWALDE
Jacobsen-
Drostestr.
Schubartstr.
Räuschstr.
Conradstr.
Sommerfelder-Str.-weg
HOLZHAUSER STR.
Breitenbach-
Sol-
tauer
Str.
Innungs-
str.
Miraustr.
Mirau-
str.
A 6
A 7
HAUSER STR.
Wittestr.
Russischer Friedhof
Kol. am Brocken
ZHAUSER STR.
5
HOLZ-
HOLZHAUSER STR.
E26
Str.
str.
111
Wittestr.
Breitenbachstr.
Eichborn-
Pann-
EICHBORNDAMM
Otisstr.
Fliederweg
Kol.
Wackerweg
Eisenw.
Flieder-
weg
Wachtelweg
Pirolweg
Amselweg
Gartenfreunde
Kurzer Weg
Sportweg
Fasanenweg
Kienhorststr.
Wittestr.
Waldstr.
Humann-
Barby-
damm
SEIDELSTR.
Dessinstr.
B 6
Quäkerstr.
Foxweg
B 7
ALBERT-SCHWEITZER-KIRCHE
Quäkerstr.
Flohr-
Weg 5
Kol.
Weg 4
Weg am 3
Weg 2
Waldessaum
Weg 1
Weg
Otisstr.
Winterweg
Rosenweg
Kol.
Gartenfreunde
Sommerweg
Bergstr.
Schwarzer
Krumme
Frühlings-
weg
Stier-
Zobeltitzstr.
Auguste-Viktoria-Allee
Antonien-
Eichborn-
AUGUSTE-
General-Woyna-
Str.
General-
str.
LZUGS-
TEGEL
SEIDELSTR.
P
Allée St. Exupéry
Rue Henri Guilleaumet
C 6
Rue Doret
Rue Nungesser et Coli
Rue Marin la Meslée
Rue Joseph le Brix
AVENUE JEAN-MERMOZ
Rue du Capitaine Jean-Maridor
SEIDELSTR.
SEIDELSTR.
Seidelbecken
6
75
Zobeltitz-
Klix-
Antonien-
Eichborn-
Graf-
Haeseler-
Str.
Woyna-
ST.-RITA-KIRCHE
Barby
str.
SCHARNWEBERSTR.
84
General-
General-
Engelmann-
45
C 7
Kol. Waldblick
EICHBORNDAMM
7
SCHARNWEBERSTR.
8
KREUZ REINICKENDORF
weg
Nordlichtstr.
Uranus-
Weststr.
Jupiterstr.
Meteor-
D 6
D 7
KURT-SCHU
121
Rue René Laennec
21
JULIUS-LEBER-

REINICKENDORF

Kossätenstr.
Wilhelm-Gericke-Str.
Schmitz-str.
Heiligental
Ranftweg
Hauptweg
Kol. Trockendorf
Mittelweg
Tessenow-
Sitte-
Henricistr.
Weinbrennerweg
ROEDERN-
Lengeder Str.
ORANIENBURGER STR.
Föttner-
weg
Knauerstr.
Olbrichweg
A 9
Thyssen-str.
A 10
ALLEE
96
Montan-str.
Blunck-
Flottenstr.
ALT-REINICKENDORF
Amselweg
Kol. Einheit
Drosselweg
Zeisigweg
Veltener Str.
Finkenweg
Schwanenteich
FRIEDHOF REINICKENDORF
Hinter der Dorfaue
Mittel-weg
Kol. Pflanzersheim
Veltener Str.
POL
Freiheitsweg
Kol. Einheit
Langer Weg
Grenzweg
Kol. Parkheim
Parkweg
ROEDERNALLEE
Alt-
Luisen-weg
Siege-weg
Freiheits-
LINDAUER
LINDAUER ALLEE
ALLEE
Reinicker
Waldow-
Pfifferlingweg
Rundpfuhlweg
Holzweidepfad
B 9
Borggreve-
str.
LINDAUER-
ALLEE
Humboldtstr.
PARACELSUS BAD
B 10
Teichstr.
Becher-weg
Klenze-pfad
Klamann-
An der Koppel
Sankt-Galler-Str.
Weg
ALLEE
Waldowstr.
Solferino-str.
Brusebergstr.
Walliser Str.
Huttwiler
Ragazer
Thurgauer Str.
Genfer
FRIEDHOF REINICKENDORF
ST.-SEBASTIAN-KICHHOF
Brusberg-
Klenze-pfad
Romanshorner
Schiller-ring
str.
AROSER
Teich-
C 9
C 10
Emmentaler
Haupt-
Kol. Mariabrunn
GOTTHARDSTR.
Bieler Straße
Baseler Str.
NAZARETHKIRCHHOF II
Gotthardstr.
Septimerbecken
Winterthurstr.
Julierstr.
Romanshorner-
Zermatter
AROSER
Mariabrunner Weg
Eisbären-weg
Mudrackzeile
HOLLÄNDERSTR.
Septimerstr.
Septimerstr.
GOLGATHA-GNADEN-UND ST.-JOHANNES-
Grindelwald-weg
Kol.
Schillerring
Rütlistr.
KIRCHHOF
DOROTHEENSTADT III
Str.
Kol. Berg und Tal
Kol. Nordpol
Nordlichtweg
STR.
Cambridger
Greenwicher Str.
Kol. Sonntagsfreude
Themsestr.
HOLLÄNDERSTR.
Kol. Freudental
Corker Str.
EVANGELIST-KIRCHHOF
ALLEE
Winkelried-str.
Schillerhof
Belfaster
D 9
D 10
AFRIKANISCHE STR.
MÜLLERSTR.
AFRIKANISCHE STR.
LONDONER
Themsestr.
DOM-KIRCHHOF II
Dubliner
Windsorer Str.
Bristol-
Oxforder Str.
Str.
Barfusstr.
Usambarastr.
Petersallee
Liverpooler
Dubliner Str.
Edinburger Str.
SCHILLER-
Schwyzer
ST.-ALOYSIUS-

23

WILHELMSRUH
SOVJE
EHREND
Straße 78
Straße 33
Waldsteg
Straße 79
Str. 78
Genossenschafts-
Straße 104
Mittel-
Friedenst.
Kreuzsteg
A 11
A
Str.
Montan-
str.
Flottenstr.
ALT-REINICKENDORF
FRIEDHOF
REINICKENDORF
POL
Hinter der Dorfaue
Freiheitsweg
Luisen-
weg
Stege-
weg
Freiheits-
weg
Koppenhagener
ST.-MARIEN-
KIRCHE
Am Stand
Kol. Schönholz I
Büchsen-
weg
Klemke-
str.
Klemke-
ROEDERNALLEE
Alt-
Reinickendorf
48
LINDAUER-
ALLEE
25
B 10
B 11
B 12
Breitkopfstr.
Lampe-steig
Ambrustweg
Büchsenweg
Büdnerring
Breitkopf-
becken
Gams-
bartweg
Grünrock-
weg
Breitkopfstr.
Reginhardstr.
Herbst-
Raschdorff-
Weg
Sankt-Galler-Str.
ALLEE
Walliser
Str.
Huttwiler
Ragazer
Str.
Rorschacher
Zeile
RESIDENZSTR.
6
96
Thurgauer Str.
Emmentaler
Romanshorner
Genfer
Thurgauer
Weg
RESIDENZSTR.
Str.
Breitkopf-
Ribbe-
weg
str.
Amend
Schiller-
ring
AROSER
Friedrich-Wilhelm-Str.
Str.
Deutsche Str.
Raschdorff-
str.
Emmentaler
C 11
C 12
126
Amende-
str.
10
OTTHARDSTR.
Haupt-
Kol. Mariabrunn
Bieler
Straße
Baseler
weg
Thater-
str.
GHS-KRANKENHAUS
ABT. SCHÄFERSEE
zeile
Hausotter-
str.
Kühlewein-
Kol. der
BVG
Romanshorner-
AROSER
Str.
Mariabrunner
Weg
Eisbärer-
weg
Mudrack-
zeile
str.
Stargardt-
Mittelbruch-
Werftendensteig
Zermatter
RESIDENZSTR.
Simmel-
str.
Gedonstr.
Mudrackzeile
Simmelstr.
FRANZ-NEUMANN-PL.
GOLGATHA-
Grindelwald-
weg
Kol.
Schäfersee
49
Weg
Schillerring
Schäfersee
Pankower Allee
Lette-
platz
Micke-
GNADEN-UND
Rütlistr.
Wierwald-
stätter Weg
Am
Franz-
Neumann-
Platz
MARK
Letteallee
ST.-JOHANNES-
Str.
Brienzer Str.
str.
RESIDENZ
HOLLÄNDERSTR.
Holländer-
Str.
EVANGELIST-
KIRCHHOF
ALLEE
Winkelried-
str.
Schillerhof
Tessiner
Weg
D 11
Waldersee-
str.
Str.
33
Regi
Ritterland-
D 12
Corker
Windso-
rer-Str.
Oxforder Str.
Stol-
Str.
Barfusstr.
Brienzer
Frauenfelder
Weg
Haßlinger
Weg
STR.
Hansastr.
Reginhardtstr.
str.
Str.
SCHW
Schwyzer
CHILLER-
ST.-ALOYSIUS
Ungarnstr.
Louise-
Schroeder-
OSLOER
24

SOVJETISCHES EHRENDENKMAL
VOLKSPARK
SCHÖNHOLZER
HEIDE
A 12
A 13
B 12
B 13
C 12
C 13
D 12
D 13
STÄDT. FRIEDHOF NIEDER-SCHÖNHAUSEN
WALD-UND PARKFRIEDHOF PANKOW-SCHÖNHOLZ
P.-ZOBEL-SPORTPLATZ
SCHÖNHOLZ
STÄDTISCHER FRIEDHOF PANKOW
Heinrich-Mann-Platz
HEINRICH-MANN
HERRMANN-HESSE
FRIEDR.-ENGELS
Herrmann-Hesse-Str.
Hermann-Hesse-Str.
Homeyer-
Straße 201
Pfeil-
Frank-
Cotta-
BÜRGERPARK
Kuhr-
W.-HUSEMANN
Leonhard-
Am Bürgerpark
Wilhelm-
Schulzestr.
Nordbahn-str.
WOLLANKSTR.
Steeger-
Kattegat-
Stern-str.
Gottschalk-str.
Wilhelm-Kuhr-Str.
WOLLANK-STR.
30
98
104
Bre
KIRCHHOF DER FRANZ. GDE. III
ST.-ELISABETH-KIRCHHOF II
SOPHIEN-KIRCHHOF
STEPHANUS-KIRCHE
Soldiner Str.
ALLEE
61
64
37
Kol. Eintracht
Heubuder Str.
Zechliner Str.
Fordoner Str.
Schwarzer Weg
Kol. Panke
Wallweg
Hauptweg
Festplatzweg
Kol.
Neuer Weg
Fischhauser Weg
Kol. Panke-ground
Kol. Scherbeneck
Kol. Sommerglück
Kol. Holzweg
Holzstr.
Papierstr.
Kühnemannstr.
Koloniestr.
Verlängerte Koloniestr.
Kol. Schön-holz
Kol. Scherbeneck
Provinzstr.
Soldiner
Drontheimer
DRK-KRANKENHAUS MARK BRANDENBURG
Tromsöer
SCHWED
OSLOER
Str.
Gesellschaft-str.
Reginhardstr.
Neptunstr.
Aegirstr.
Micke-str.
Letteallee
Lette-platz
Pankower Allee
Kol. der BVG
Schwab-
Epenstein-platz
Epenstein-
Schwartzstr.
Mittelbruch-zeile
Hausotter-str.
Granaten-str.
Bürger-str.
Winter-
Hausotter-platz
Hoppe-
Amende-
Kaschdorff-
Karneke-
Herbst-str.
Sommer-str.
Nordbahn-str.
Herbst-
Büdner-ring
B 12
Kol. Dreieck
Schönholz I
Klemkestr.
Frühling-str.
Provinzstr.
Buddestr.
Straße vor Schönholz
Am Bürgerpark
Tuchmacher-weg
Vereinssteg
Mittelsteg
Neuer Steg
Feld-steg
Kreuzsteg
Waldsteg
Germanenstr.
Schönholzer Weg
Sachsen-str.
Walhalla-
Woglinde-
Elizastr.
Wodan-
Hunding-str.
Platanen-
Friesenstr.
Iderfenngraben
Am Iderfenngraben
Kuckhoffstr.
Zinger-graben
Blumenthal-
Skladanowskystr.
Wilhelm-str.
Wolff-str.
Kol. Zingertal
Kolonie Alte Baumschule
Haupt-weg
Zingergraben
Tscha
S SCHÖNHOLZ
S WOLLANKSTR.

25

NIEDERSCHÖNHAUSEN
FRIEDENS-KIRCHE
Ossietzky-platz
Dietzgenstr.
Buchholzer Str.
Blankenburger
Kuckhoffstr.
Kuckhoff-str.
Blumenthal-
Skladanowskystr.
Treskow-
Wald-str.
Str. 107
Friedr.-Engels-Str.
Wilh.-Wolff-Str.
Wilhelm-Wolff-Str.
Herrmann-Hesse-Str.
Pastor-Niemöller-Platz
Güllweg
Kreuzgraben
A 14
A 15
84
Kolonie Alte Baumschule
Haupt-weg
Zingergraben
Friesenstr.
SCHLOSS NIEDER-SCHÖNHAUSEN
SCHLOSS-PARK
Panke
Tschaikowskistr.
Grabbeallee
Straße 106
Stille Str.
96 a
Majakowskiring
Rudolf-Ditzen-Weg
Ossietzky-str.
Kavalier-str.
Am
D-UND FRIEDHOF SCHÖNHOLZ
P.-ZOBEL-SPORTPLATZ
Hermann-Hesse-Str.
Homeyer-str.
Kleine Homeyer-str.
Straße 201
B 14
B 15
Elisabeth-weg
Heinrich-Mann-Str.
Heinrich-Mann-Platz
Pfeil-str.
Paul-Francke-Str.
Köberle-steig
Parkstr.
Ossietzkystr.
Eintrachtstr.
Wolfshagener
Pestalozzistr.
Pankgrafen-str.
STÄDTISCHER FRIEDHOF PANKOW
Frank-
Leonhard-
Cottastr.
5
11
PANKOW
Schönholzer Str.
Breite Str.
ALTE PFARRKIRCHE
39
Bürgerpark
BÜRGERPARK
Wilhelm-Kuhr-Str.
Kuhr-Str.
Am Bürgerpark
Schulstr.
Benjamin-Vogelsdorff-Str.
Grunowstr.
C 14
C 15
W.-HUSEMANN
Kreuzstr.
Wollankstr.
133
3
Neue Schönholzer Str.
Mühlenstr.
GESUNDHEITSHAUS
Pichelswerderstr.
GYMNASIUM BERLIN-PANKOW
Görschstr.
Dusekestr.
Florastr.
Nordbahnstr.
Schulzestr.
68
WOLLANKSTR.
Kattegatstr.
Sternstr.
Gottschalkstr.
Kol. Panke-round
Gaillardstr.
Pradelstr.
Rettigweg
Brehmestr.
104
Heynstr.
Florapromenade
PANKE MUSEUM
30
98
Steegerstr.
Dolomitenstr.
Ötztaler Str.
KIRCHHOF DER FRANZ. GDE. III
Kol. Steegerstr.
Kolonie Famos
ST.-ELISABETH-KIRCHHOF II
Maximilianstr.
Brixener Str.
D 14
D 15
Zillertalstr.
61
64
SOPHIEN-KIRCHHOF II
Tiroler Str.
Trienter Str.
Brennerstr.
Andreas-Hofer-Platz
Toblacher Str.
STEPHANUS-KIRCHE
Soldiner Str.
37
Kol. Humboldt-Gründtaler
Esplanade

26

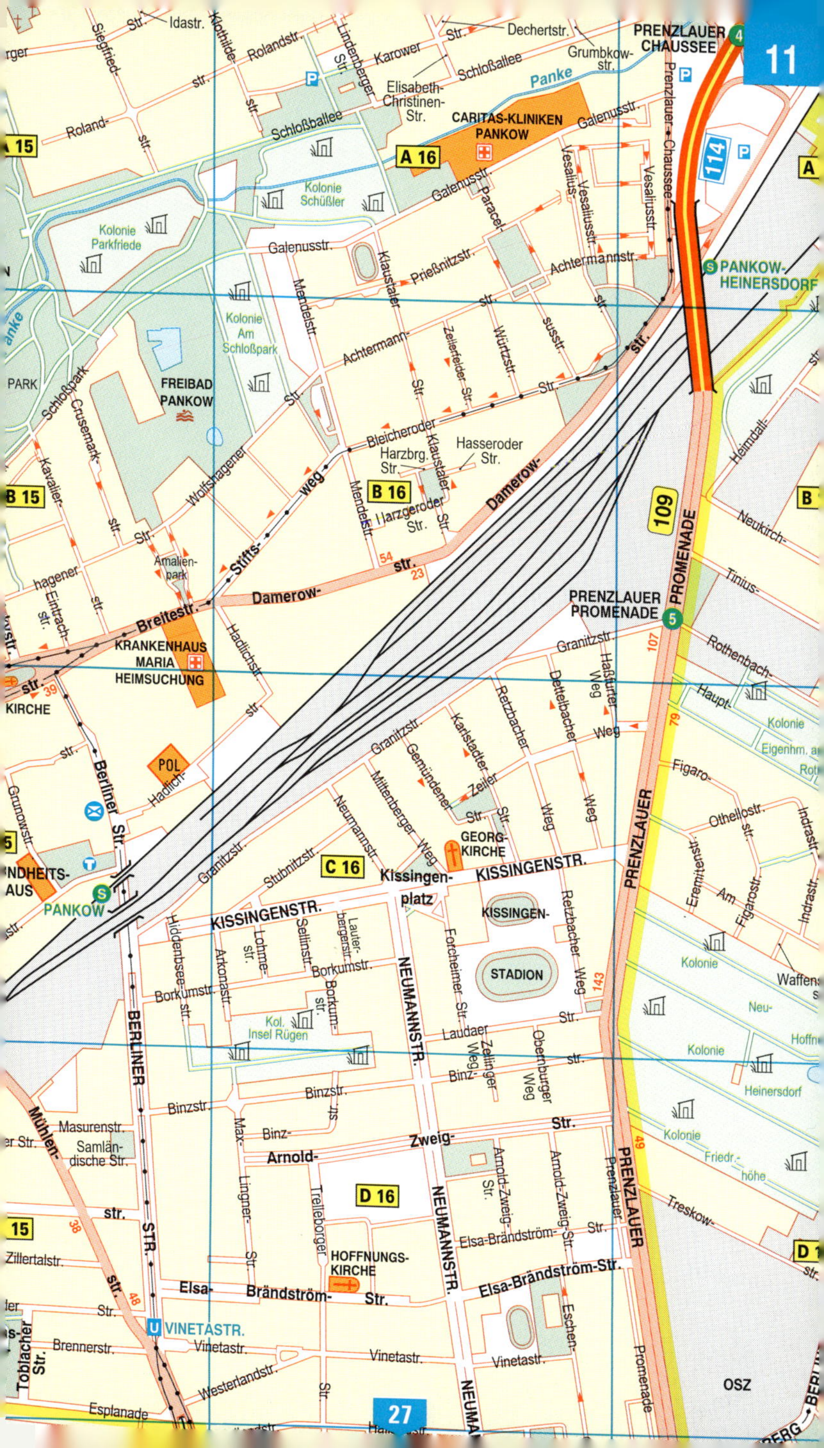

Idastr.
Siegfried-str.
Klothilde-str.
Rolandstr.
Lindenberger Str.
Karower Str.
Dechertstr.
Grumbkow-str.
PRENZLAUER CHAUSSEE
Roland-str.
Schloßballee
Elisabeth-Christinen-Str.
Schloßallee
Panke
CARITAS-KLINIKEN PANKOW
Galenusstr.
A 16
A 15
Kolonie Schüßler
Kolonie Parkfriede
Paracel-
Vesalius-str.
Vesaliusstr.
Prenzlauer Chaussee
114
Galenusstr.
Klaustaler Str.
Prießnitzstr.
Achtermannstr.
PANKOW-HEINERSDORF
Mendelstr.
Kolonie Am Schloßpark
Achtermann-
Zellerfelder Str.
Würtzstr.
susstr.
str.
PARK
Schloßpark
Crusemark-str.
FREIBAD PANKOW
Bleicheroder
Harzbrg. Str.
Hasseroder Str.
Kavalier-str.
Wolfshagener Str.
Stifts-weg
B 16
Harzgeroder Str.
Damerow-str.
B 15
Amalien-park
Heimdall-
Neukirch-
Tinius-
109
PROMENADE
PRENZLAUER PROMENADE
hagener
Eintrach-str.
Breitestr.
Damerow-
KRANKENHAUS MARIA HEIMSUCHUNG
Hadlichstr.
Granitzstr.
Haßfurter Weg
Rothenbach-
Dettelbacher Weg
Retzbacher
KIRCHE
Haupt-
Kolonie Eigenhm.
Karlstadter
Gemündener
Zeiler Str.
Miltenberger Weg
Neumannstr.
Figaro-
Othellostr.
Indrastr.
Grunowstr.
Berliner Str.
POL
Hadlich-
Granitzstr.
Stubnitzstr.
C 16
Kissingen-platz
KISSINGENSTR.
GEORG-KIRCHE
PRENZLAUER
Eremitenstr.
Am Figarostr.
PANKOW
KISSINGENSTR.
Hiddensee-str.
Arkonastr.
Lohme-str.
Sellinstr.
Lauterbergerstr.
Borkumstr.
NEUMANNSTR.
Forchheimer Str.
KISSINGEN-
STADION
Retzbacher Weg
Kolonie
Waffens
Neu-
Hoffn
Borkumstr.
Kol. Insel Rügen
Laudaer Weg
Zellinger Weg
Obernburger Weg
Kolonie
Heinersdorf
BERLINER
Binz-
Binzstr.
Binzstr.
Masurenstr.
Samländische Str.
Mühlen-str.
Max-
Arnold-
Zweig-Str.
Kolonie Friedr.-höhe
Lingner-Str.
Trelleborger Str.
D 16
Arnold-Zweig-Str.
Prenzlauer
Treskow-
Zillertalstr.
STR.
HOFFNUNGS-KIRCHE
Elsa-Brändström-Str.
NEUMANNSTR.
Elsa-Brändström-Str.
Eschen-
Tobiacher Str.
VINETASTR.
Brennerstr.
Vinetastr.
Vinetastr.
Westerlandstr.
Promenade
OSZ
Esplanade

27

PRENZLAUER CHAUSSEE
Grumbkowstr.
Anemonenweg
Kiebitzweg
Fafnerstr.
Heinersdorfer Str.
Schmöckwitzer
S-KLINIKEN
KOW
Galenusstr.
Vesaliusstr.
Prenzlauer Chaussee
114
A 17
Asgardstr.
Romainstr.
Midgardstr.
Str. 1
Str. 3
Str. 2
Perchtastr.
A 18
Kolonie
Kolonie Familiengärten
Frithjofstr.
Str. 4
Platz A
Achtermannstr.
PANKOW-HEINERSDORF
Kol. Feuchter Winkel
Dreieck-Nord
Sigurdstr.
Str. 5
Rollandstr.
Blankenburger Str.
Ingeborgstr.
Würtzstr.
Str.
Sleipnerstr.
Str. 31
Kol. Nordland
Mittelstr.
Idunastr.
Heimdallstr.
Romainstr.
Hildestr.
B 17
Sleipnerplatz
B 18
109
Neukirchstr.
PROMENADE
Idunastr.
Rolland-str.
Frostr.
Hildestr.
Lokistr.
Donarstr.
Tiniusstr.
Fasoltstr.
Erdastr.
PRENZLAUER PROMENADE
5
107
Höderstr.
Granitzstr.
Rothenbachstr.
Neukirchstr.
GBF. HEINERSDO
Haßfurter Weg
Dettelbacher Weg
Retzbacher Weg
Hauptstr.
Kolonie Eigenhm. an der Rothenbachstr.
79
HEINERSDORF
Straße 30
Wildstr.
Str. 42
Figaroweg
Romainstr.
Blankenburger
Malchower Str.
Othellostr.
Indrastr.
Semiramisstr.
Str. 19
Str. 48
C 18
SSINGENSTR.
Eremitenstr.
Am Figarostr.
Indrastr.
C 17
Zampastr.
Rollandstr.
PRENZLAUER
SSINGEN-
Retzbacher Weg
Aidastr.
Berliner Str.
Wasserturm
Eigerstr.
Str. 16
STADION
143
Kolonie
Waffenschmiedstr.
Neu-Hoffnungstal
ROMAIN-ROLLAND-ST
46
Str.
Oberndorfer Weg
Kolonie
BERLINER STR.
Str. 56
Straße 45
Straße 54
Heinersdorf
Str. 51
Kolonie Freies Land
53
Am Steinberg
Oberseestr.
Str.
Kolonie
Friedrichshöhe
Straße
Straße
49
Arnold-Zweig-Str.
Prenzlauer
PRENZLAUER
Kol. Grüne Wiese
Seestr.
Steinberg
Preunelstr.
Gäblerstr.
Thiesstraße
D 18
Straße 13
Privatstr.
Priv.-str. 14
Brändströmstr.
Treskowstr.
D 17
Platz C
Schmohlstr.
isa-Brändström-Str.
Kolonie Am Steinberg
Am
Wigantstaler
Eschenstr.
Holzkirchen Str.
Gäblerstr.
Vinetastr.
Promenade
OSZ
BERLINER
Am Steinberg
Bühringstr.
DGZ-Ring
Wilhelm-Wagenfeld-Str.
DGZ-Ring
Johannes-Itten-Str.
Herbert-Bayer-Str.
Str.
Gus

28

A 19
A 20
B 19
B 20
C 18
C 19
D 19
D 20
WEISSENSEE
Schmöckpfuhlgraben
Kolonie
amiliengärten
Stich-weg A
Stich-weg B
Märchenweg
Rübezahl-
Rotkäppchen-
Schneewittchen-
Dornröschen-
Andersen-
allee
Isegrim-
Sieben-
Aladinweg
Reineke-
Hauff-
Zwerg-
Frau-Holle-Weg
Königskinder-
Nase-Weg
Fuchs-
Kol. Märchenland
Raben-
Grimm-
Gebrüder-
Eulenspiegelweg
Drosselbartweg
Froschkönigweg
Froschkönig-
Schreckhornweg
Frau-Elster-Weg
Pitti-Platschweg
Schnatterinchenweg
Däumlings-weg
Aschenbrödel-weg
Reineke-weg
Fuchs-weg
Märch
Schächentaler Weg
Morschacher Weg
Sarner Weg
Axenstr.
Grimsel Weg
Wischbergeweg
EINERSDORF
Am Graben
Ullerweg
Uller-platz
Runenzeile
Ostaraweg
Am Heimenstein
Schwarzelfenweg
Helgiweg
Niflheim-weg
Nachtelbenweg
Lindwur
Ortnits
Ortnitstr.
Muspelsteig
Lichtelfensteg
Kandertaler Weg
Alpnacher Weg
Wildstrubelpfad
Str. 42
Sarner
Schneehornpfad
Kol. Kühler Grund
Malchower Str.
Kol. Gesundheitsquell
Haakonweg
Darßer
Osasteig
Nornenweg
Gnomen-platz
Helgi-weg
Nachtalbenweg
Wanens
Jötur
Kol. Rennbahn
SPORTKOMPLEX RENNBAHN
Roelckestr.
Nüßler-str.
ALLEE
LAND-STR.
Rennbahnstr.
RADRENNBAHN WEISSENSEE
Industriebahn
Gehring-str.
GBF. WEISSENSEE
Obersteiner Straße
Straße
245
210
206
Weg
Straße
209
246
Adolf-Str.
Gustav-
Große Straße
FRIEDHOF DER SEGENSKIRCHENGEM.
Amalienstr.
Soonwaldstr.
Hunsrückstr.
Seestr.
Bundenbacher Weg
Schönstr.
Park-str.
Pasedag-pl.
An der
Liebermannstr.
BERLINER
250
Graacher Str.
Wehlener Str.
Trabacher Str.

14

A 20 — **A 21**

- Stichweg A
- Stichweg B
- Märchenweg
- Rübezahl
- Rotkäppchen
- Schneewittchen
- Dornröschen
- Kol. Marchenland
- Stichweg C, D, E, F, G
- Stichweg H, J, K
- Stichweg L, M, N
- Märchenweg
- Raben-weg
- Grimm-weg
- Reineke-weg
- Fuchs-weg
- Ase-brücke
- Gebrüder-Grimm-weg
- Fuchs-Nase-Weg
- Tolle-Weg
- Lichten-weg
- Däumlingsweg
- Am Graben
- Am Graben
- Aue

Dorfstr.

Märchenweg

2 MA

War

B 20 — **B 21**

- Am Heimatstein
- Ostaraweg
- Niflheimweg
- Lindwurmweg
- Nachtalbenweg
- Ostaraweg
- Helgi-steig
- Troll-bad
- Troll-pfad
- Ullerplatz

Ortni- Chaussee

Ortnitstr.

- Schwarzelnweg
- Helgi-
- Osasteig
- Wanensteig
- Sieg-steig
- Lichtenfelsweg
- Nachtalbenweg
- Nornenweg
- Jötun-
- Gnomenplatz

C 20 — **C 21**

Malchower Chaussee

- Haakonweg
- Darßer
- Haakonweg
- Nachtalbenweg
- Str.
- Darßer Str.
- Darßer Str.

- 323 ALLEE
- Malchower

Piesporter Str.

- Boeckestr.
- Nüßler str.
- Feldtmannstr.
- Bitburger Str.
- Feldtmannstr.
- Perler Str.

Gehring str.

GBF. WEISSENSEE

D 20 — **D 21**

- Piesporter Weg
- Bernkasteler Weg
- Mesenheim Weg
- Kelberger Weg
- Reicher Weg
- Perler Str.
- B 248
- Piesporter Platz
- Liebermannstr.
- Liebermannstr.
- BERLINER
- 250
- Graacher Str.
- Wehlener Str.
- Trabacher Str.
- Brodenbacher Str.
- Ürziger str.
- Neumagener Str.
- Piesporter Weg
- Michler str.
- FRIEDHOF DER ST. BARTHOLOMÄUS-GEMEINDE
- FRIEDHOF DER EV. KIRCHENGEM.
- ISRAEL. FRIEDH.
- POL
- Rennbahnstr.

30

15

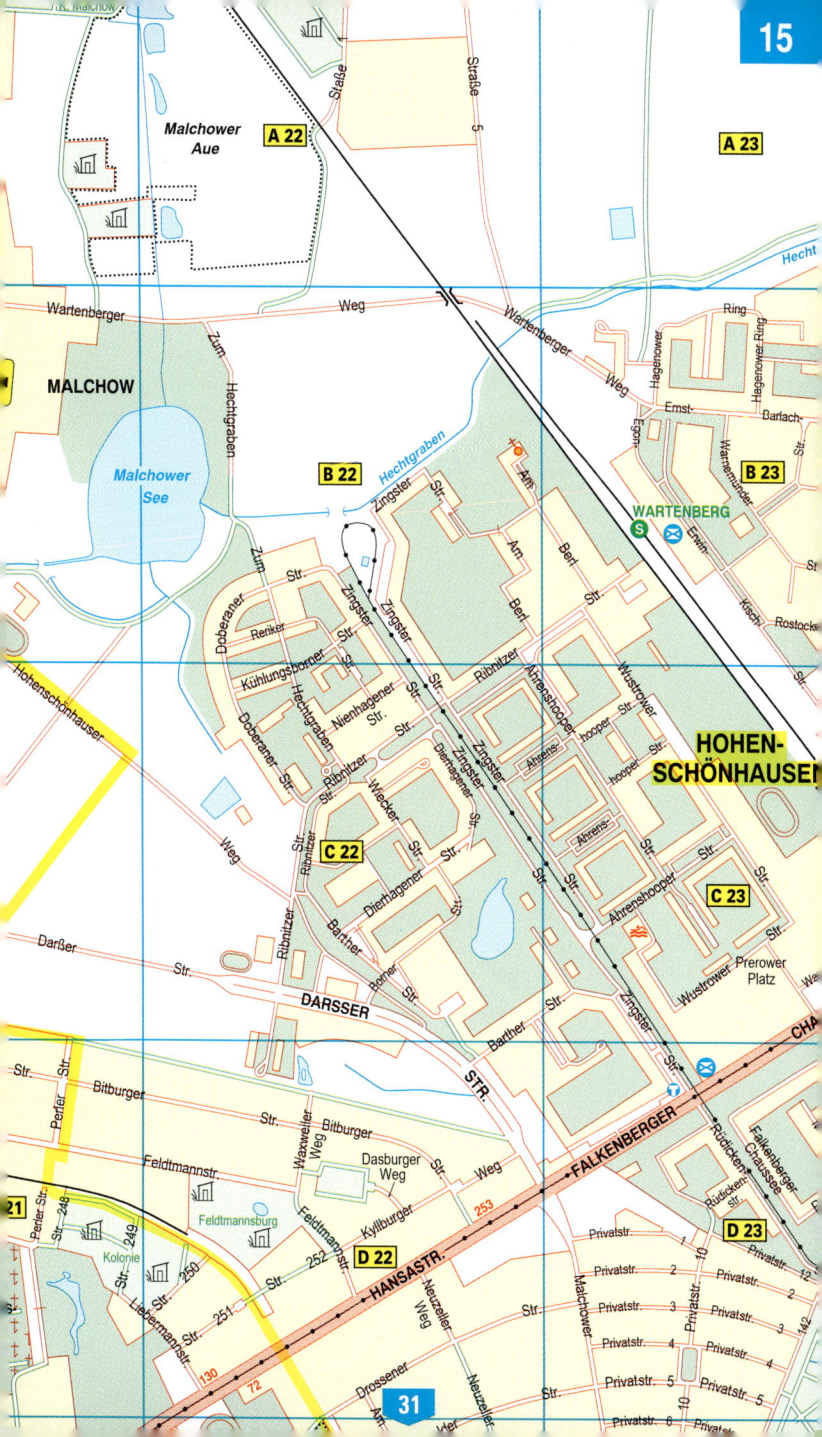

- A 22
- A 23
- B 22
- B 23
- C 22
- C 23
- D 22
- D 23

MALCHOW

Malchower Aue

Malchower See

Wartenberger Weg

Hechtgraben

WARTENBERG

Hagenower Ring
Ernst-Barlach-Str.
Warnemünder Str.
Rostocker Str.

HOHEN-SCHÖNHAUSEN

Zum Hechtgraben
Zingster Str.
Doberaner Str.
Reriker Str.
Kühlungsborner Str.
Niehagener Str.
Hechtgraben
Ribnitzer Str.
Wecker Str.
Dierhagener Str.
Zingster Str.
Bert. Str.
Ribnitzer Str.
Ahrenshooper Str.
Wustrower Str.
Ahrens- hooper Str.
Ahrens- Str.
Ahrenshooper Str.
Prerower Platz
Wustrower Str.

Darßer Str.
DARSSER STR.
Barther Str.
Borner Str.

Bitburger Str.
Perler Str.
Waxweiler Weg
Bitburger Weg
Dasburger Weg
Kyllburger Weg
Feldmannstr.
Feldmannsburg
Kolonie
Liebermannstr.

FALKENBERGER CHA...
Rudeltcken Chaussee
Falkenberger Str.

HANSASTR.
Neuzeller Weg
Drossener Str.
Malchower Str.
Privatstr.

253
130
72
248
249
250
251
252

31

16

A 23
A 24
B 23
B 24 WARTENBERG
C 23 HOHENSCHÖNHAUSEN
C 24
D 23
D 24
32

Hechtgraben
Hagenower Ring
Schweriner Ring
Treueherzenpfuhl
Fennpfuhlweg
Genossenschaftsweg
Lindenberger Str.
Straße
Birkholzer Str.
Wartenberger Weg
Egon-
Ernst-Barlach-Str.
Warnemünder Str.
Krummer Pfuhl
Dorfstr.
WARTENBERG
Erwin-
Rostocker Str.
Woldegker Str.
Neubrandenburger Str.
Kröpeliner Str.
Dorfstr.
Rohrpfuhl
Am Berl-
Berl-
Ahrenshooper Str.
Wustrower Str.
Kisch-
Rostocker Str.
Neubrandenburger
Crivitzer Str.
Demminer Str.
Klützer Str.
Gravesmühlener
Prerower Str.
Falkenberger Str.
Vincent-van-
Ahrens-hooper Str.
Egon-Erwin-Kisch-
Falkenberger CHAUSSEE
HOHENSCHÖNHAUSEN
POL
Warnitzer Str.
Vincent-
Ahrenshooper Str.
Prerower Platz
Wustrower Str.
Wartenberger Str.
Warnitzer
Pablo-Picasso-Str.
Randowstr.
Welsestr.
Zingster Str.
Falkenberger Chaussee
Malten-
Rotkamp
Rotkamp
Am Breiten Luch
Wartenberger Str.
Biesenbrower Str.
Seehausener Str.
FALKENBERGER CHAUSSEE
Privatstr. 1
Privatstr. 2
Privatstr. 3
Privatstr. 4
Privatstr. 5
Privatstr. 6
Malchower Str.
Rüdickenzeile
Rüdickenstr.
Matenzeile
Röttkenting
Am Breiten Luch
Kol. Feierabend
Arnim-

17

FALKENBERG

Grid references: A 25, A 26, B 25, B 26, C 25, C 26, D 25, D 26

Streets and places:
- Birkholzer Weg
- Str. 4, Straße 5, Straße 6
- Ahorn(weg), Haupt(weg), Linden(weg), Akazien(weg)
- Grüne Trift
- Hauptweg
- Kolonie Am Hechtgraben
- Wartenberger/Falkenberger Luch
- Rohrpfuhl
- Stegeweg
- Dorfstr.
- Falkenberger Chaussee
- Hauptstr.
- Wartiner Str.
- Biesenbrower Str.
- Welsestr.
- Randowstr.
- Vincent-van-Gogh-Str.
- Passower Str.
- Seehausener Str.
- Pablo-Picasso-(Str.)
- Marzahner Str.
- Hausvater (Str.)
- Ahrensfelder Chaussee
- Hohenschönhauser Str.
- Hellersdorfer Weg
- Nordring
- GEWERBEGEBIET
- WOLFENER STR.

33

18

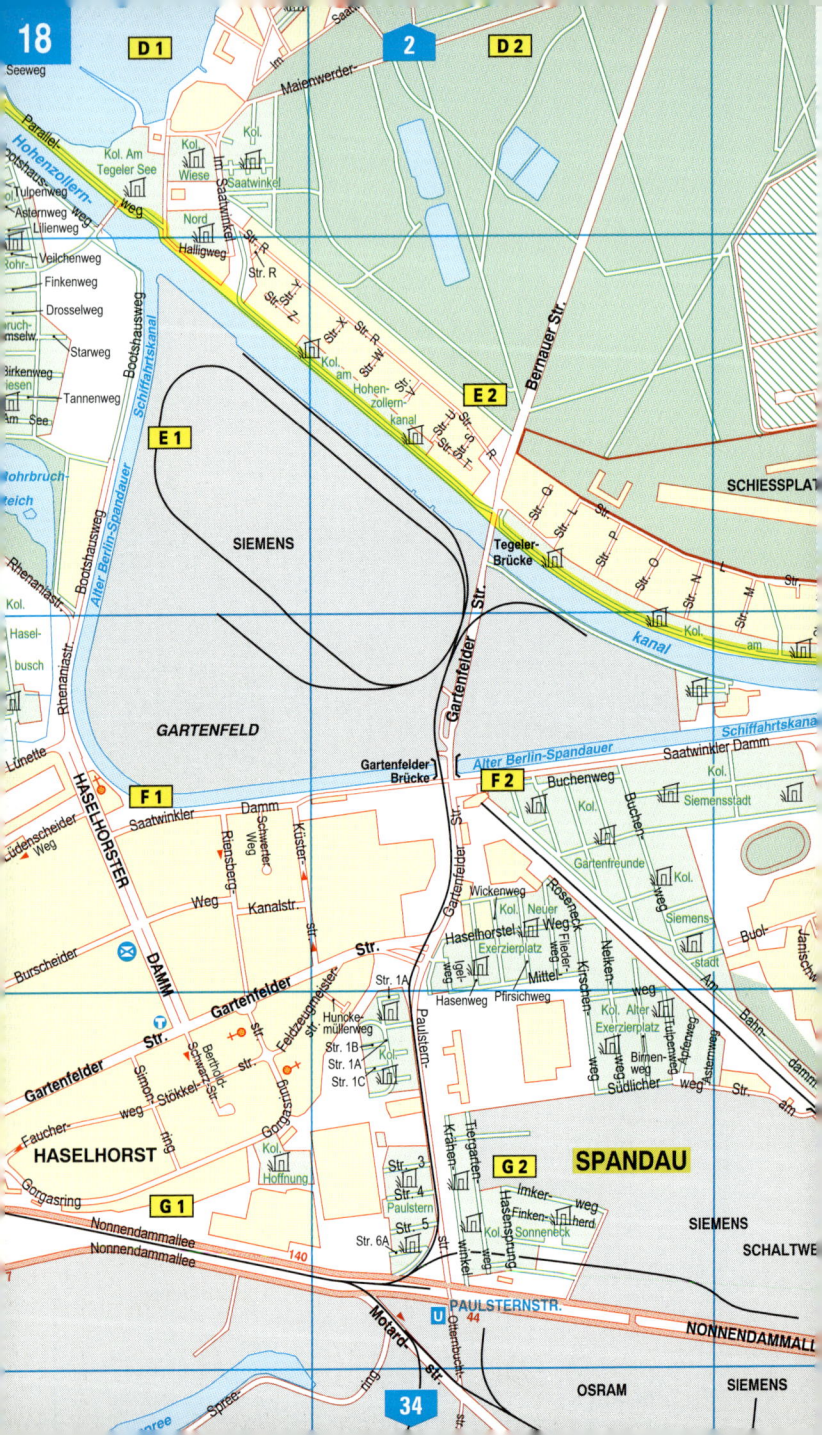

D1 • **2** • **D2**

Seeweg
Im Saat- Maienwerder Str.
Parallel- Hohenzollern-
potstatt- Tulpenstr. weg
-Asternweg Kol. Am Teeler See
-Lilienweg Kol. Wiese Kol. Saatwinkel
rohr- Veilchenweg Nord
Finkenweg Saatwinkler Halligweg Str. R
-Drosselweg bruch Str. Str.-Z Str. X Str. R
-mselw. Starweg Str. R
-Birkenweg Tannenweg Kol. am Hohenzollern-
-iesen kanal **E2** Bernauer Str.
-Am See
-ohrbruch- teich
Rhenaniastr. Bootshausweg
Kol. Hasel- busch Alter Berlin-Spandauer Schifffahrtskanal
E1
SIEMENS
Tegeler- Brücke
SCHIESSPLA
-Lünette
Kol. Schifffahrtskanal am
GARTENFELD
Gartenfelder Brücke
F1 Alter Berlin-Spandauer Saatwinkler Damm **F2** Buchenweg Kol.
HASELHORSTER Saatwinkler Damm Schwetler Riensberg Weg Küster- str. Kanalstr. Gartenfelder Str. Kol. Wickenweg Haselhorstel Exerzierplatz ger Str. 1A Hasenweg Pfirsichweg Neuer Weg Flieder- weg Mittel- Rosebeck Kirschen- weg Nelken- weg Kol. Buchen- weg Siemensstadt Kol. Gartenfreunde Kol. Siemens- stadt
Burscheider DAMM Gartenfelder Str. Feldzeugmeister Str. Huncke- müllerweg Str. 1B Str. 1A Str. 1C Paulstern- Kol. Alter Exerzierplatz Buol- Jansm-
Gartenfelder Str. Simon- Stökkel- weg Berthold- Schwarz- Str. Gorgasring Kol. Birnen- weg Südlicher Bahn- damm
Faucher- weg
HASELHORST Kol. Hoffnung Str. 3 Str. 4 Paulstern Str. 5 Str. 6A Tiergarten- Kramer- str. Krähen- winkel **G2** Hasensprung Imker- weg Finken- herd Sonneneck SPANDAU SIEMENS
G1 Gorgasring Nonnendammallee Nonnendammallee 140 Motard- str. U PAULSTERNSTR. Obernbk- NONNENDAMMAL SIEMENS SCHALTWE
OSRAM SIEMENS
34

D3 | **3** | **D4** | **19**

E3
IESSPLATZ
Sperberweg
Habichtweg
Elster-weg
Marder-Kol.
Fuchsweg
Dohlen-weg
Wieselweg
Vor den Toren Feld IV
Adler-str.
Lerchen-str.
Finken-str.
Nachtigallen-str.
Rehw.
Stieglitzweg
Amsel-weg
Str. C
Hohenzollernkanal

E4
Weg 6
Weg Kol. 5
Weg Kol. 4
Weg Kol. Neuland II
Vor den Toren Weg 3
Beussel'sche Erben
Kol. Eigenland
Mäckeritz-str.
Weg 2
Kol. Köppen'sche Erben
Mecklenburgweg
Kol. Brandenburg-weg
Apfelwe
Weg 1
Singdrosselsteig
Kol. Albrechtsche Erben
Vor der Toren Westpreußenw.
Kol. Neu
Str. A
Fabian'sche Erben
Kol. am Wasserbunker
Ostpreußenweg
Feld II
Pfla

Mäckeritz-brücke
Saatwinkler Damm
ahrtskanal
Kol. am Rohrdamm

F3
Rohrdamm
Harries-str.
Rieppel-str.
Raps-str.
Köttgen-straße
Janisch-
Janisch-
damm
Im Heidewinkel
Am Laubwald
Im Heidenkel
Eichengrund
Dihlmann-str.
WERNER-VON-SIEMENS-PARK
Schaltwerk
Rohrdamm

F4
Jungfernheideweg
Jungfernheide-
Quellweg
Schuckertdamm
Heckerdamm

G3
SIEMENS STADION
SIEMENSSTADT
CHALTWERK
Schuckertdamm
Lenther Steig
Goebelstr.
Schwieger-steig
Natalis-steig
Quell-steig

G4
GROSSSIEDLUNG SIEMENSSTADT
Jungfernheideweg
Goebel
Geißler-pfad
Geitel-steig
Goebel-platz
Toepler-str.
Heilmann
Jugend-weg
Jugendpl.
Jungfernsteig
Halske-steig
Mäckeritzstr.
Kapellensteig
Popitzweg
Popitzweg
101 **NONNENDAMMALLEE**
U ROHRDAMM
35
88 U SIEMENS DAMM
SIEMENS
ENS

FLUGHAFEN BERLIN-TEGEL
(„OTTO LILIENTHAL")

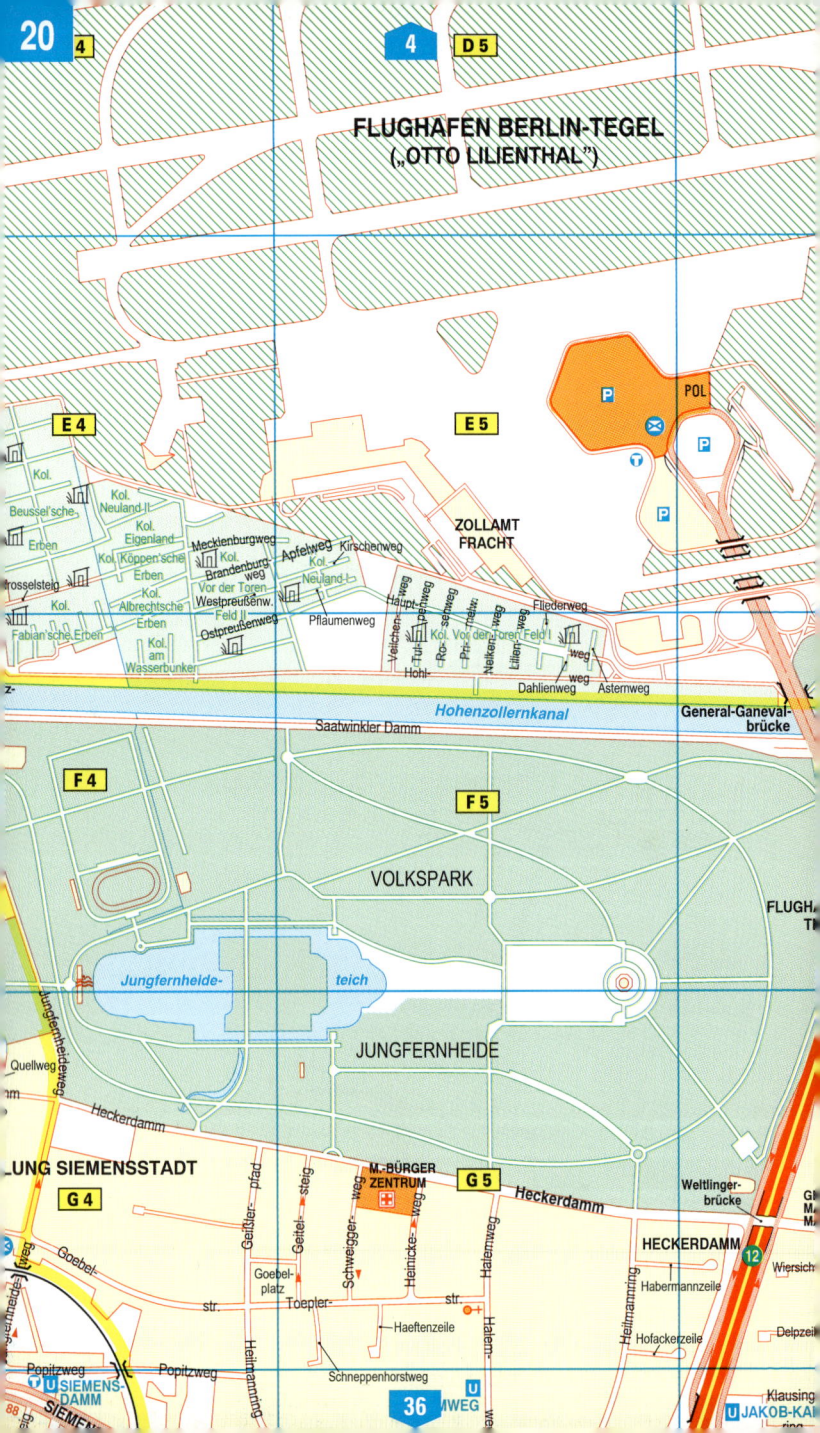

E4
Kol. Beussel'sche Erben
Kol. Neuland II.
Kol. Eigenland
Kol. Köppen'sche Erben
Kol. Brandenburg
Mecklenburgweg
Drosselsteig
Kol. Albrechtsche Erben
Vor der Toren Westpreußenw.
Kol. Neuland
Kol. Fabian'sche Erben
Kol. am Wasserbunker
Ostpreußenweg
Pflaumenweg

E5
Apfelweg Kirschenweg
ZOLLAMT FRACHT
Veilchen-
Haupt-
Ros-
weg
Pri-
mel-
Nelken-
Lilien-
weg
Fliederweg
Kol. Vor der Toren Feld I
Hohl-
weg
Dahlienweg Asternweg

POL

Hohenzollernkanal
Saatwinkler Damm

General-Ganev-brücke

F4

F5
VOLKSPARK
Jungfernheide-teich
JUNGFERNHEIDE

FLUGH
T

Quellweg
Heckerdamm

G4
LUNG SIEMENSSTADT
Geisler-pfad
Geitel-steig
M.-BÜRGER ZENTRUM
Schweigger-
Heinicke-
G5 Heckerdamm
Weltlinger-brücke

Goebel-
Goebelplatz
str.
Toepter-
Haefenzeile
Halem-
HECKERDAMM
Habermannzeile
Hofackerzeile
Wiersich
Delpzeil

Popitzweg
SIEMENS-DAMM
Popitzweg Heilmannstr.
Schneppenhorstweg
WEG
JAKOB-KAI
Klausing

Map page — Berlin (Tegel / Kurt-Schumacher-Damm area)

Grid references: D6, 5, D7, 21, E6, E7, F6, F7, G6, G7, 37, 2

Major features and roads:
- KURT-SCHUMACHER-DAMM
- JULIUS-LEBER-KASERNE
- CITÉ PASTEUR
- CITÉ JOFFRE
- SAATWINKLER DAMM
- Hinckeldeybrücke
- (Seg)nevalbrücke
- FLUGHAFEN TEGEL
- GEDENKKIRCHE MARIA REGINA MARTYRUM
- Heckerdamm
- JAKOB-KAISER-PL.
- KRANKE... VOLLZ...
- Autobahn 111 / E26 / 121

Streets in Cité Pasteur / Cité Joffre:
- Rue René Laennec
- Rue Charles Carmette
- Rue Hyacinthe-Vincent
- Rue du Docteur Roux
- Rue Ambroise Paré
- Rue Dominique Larrey
- Rue François Voltaire
- Rue André le Nôtre
- Rue Gustave Courbet
- Allée du Stade

Kleingärten (Kol.) and streets south of Saatwinkler Damm:
- Kol. Quartier Napoléon
- Birkenweg, Ameisenweg, Fuchsweg, Eichenw., Dachsw., Grillenw., Igelw., Kiefernweg, Marderw., Lerchenw., Lindenweg, Narzissenw., Dahlienweg, Margeriten..., Nelkenw., Domen..., Hasenweg
- Kol. Erisshauf, Kol. Zur Sonne, Kol. Bienenheim, Kol. Birkenweg, Kol. Pfefferluch, Kol. Akazienhain, Kol. Alpenrose, Kol. Waldfrieden IV, Kol. Heidefreiheit, Kol. Friedrichsweg, Kol. Einigkeit, Kol. Weidenbaum, Kol. Sonnerheim, Kol. Müllberg, Kol. Wiesengrund, Kol. Gute Hoffnung, Kol. Zukunft, Kol. Juliusruh, Kol. Heideschlößchen, Kol. Gemütlichkeit
- Friedrich-Olbricht-Damm, Riedemannweg, Stieffing, Buchholzweg, Quellweg, Jungbrunnen, Kurzer W., Krummer Weg, Sommer..., Kantinenw., Festpl. Saatwinkler W., Lehmannshof, Hüttigp..., Karlshofer W., Wiese I, Sandweg, Karlshofer Wiese II, Olympia Festpl., Ost-..., Drei-Linden-Str., Rosen-Rand., Asternweg, Degenhof, Grenzweg, Kampels..., Schwechen..., steg
- Rosenweg, Birken Str., Hinckeldey Str., Flieder Str., Spärgelweg, Fränkel-pl., Gumlichweg, Mittel weg, Kleiner Weg, Mathildesweg, Wiesenweg, Jungfernheide Forstweg, Reiter-weg, Sattelweg, Derbyweg, Genickweg, Pfaffenrücken graben, Golzen-Haupt-weg, Königsdamm, Seidel weg, Thaters Hauptweg, Thaters Privatweg, Privatweg, Am Heidebusch, Str. 224, Str. 70
- Dahlienweg, Asternweg, Gloedenpfad, Reichwerndamm, Schwambzeile, Nelkenweg, Rosenweg, Ginsterw., Veilchenweg, Grenzweg, Kol. Juliusruh, Terwielsteig, Kirchnerpfad, Wirmerzeile, Leuninger pfad, Heimat Taubenweg, Rosen-Asternweg, Nelkenweg, Hasenw., Strüncksweg, Klausing, Delpzeile, Teichgräberzeile, Bernhard-Lichtenberg-Str., Wiersichweg

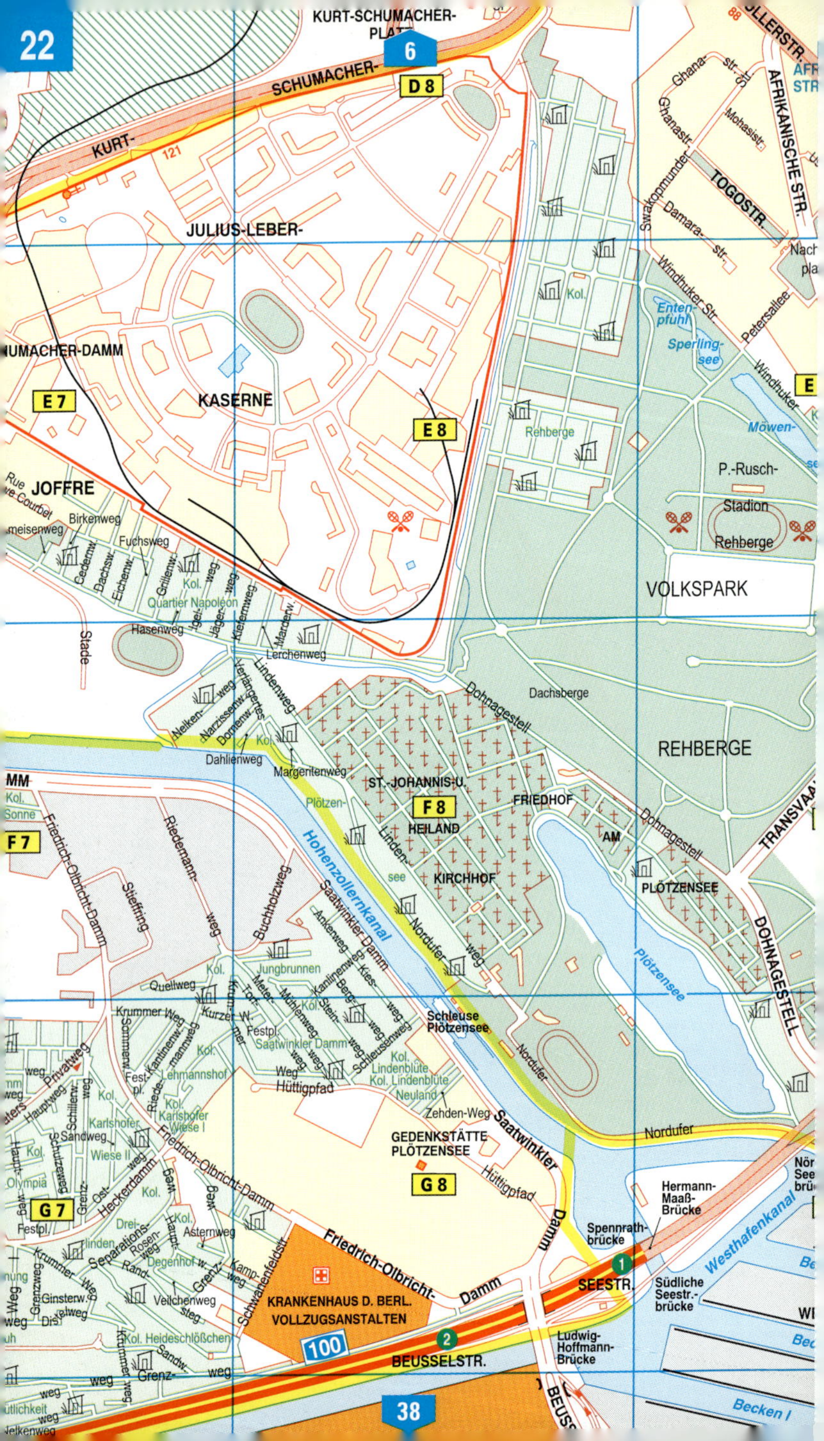
6
D 8
KURT-SCHUMACHER-PLATZ
KURT-SCHUMACHER-DAMM
121
JULIUS-LEBER-KASERNE
E 7
E 8
Rue Courbet
JOFFRE
Birkenweg
Ameisenweg
Fuchsweg
Cedernw.
Dachsw.
Eichenw.
Grillenw.
Kol. Quartier Napoleon
Igelweg
Jägerweg
Kiefernweg
Marderw.
Hasenweg
Stade
Lerchenweg
Lindenweg
Verlängertes
Nelkenweg
Narzissenw.
Dornenw.
Kol.
Dahlienweg
Margeritenweg
Ghanastr.
Swakopmunder
Ghana-str.
Mohasistr.
AFRIKANISCHE STR.
TOGOSTR.
Damara-str.
Windhuker Str.
Petersallee
Entenpfuhl
Sperlingssee
Windhuker
Möwensee
E
Kol. Rehberge
P.-Rusch-Stadion Rehberge
VOLKSPARK
Dachsberge
Dohnagestell
REHBERGE
TRANSVAAL
ST.-JOHANNIS-U. HEILAND
F 8
FRIEDHOF AM PLÖTZENSEE
KIRCHHOF
DOHNAGESTELL
Plötzensee
Plötzen-see
Lindensee
Hohenzollernkanal
Nordufer
Nordufer
Nordufer
Nordweg
Schleuse Plötzensee
Kol. Sonne
F 7
Friedrich-Olbricht-Damm
Riedemannweg
Stieffring
Buchholzweg
Saatwinkler Damm
Ankerweg
Kies-weg
Kanlinenweg
Berg-weg
Kol. Jungbrunnen
Quellweg
Krummer Weg
Kurzer W.
Krummer
Tor-
Meter-
Festpl.
Mühlenweg
Kol. Stein-
Saatwinkler Damm
Schleusenweg
Kol. Lindenblüte
Kol. Lindenblüte Neuland
Zehden-Weg
Hüttigpfad
Weg
Sommerweg
Kantinenweg
Riede-mannweg
Fest-pl.
Kol. Lehmannshof
Privatweg
Hauptweg
Schillerweg
Kol. Karlshofer
Kol. Karlshofer Wiese I
Sandweg
Schulzeweg
Kol.
Wiese II
Olympia
Haupt-weg
Grenz-
Ost-
Heckerdamm
G 7
Festpl.
Kol. Drei-linden
Separations-
Rosen-weg
Rand-
Kol.
Asternweg
Degenhof w.
Grenz-
Kamp-weg
Schwanenfeldstr.
Krummer Weg
Ginsterw.
Distelweg
Grenzweg
Veilchenweg
Steg
Kol. Heideschlößchen
Sandw.
Grenz-
weg
Krummer weg
Gemütlichkeit
Nelkenweg
GEDENKSTÄTTE PLÖTZENSEE
G 8
Saatwinkler Damm
Hüttigpfad
Friedrich-Olbricht-Damm
KRANKENHAUS D. BERL. VOLLZUGSANSTALTEN
100
BEUSSELSTR.
2
SEESTR.
1
Spennrathbrücke
Hermann-Maaß-Brücke
Südliche Seestr.-brücke
Ludwig-Hoffmann-Brücke
Westhafenkanal
Becken I
BEUSSELSTR.
38

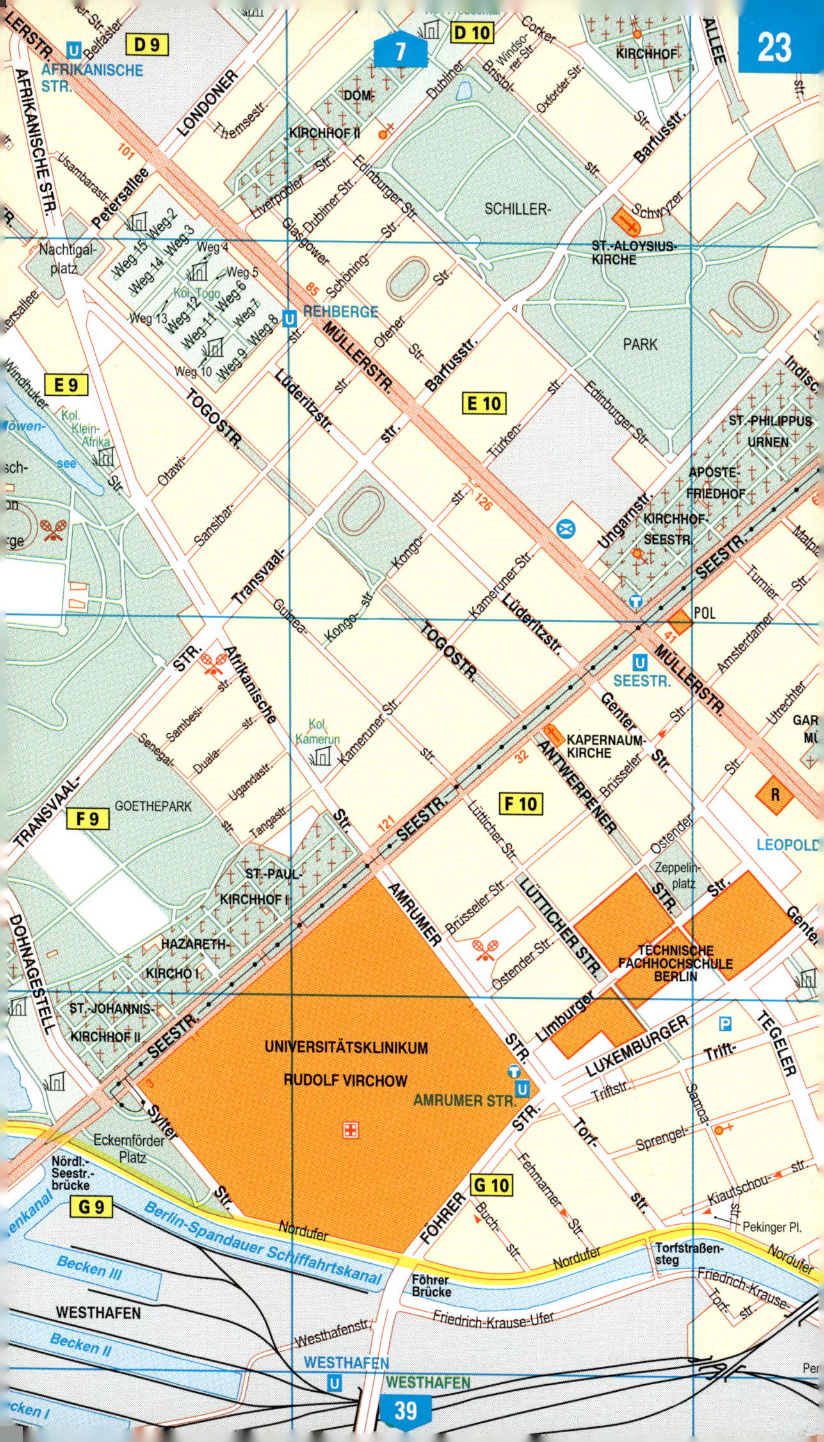
D 9
D 10
7
AFRIKANISCHE STR.
AFRIKANISCHE STR.
LONDONER
Themsestr.
DOM
KIRCHHOF II
Dubliner
Bristol-
Windsorer Str.
Corker
Oxforder Str.
KIRCHHOF
ALLEE
Usambarastr.
Petersallee
Liverpooler
Dubliner Str.
Edinburger Str.
Glasgower
SCHILLER-
Barfusstr.
Schwyzer
ST.-ALOYSIUS-KIRCHE
Nachtigalplatz
Weg 15
Weg 14
Weg 2
Weg 3
Weg 4
Weg 5
Weg 6
Weg 7
Weg 8
Weg 9
Weg 10
Weg 11
Weg 12
Weg 13
Kol. Togo
REHBERGE
MÜLLERSTR.
Schöning-str.
Ofener Str.
Barfusstr.
PARK
E 9
E 10
Windhuker
Kol. Klein-Afrika
Löwen-see
TOGOSTR.
Lüderitzstr.
Otawi-
Sansibar-
Transvaal-
Türken-str.
Edinburger Str.
Ungarnstr.
ST.-PHILIPPUS URNEN
APOSTEL-FRIEDHOF
KIRCHHOF-SEESTR.
Indische
Malplaquet
Kongo-str.
Guinea-
Kameruner Str.
Lüderitzstr.
TOGOSTR.
SEESTR.
Turiner Str.
POL
Amsterdamer
MÜLLERSTR.
SEESTR.
Utrechter
STR.
Afrikanische
Kol. Kamerun
Kameruner Str.
Sambesi-str.
Senegal-
Duala-str.
Ugandastr.
Tangastr.
Genter Str.
KAPERNAUM-KIRCHE
ANTWERPENER
Brüsseler
Str.
R
TRANSVAAL-
F 9
GOETHEPARK
ST.-PAUL-KIRCHHOF I
SEESTR.
F 10
Lütticher Str.
Ostender
Zeppelinplatz
LEOPOLD
DOHNAGESTELL
HAZARETH-KIRCHO I
AMRUMER
Brüsseler Str.
LÜTTICHER STR.
Ostender Str.
STR.
TECHNISCHE FACHHOCHSCHULE BERLIN
Genter
ST.-JOHANNIS-KIRCHHOF II
SEESTR.
UNIVERSITÄTSKLINIKUM RUDOLF VIRCHOW
STR.
AMRUMER STR.
Limburger
LUXEMBURGER
Trift-
Triftstr.
TEGELER
Sylter
Eckernförder Platz
STR.
Torf-
Samoa-
Sprengel-
Nördl.-Seestr.-brücke
G 9
G 10
Str.
Fehmarner Str.
Kiautschou-str.
Pekinger Pl.
Berlin-Spandauer Schiffahrtskanal
Nordufer
FÖHRER
Buch-str.
Nordufer
Torfstraßensteg
Nordufer
Becken III
Föhrer Brücke
Friedrich-Krause-Ufer
Torf-str.
WESTHAFEN
Westhafenstr.
Friedrich-Krause-Ufer
Becken II
WESTHAFEN
WESTHAFEN
Becken I
39

24

WEDDING

Streets and places:
- KIRCHHOF
- Schillering Weg
- Tessiner Weg
- Barfusstr.
- Schiller-str.
- Ostorfer Str.
- St.-Aloysius-Kirche
- Schwyzer Str.
- PARK
- Edinburger Str.
- Türken-str.
- Lüderitzstr.
- Ungarnstr.
- Indische Str.
- Syrische Str.
- Armen-str.
- ST. PHILIPPUS URNEN
- APOSTEL-FRIEDHOF
- KIRCHHOF SEESTR.
- Ungarnstr.
- SEESTR.
- POL
- Brienzstr.
- Frauenfelder Weg
- Haßlinger Weg
- Reginhardstr.
- Hansastr.
- Walderseestr.
- Ungarnstr.
- Louise-Schroeder-Platz
- OSLOERSTR.
- Ritterland
- OSLOER STR.
- JÜDISCHES KRANKENHAUS
- Heinz-Galinski-Str.
- Iranische Str.
- Iranische Str.
- RUDOLF-VIRCHOW-KRANKENHAUS
- Groninger Str.
- Oudenarder Str.
- Liebenwalder Str.
- SCHULSTR.
- Hochstadter Str.
- Maxstr.
- REINICKENDORFERSTR.
- NAUENER PL.
- Martin-Opitz-str.
- Gottsched-str.
- Bornemannstr.
- Amsterdamer Str.
- Turner Str.
- MÜLLERSTR.
- SEESTR.
- KAPERNAUM-KIRCHE
- ANTWERPENER
- Genter Str.
- Brüsseler Str.
- Utrechter Str.
- EHEM. GARNISON-FDHF. MÜLLERSTR.
- Nazarethkirch-platz
- NEUE NAZARETH-KIRCHE
- Leopold-str.
- SCHULSTR.
- Prinz-Eugen-Str.
- Adolf-str.
- Maxstr.
- Schererstr.
- Wiesenstr.
- Köslinger Str.
- REINICKENDORFERSTR.
- PANKST.
- Weddingstr.
- R
- ALTE NAZARETH-KIRCHE
- LEOPOLDPL.
- Ostender Str.
- Zeppelin-platz
- Genter Str.
- MÜLLERSTR.
- Anton-str.
- URNEN-FRIEDHOF
- Plantagen-str.
- Pasewalker Straße
- Nettelbeckplatz
- LÜTTICHER STR.
- TECHNISCHE FACHHOCHSCHULE BERLIN
- Limburger Str.
- LUXEMBURGER STR.
- TEGELER
- Trift-str.
- Sparr-str.
- Spar-str.
- Sparrplatz
- Burgsdorf-str.
- ST.-JOSEPH-KIRCHE
- Gerichtstr.
- Max-Josef-Metzger-Platz
- Wildenow-str.
- Lindower Str.
- WEDDING
- WEDDING
- Ravenéstr.
- Schönwald
- Torf-str.
- Trift-str.
- Samoa-str.
- Sprengel-str.
- Lynarstr.
- MÜLLERSTR.
- DANKS-KIRCHE
- Weddingplatz
- REINICKEN-DORFER STR.
- Schulz-str.
- Fehmarner Str.
- Kiautschou-str.
- Pekinger Pl.
- Lynarstr.
- SCHERING
- REINICKENDORFER STR.
- Nordufer
- Torfstraßen-steg
- Nordufer
- Friedrich-Krause-Ufer
- Mettmann-platz
- TEGELER STR.
- FENN-
- SELLER-
- ABSPANNWERK SCHARNHORST
- ERIKA-HESS-EISSTADION
- Fenn-brücke
- Perleberger Str.
- Am Nordhafen
- Nordhafen
- Nordhafen-brücke
- Seller-brücke
- Kieler Str.
- BUNDE
- Ufer
- Heidestr.
- Boyen-str.

Map page 25

Grid references visible: D 12, D 13, E 12, E 13, F 12, F 13, G 12, G 13

Streets and locations:
- Gesellschaftstr.
- Soldiner Str.
- Kolonie-Echter Str.
- Heubuder Str.
- WOLLA[NKSTR.]
- ST.-ELISABE[TH] KIRCHHOF II
- SOPHIEN KIRCHHO[F]
- Drontheimer Str.
- Kol. Eintracht
- PRINZEN- ALLEE
- STEPHANUS-KIRCHE
- Soldiner Str.
- SCHWEDEN- STR. U
- DRK-KRANKENHAUS MARK BRANDENBURG
- Tromser Str.
- OSLOER STR.
- Kolonie str.
- Gotenburger Str.
- Biesentaler Str.
- GRÜNTALER STR.
- Heinz-Galinski-Str.
- Stockholmer Str.
- Wriezener Str.
- Fretrowalder Str.
- BORNHOLM[ER]
- Exerzier- str.
- Travemünder Str.
- ST.-PETRUS-KIRCHE
- Otto[...]
- BELLERMANN-
- Klever Str.
- Glücksburger Str.
- Sandhuttinger Str.
- Labor[er] Str.
- Georgs[...]
- Park[...]
- Uferstr.
- Gropiussstr.
- PANKSTR. U
- Stettiner Str.
- Grüntaler Str.
- Euler str.
- Spanheimstr.
- Mönkeberger Str.
- Ellerbeckerstr.
- Ortstr.
- Thurneysserstr.
- Buttmannstr.
- PANKSTR.
- M
- Bastian str.
- Heidbrinker Str.
- Zingster Str.
- BADSTR.
- Jülicher Str.
- Opitz str.
- Brunnen-platz
- Schönstedtstr.
- Bornemannstr.
- Böttger str.
- Bloch-platz
- Behmstr.
- GESUNDBRUNNEN CENTER
- GES[...]
- Uferstr.
- Hochstr.
- Böttgerstr.
- GESUNDBRUNNEN S
- GESUNDBRUNNEN U
- Wiesenstr.
- PANKSTR.
- POL
- Hochstr.
- Swinem[ünder]
- Kösinger Str.
- BRUNNENSTR.
- Ramler-
- Pulbuss[er]
- Swinem[ünder]
- Rügener Str.
- Gerichtstr.
- Hochstr.
- HUMBOLDTHAIN S
- VOLKSPARK HUMBOLDTHAIN
- HIMMELFAHRTS-KIRCHE
- Allee
- Ravenéstr.
- Kolberger Str.
- Neue Hochstr.
- Grenzstr.
- Hussitenstr.
- Gustav- Meyer- Allee
- SIEMENS NIXDORF
- Lortzing[str.]
- schönwalder Str.
- EHEM. AEG GEBÄUDE
- VOLTAS U
- KS-CHE
- Schulzendorfer Str.
- GRENZSTR.
- KIRCHHOF DOROTHEEN-STADT II
- Gartenstr.
- Ackerstr.
- Hussitenstr.
- Volta str.
- Jasmunder Str.
- Watt[str.]
- FRIE[DRICH-] BRUNNENSTR.
- KIRCHHOF ST. HEDWIGS-GEMEINDE
- Liesenstr.
- USEDOMER
- STR.
- CHAUSSEESTR.
- KIRCHHOF BERLINER DOMGEMEINDE
- Max-Garten-platz
- Urich str.
- ST.-SEBASTIAN-K.
- Stralsunder Str.
- Feldstr.
- Strelitzer Str.
- KA-HESS-STADION
- Wöhlertstr.
- Pflug[str.]
- Hussitenstr.
- BUNDESWEHR-
- Walter-Zermin-Weg
- BEF[...]

Map page 26 — Berlin (Gesundbrunnen area)

Grid references: D 10, D 15, E 14, E 15, F 14, F 15, G 14, G 15

Streets and places:
- WOLLA ALLEE
- ST.-ELISABETH-KIRCHHOF II
- SOPHIEN-KIRCHHOF II
- STEPHANUS-KIRCHE
- Soldiner Str.
- Biesentaler Str.
- Freienwalder Str.
- Wriezener Str.
- GRÜNTALER STR.
- Kol. Humboldt-Grüntaler
- OSLOER STR.
- BORNHOLMER STR.
- Famos
- Maximilian-
- Zillertalstr.
- Dolomitenstr.
- Tiroler Str.
- Trienter Str.
- Brennerstr.
- Esplanade
- Brixener Str.
- ANDREAS-HOFER-PLATZ
- Tobiacher Str.
- Kolonie Bornholm I
- Kolonie Bornholm II
- Stavanger
- Kol. Wiesengrund
- Kol. Sandkrug II
- Ottostr.
- Ibsenstr.
- Andersen Str.
- Bergener Str.
- Nordkap Str.
- Aalesunder Str.
- Stavanger
- Tegner Str.
- Ibsenstr.
- PETRUS-KIRCHE
- Bösebrücke
- Glücksburger Str.
- Krumme Str.
- Georgstr.
- Max-Labor-Str.
- Kol. Sandkrug
- August-Schuster-Str.
- MÖNKEBERGER STR.
- Ellerbekestr.
- Park
- Finnländische Str.
- Norwegerstr.
- Ueckermünder Str.
- Isländische Str.
- Malmöer Str.
- Paul- Robeson-Str.
- Czarnikauer Str.
- Schönfließer Str.
- ARNIM-PLATZ
- Jülicher Str.
- Heidebrinker Str.
- Euler-Str.
- Spanlemuth-Str.
- Behmstr.
- BEHMSTR.
- SCHIVELBEINER STR.
- Driesener Str.
- ST.-AUGUSTINUS-KIRCHE
- Dänen Str.
- Sedlower
- Behmstrassenbrücke
- GESUNDBRUNNEN CENTER
- GESUNDBRUNNEN (S+U)
- Schwedter Str.
- SC...
- Swinemünder Str.
- Kopenhagener Str.
- Korsörer Str.
- Ystader Str.
- Sonnenburger Str.
- Rhinower Str.
- Ramler Str.
- BRUNNENSTR.
- Putbusser Str.
- Swinemünder Str.
- Graunstr.
- Gleimstr.
- Am Falkplatz
- Falkplatz
- Gaudystr.
- Cantianstr.
- HIMMELFAHRTS-KIRCHE
- Allee
- Rügener Str.
- GLEIM-ST.-AFRA-KIRCHE
- Graunstr.
- MAX-SCHMELING-HALLE
- FRIEDRICH-LUDWIG-JAHN SPORTPARK
- Meyer- Str.
- SIEMENS NIXDORF
- Lortzingstr.
- Lortzingstr.
- Demminer Str.
- MAUER PARK
- Schwedter Str.
- Topsstr.
- EHEM. AEG GEBÄUDE
- VOLTASTR. (U)
- FRIEDENS-KIRCHE
- Ruppiner Str.
- Wolliner Str.
- Vinetaplatz
- EBERSWALDER (U)
- EBERSWA...
- Stralsunder Str.
- Wolgaster Str.
- USEDOMER STR.
- Jasmunder Str.
- BERNAUER STR.
- Krummer Str.
- Rheinsberger Str.
- Schwedter Str.
- ODERBERGER STR.
- Stralsunder Str.
- Streliter Str.
- Hussiten Str.
- Schönholzer Str.
- Ruppiner Str.
- Swinemünder Str.
- BERNAUER STR. (U)
- -berger Str.
- Arkonaplatz
- Fürstenberger Str.
- TIAN-K.
- Ackerstr.
- Walter-Zermin-Weg
- Rheins-
- Strel...
- Gransee Str.
- Kastanien-

Adjacent pages: 10 (top), 42 (bottom)

13
45
GBF. WEISSENSEE
Rennbahnstr.
Liebermannstr.
Pasedag-pl.
An der
Gustav-Adolf-Str.
Große Straße
Roelckestr.
FRIEDHOF DER SEGENSKIRCHENGEM.
Amalienstr.
Soonwaldstr.
Hunsrückstr.
Seestr.
Schönstr.
Bundenbacher Weg
Große Seestr.
Parkstr.
Lengfeder Str.
BERLINER ALLEE
Graacher Str.
Wehlener Str.
Trabacher Str.
POL
Bernkasteler
Kolonie Frieden
STÄDT. FRIEDHOF WEISSENSEE
Blechenstr.
Caseler Str.
Trierer Str.
Falkenberger
Gartenstr.
KRANKENHAUS WEISSENSEE
Gäblerstr.
Hedwig-str.
Paul-Oestreich-Str.
Woelckprom.
Weißer See
See Weg
E 19
E 20
Kreuzpfuhl
Woelckpromenade
WEISSENSEE PARK
Mirbach-platz
BETHANIEN-KIRCHE
Max-Str.
Pistoriusplatz
Pistoriusstr.
Behaimstr.
Wegenerstr.
Gartenstr.
STADTGESCHICHTLICHES MUSEUM WEISSENSEE
Albertinenstr.
ST. JOSEPH-KRANKENHAUS
Charlottenburger Str.
Steinke-Str.
Bömestr.
Tassostr.
Lindenallee
Bizetstr.
Benfelder Str.
Mutziger Str.
INDIRA-GANDHI-STR.
2
100
A.-Schönberg-Platz
Solonplatz
FRIEDHOF DER AUF.. GEMEIND..
Antonplatz
Streustr.
Herbertstr.
Smetanastr.
Meyerbeerstr.
Gounodstr.
Oranke-weg
F 19
F 20
Bizetstr.
Rossinistr.
Baumstr.
Brahmsstr.
Gürtelstr.
Meyerbeerstr.
Borodinstr.
Gounodstr.
Puccinistr.
Markus-Reich-Platz
FRIEDHOF DER ST.-HEDWIGS-GEMEINDE
Chopinstr.
Otto-Str.
Gürtelstr.
MICHELANGELOSTR.
Hanns-Eisler-Str.
Thomas-Mann-Str.
JÜDISCHER FRIEDHOF
G 19
G 2
Kol. Neues Heim
Kol. Grönland
Kol. Am Volkspark Prenzlauer Berg
KNIPRODE-STR.
Altenescher Weg
Steengravenweg
Ochtumweg
Stedinger Weg
Süderbrokweg
Storkower Str.
Kol. Neu Berlin
Kol. Langes Höhe
VOLKSPARK

30

WEISSENSEE | **D 20** | **14** | **D 21**

- Liebermannstr.
- Rennbahnstr.
- Lengerer Str.
- Große Seestr.
- BERLINER ALLEE
- Graacher Str.
- Wehlener Str.
- Trabacher Str.
- Neumagener Str.
- Brodenbacher Weg
- Ürziger Str.
- Neumagener Str.
- Piesporter Weg
- Piesporter Platz
- Mayener Weg
- Dietricher Weg
- Kemberger Weg
- Polcher Weg
- Perler Str.
- FRIEDHOF DER ST.-BARTHOLOMÄUS-GEMEINDE
- FRIEDHOF DER EV. KIRCHENGEM.
- ISRAEL. FRIEDH.
- POL
- Bernkasteler Str.
- Caseler Str.
- Trierer Str.
- FRIEDHOF
- Giers (Str. 18)
- Falkenberger Str.
- HA...
- Weißer See
- Falkenberger Str.
- Gartenstr.
- **E 20**
- Piesporter Str.
- **E 21**
- KINDER-KRANKENHAUS
- See Weg
- BUSCHALLEE
- HANSASTR.
- BUSCHALLEE
- SSENSEE PARK
- Wegenerstr.
- Else-Jahn-Str.
- Sulzfelder Str.
- Hansa str.
- Kolonie Sonnenschein
- Kol. zur freien Stunde
- Gertrudstr.
- Bertast...
- BERLINER
- Linden...
- Bizetstr.
- Benfelder Str.
- Mutziger Str.
- Solonplatz
- Gounodstr.
- Brahm...
- Otto...
- Chopin...
- INDIRA-GANDHI-STR.
- ST. JOSEPH-KRANKENHAUS
- Hansastr.
- FRIEDHOF DER AUFERSTEHUNGS-GEMEINDE
- Oranke-weg
- HANSASTR.
- Kol. Oranke
- Oranke-weg
- Orankestr.
- Oberseestr.
- Orankesee
- Chamier str.
- **F 20**
- **F 21**
- Kol. Pflanzerfreunde
- Straße 12
- Friedhof str.
- Roedern str.
- Kol. Roedemaue 1916
- FRIEDHOF DER ST.-PIUS-GEMEINDE
- FRIEDHOF DER ST.-MARKUS UND DER ST.-ANDREAS-GEMEINDE
- JÜDISCHER FRIEDHOF
- SPORTFORUM
- EISSPORTHALLE
- EISSTADION
- EISSCHNELL-LAUFBAHN
- **G 20**
- Fritz-Lesch-Str.
- **G 21**
- Kol. Grönland
- Kol. Am Volkspark Prenzlauer Berg
- Kol. Langes Höhe
- WEISSENSEER STR.
- BERLIN
- Sommerstr.
- Wolf-...Str.
- Steffen...
- Sandino...
- Mittelstr.
- Simon-...
- Küstrin...
- KONGRESSZENTRUM
- Konrad-...
- Berkenbrücker Steig
- **46**
- VOLKSPARK

15
D 22
HANSASTR.
Feldtmannsburg
Kolonie
Feldtmannstr.
Liebermannstr.
Drossener Str.
Neuzeller Weg
Am Fauler See
Königswalder Str.
Rackwitzer Str.
Tamseler Str.
Hohengraper Weg
Gerzlower Str.
Malchower Weg
Privatstr. 1
Privatstr. 2
Privatstr. 3
Privatstr. 4
Privatstr. 5
Privatstr. 6
Privatstr. 7
Privatstr. 8
Privatstr. 9
Privatstr. 10
Privatstr. 12
SPORTKOMPLEX BUSCHALLEE
Der Faule See
Fauler See
E 22
E 23
Paul-Koenig-Str.
HEILIGKREUZ-KIRCHE
Titastr.
Malchower Straße
SUERMONDTSTR.
Niehofer Str.
Degner-Str.
Gembitzer Str.
Biesterfelder Str.
Papendickstr.
Meusebachstr.
Seefelder Str.
Döhrendahlstr.
TABOR-KIRCHE
Hauptstr.
Bertastr.
Augustastr.
Elsastr.
Marie-Luise-Str.
Annemariestr.
Hertastr.
Klarastr.
Elfriedestr.
Sabinensteig
Hedwigstr.
Gertrudstr.
Obersee-Str.
Obersee-platz
Der Obersee
Käthe-platz
Käthestr.
OBERSEE-PARK
Oberseestr.
F 22
F 23
Waldowstr.
Manetstr.
Chamierstr.
Orankestr.
Gropiusstr.
Scharnweberstr.
Lindenweg
Degnerstr.
Konrad-Wolf-Str.
Bahnhofstr.
Große-Leege-Str.
Leuenberger Str.
Heckelberger Ring
Gärtnerstr.
Ferdinand-Schultze-Str.
R
HOHENSCHÖNHAUSEN
Schöneicher Str.
Freienwalder Str.
Wriezener Str.
Werneuchener Str.
FRIEDHOF DER ST.-HEDWIGS-GEMEINDE
Strausberger Str.
Küstriner Str.
Reichenberger Str.
GROSSE LEEGE STR.
G 22
G 23
Goeckestr.
Lichtenauer Str.
Lössauer Str.
Schleizer Str.
Plauener Str.
Zur Plauener Str.
Gensler-Str.
Arendsweg
Strausberger Platz
Simon-Bolivar-Str.
Verdener Gasse
Neustrelitzer Str.
Zechliner Str.
Joachimsthaler Str.
Biesenthaler Str.
Max-Aicher-Str.
Liebenwalder Str.
Heiligenstadter Str.
Sollstedter Str.
47

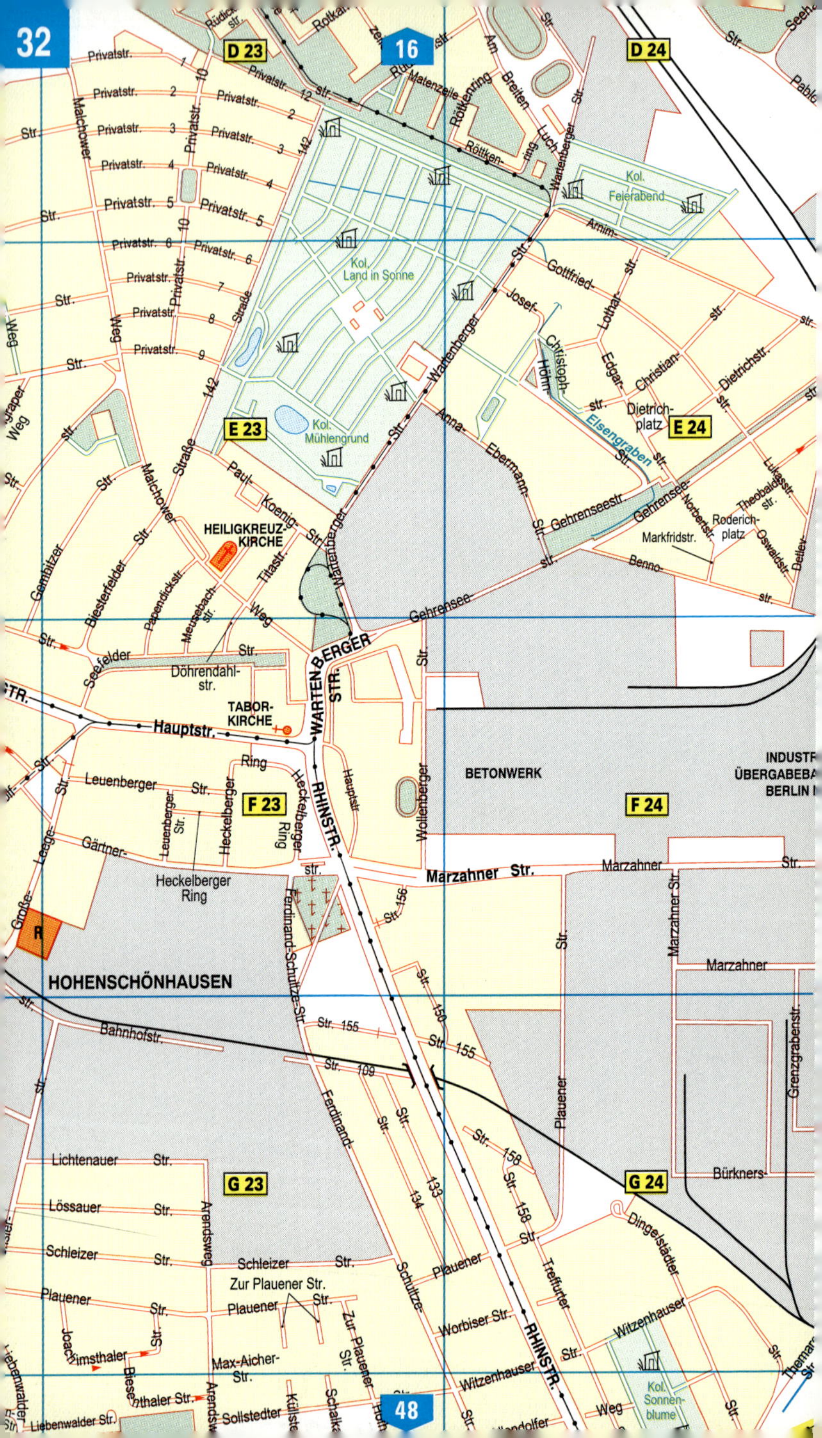
D 23
D 24
16
E 23
E 24
F 23
F 24
G 23
G 24
48
Privatstr. 1
Privatstr. 2
Privatstr. 3
Privatstr. 4
Privatstr. 5
Privatstr. 6
Privatstr. 7
Privatstr. 8
Privatstr. 9
Privatstr. 10
Privatstr. 12
Malchower Str.
Malchower Weg
Malchower Straße
142
Rotkamm
Matenzeile
Röttkenring
Arnimstr.
Breiten
Luch
Wartenberger Str.
Kol. Feierabend
Kol. Land in Sonne
Kol. Mühlengrund
Gottfried-Str.
Josef-Str.
Christoph-Str.
Lothar-Str.
Edgar-Str.
Christian-Str.
Dietrichstr.
Dietrich-platz
Höhn.
Elsengraben
Anna-Ebermann-Str.
Gehrenseestr.
Norbertstr.
Theobaldstr.
Lukasstr.
Roderich-platz
Markfridstr.
Oswaldstr.
Detlev-
Benno-Str.
Paul-Koenig-Str.
HEILIGKREUZ-KIRCHE
Titastr.
Meusebach-str.
Papendickstr.
Biesterfelder Str.
Gembitzer Str.
Seefelder Str.
Döhrendahl-str.
Weg
Gehrensee-Str.
WARTENBERGER STR.
TABOR-KIRCHE
Hauptstr.
Hauptstr.
Ring
Leuenberger Str.
Leuenberger Str.
Heckelberger
Heckelberger Ring
Gärtner-Str.
Große-Leege-Str.
RHINSTR.
Wollenberger Str.
BETONWERK
INDUSTR
ÜBERGABEBA
BERLIN
Marzahner Str.
Marzahner Str.
Str. 156
Ferdinand-Schultze-Str.
HOHENSCHÖNHAUSEN
Bahnhofstr.
Str. 155
Str. 150
Str. 109
Plauener Str.
Grenzgrabenstr.
Str. 158
Str. 133
Str. 134
Bürknersfelder
Dingelstädter
Lichtenauer Str.
Lössauer Str.
Schleizer Str.
Arendsweg
Zur Plauener Str.
Plauener Str.
Joachimsthaler Str.
Biesenthaler Str.
Max-Aicher-Str.
Liebenwalder Str.
Sollstedter
Küllste
Schalk
Erfurter
Worbiser Str.
Witzenhauser Str.
Kol. Sonnenblume
Weg
Themar
RHINSTR.

Map: Marzahn area

Grid references: D 25, 17, D 26, 33, E 25, E 26, F 25, F 26, G 25, G 26, 49

Streets and labels:
- Pablo-Picasso-Str.
- Hohenschönhauser Str.
- WOLFENER STR.
- GEHRENSEESTR. (S)
- Bitterfelder Str.
- Wolfener Str.
- Mar.-Hohen.-Grenzgraben
- Marzahner Str.
- Wassergrundstr.
- Grenzgrabenstr.
- Wiesenburger Weg
- STÄDTISCHER FRIEDHOF
- MÄRKISCHE ALLEE
- Basdorfer Str.
- Franz-Stenzer-Str.
- MARZAHN (S)
- 158
- Marzahner Promenade
- LANDSBERGER ALLEE
- KNORR-BREMSE
- INDUSTRIE ÜBERGABEBAHNHOF BERLIN NO
- Marzahner Brücke
- Bahnweg
- Schwenk- Str.
- Bruno-Baum-Str.
- Harbertssteig
- Hagebuttenhecke
- Paul- ...-Schmedin... Str.
- Themarer Allee
- Liebschwitzer Str.
- Oswaldstr.
- Detlev... str.

34

G 1 Nonnendammallee
Nonnendammallee
140
Str. 4 Paulstern
Str. 6/ **18**
Finken-Hasensprung
Finken-weg
Kol. Sonneneck
herd
SIEMENS
SCHALTWE
PAULSTERNSTR.
44
NONNENDAMMALL
Motardstr.
OSRAM
SIEMENS
Unterspree
Spree
Großer
Motardstr.
Sophienwerderweg
Werk-
BEWAG KRAFTWERK REUTERWEST
H 1
Ottenbuchtstr.
H 2
Stemfelder Str.
Nelkenweg Wiesenweg Astemweg Hauptweg
Hauptweg Rosenweg Taubenweg
Kol. Spreewiesen
Hafen-Ruhleben
BEWAG KRAFTWERK REUTER
weg
Faule Spr
Freiheit
Freiheit
BEPAK
Wiesen-
Kol. Kraftwerk Unterspree
damm
J 2
Kol. Dahlemer Wiese Nord
CHARLOTTENBURGER
J 1
Kol. Sonnenschein
Hempelsteig
RUHLEBEN
Ruhleben
CHAUSSEE
Ruhleben
Kol. Eichtal
Kol. Spreeblick
Kol. Freiland
Kol. Fürstenbr
Fließwiese
Hempelsteig
SPANDAUER
Ruhwaldweg
Kol. Spandauer Bock
Kol. Wochenend
Kol. Wochenend II
Kol. Spandauer Berg
PARK RU
Fliesswiese
Ruhleben
Stendel-Biedermann-weg
Murellen-weg
Jasminweg
Machandel-
Romnilter
Wachoderweg
weg
Reichsstr.
Gotha-
REICHSSTR.
D
Murellenteich
Murellenweg
Brombeer-
Adlerplatz
K 1
Allee
Braun-Str.
Rominter
K 2
Westend-
Koburg-allee
Meinninger
allee
Alten
Prinz-Friedrich-Karl-Allee
Hanns-Friesen-Str.
BRIXPLATZ
Friedrich-Hanns-Braun-Str.
Sportforum
Rossitter Platz
Schaumburgallee
Oldenburgallee
REICH
SCHWIMMSTADION
HOCKEYSTADION
Reichs Sporfeld Allee
OLYMPIASTADION
OLYMPISCHE
STR.
OLYMPIASTADION
Olympischer P
50
mer Allee
Marathon
NEUWESTEND

Map 35

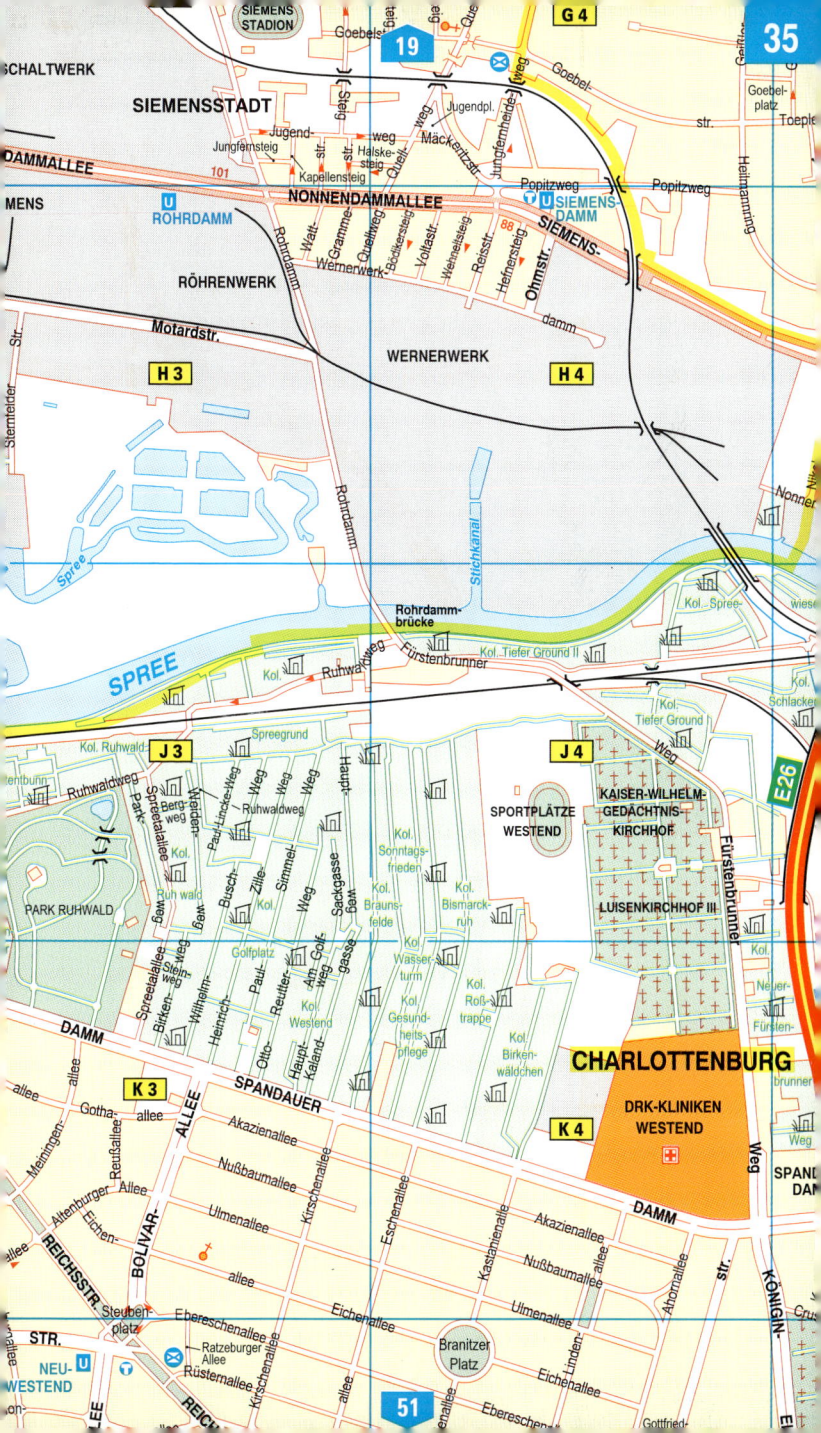

SIEMENS STADION — Goebelstr. — **G 4** — Goebelplatz — Toeple...
SCHALTWERK — **SIEMENSSTADT** — **19**
DAMMALLEE — Jugend-weg — Jungfernsteig — Halskesteig — Mäckeritzstr. — Jungfernheideweg — Jugendpl. — Heilmannweg
MENS — 101 — Kapellensteig — **NONNENDAMMALLEE** — Popitzweg — Popitzweg
U ROHRDAMM — Watt- — Gramme- — Quellweg — Böckerstieg — Voltastr. — Wernleinweg — Reinsstr. — 88 — U SIEMENSDAMM
RÖHRENWERK — Rohrdamm — Wernerwerk — Hefersteig — Ohmstr. — damm
Motardstr. — **WERNERWERK** — **H 3** — **H 4**
Sternfelder — Str. — Rohrdamm — Stichkanal — Nonner
Spree — Rohrdammbrücke — Kol. Spreewiese
SPREE — Kol. Ruhwaldweg — Ruhwaldweg — Fürstenbrunner — Kol. Tiefer Ground II — Kol. Schlacker
Kol. Ruhwald — **J 3** — Spreegrund — Kol. Tiefer Ground — Weg
Ruhwaldweg — Paul-Hincke-Weg — Haupt- — **J 4** — **KAISER-WILHELM-GEDÄCHTNIS-KIRCHHOF** — **E 26**
Spreeallee — Bergweg — Weidenweg — Ruhwaldweg — Fürstenbrunner
PARK RUHWALD — Kol. Ruh wald — Busch- — Zille — Simmel- — Sackgasse — Kol. Sonntagsfrieden — **SPORTPLÄTZE WESTEND**
Spreeallee — Steinweg — Birken- — Wilhelm- — Paul- — Am Golfplatz — Kol. Braunsfelde — **LUISENKIRCHHOF III**
Golfplatz — Heinrich- — Reutter- — Kol. Bismarckruh
Otto- — Haupt- — Kol. Wasserturm — Kol. Roßtrappe — Kol.
Kailand — Kol. Westend — Kol. Gesundheitspflege — Neuer-
DAMM — **SPANDAUER** — Kol. Birkenwäldchen — **CHARLOTTENBURG** — Fürstenbrunner
K 3 — Gothaallee — **ALLEE** — **K 4** — **DRK-KLINIKEN WESTEND**
Meinekeallee — Reußallee — Akazienallee — **DAMM** — **SPAND DAM**
Altenburger Allee — Eichen- — Nußbaumallee — Kastanienallee — Akazienallee
BOLIVAR — Ulmenallee — Kirschenallee — Eichenallee — Nußbaumallee — Ahornallee — **KÖNIGIN**
REICHSSTR. — Steubenplatz — allee — Ebereschenallee — Ulmenallee — Weg
NEU-WESTEND U — Rüsternallee — Ratzeburger Allee — Eichenallee — **Branitzer Platz** — Linden- — Ebereschenallee
STR. — Kirschenallee — **51** — Gottfried

36

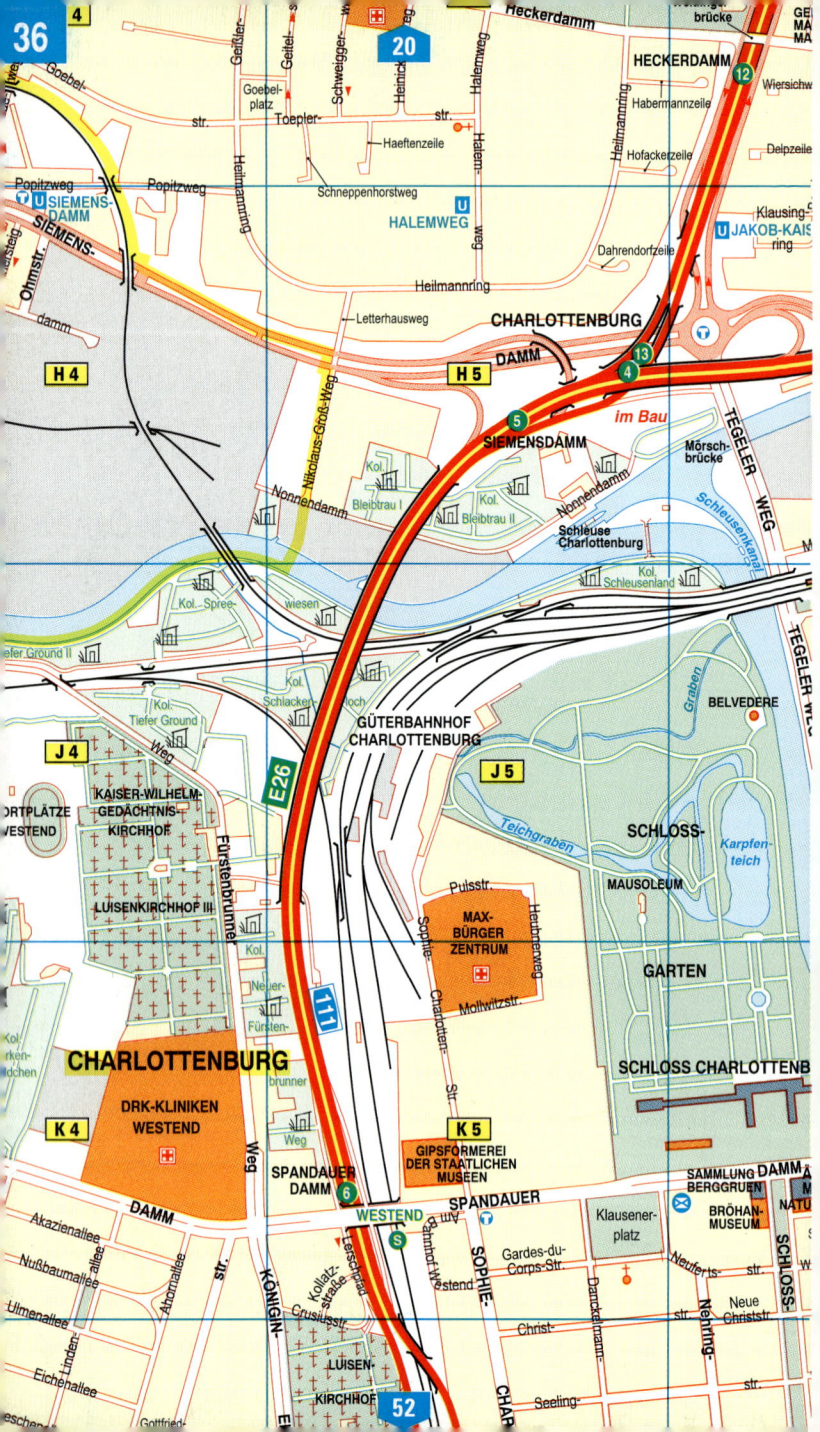

Heckerdamm
HECKERDAMM
Goebel- Geitel- Schweiger- Heinick- str. Habermannzeile Wiersichw
Goebel- Toepler- Haeftenzeile Hofackerzeile Delpzeile
platz Schneppenhorstweg
Popitzweg Popitzweg HALEMWEG Klausing- JAKOB-KAIS
SIEMENS- Dahrendorfzeile ring
DAMM
Ohmstr. Heilmannring
damm Letterhausweg CHARLOTTENBURG
H 4 **H 5** DAMM
im Bau
Mörsch-
SIEMENSDAMM brücke
Nonnendamm Kol. Kol. Nonnendamm Schleusenkanal
Bleibtrau I Bleibtrau II Schleuse
Charlottenburg Kol.
Schleusenland
Kol.-Spree- wiesen
TEGELER WEG
Tiefer Ground II
Kol. Kol.
Tiefer Ground Schlacker-
Weg GÜTERBAHNHOF BELVEDERE
J 4 CHARLOTTENBURG Graben
KAISER-WILHELM- E26 **J 5**
GEDÄCHTNIS-
ORTPLÄTZE KIRCHHOF SCHLOSS- Karpfen-
WESTEND Teichgraben teich
LUISENKIRCHHOF III MAUSOLEUM
Pulsstr.
Fürstenbrunner MAX- Herbrweg
BÜRGER GARTEN
ZENTRUM
Kol. Mollwitzstr.
Neuer
Fürsten- SCHLOSS CHARLOTTENB
brunnen 111
CHARLOTTENBURG
K 4 DRK-KLINIKEN **K 5** SAMMLUNG
WESTEND GIPSFORMEREI BERGGRUEN
DER STAATLICHEN BRÖHAN-
Weg MUSEEN MUSEUM
SPANDAUER SPANDAUER Klausener-
DAMM WESTEND platz Gardes-du- Neufert
Corps-Str.
Akazienallee Kollatz- str. Danckelmann-
Ahorn- straße
allee Crusius- Christ- Nehring-
Nußbaumallee str. str.
Ulmenallee LUISEN- Neue
Lindenallee KIRCHHOF Christst
Eichenallee Gottfried- Seeling- CHAR-
52

GEDENKKIRCHE MARIA REGINA MARTYRUM
Heckerdamm
Wiersichweg
Gloedenpfad
Schwambzeile
Teichgräberzeile
Delpzeile
Bernhard-Lichtenberg-Str.
Reichweindamm
Terwielsteig
Kirchnerpfad
Wirmerzeile
Klausing-ring
KOB-KAISER-PL.
Strünckweg
Leuningerpfad
Kaninchenweg
B.-L.-Str.
Reichweindamm
JAKOB-KAISER-PL.
Goerdelersteg
Westhafenkanal
H 6
H 7
G 7
21
Dahlienweg
Asternweg
Kol. Zukunft
Nelkenweg
Rosenweg
Grenz-weg
Kol. Gute Hoffnung
Kol. Juliusruh
Ginsterweg
Distelweg
Krummer Weg
Separationsweg
Rosen-weg
Rand-weg
Degenhof
Veilchenweg
Grenzsteg
Kol. Heideschlößchen
Sandweg
Grenzweg
Asternweg
Festpl.
Kol. Heimat
Taubenweg
Rosen-
Asternweg
Kol. Gemütlichkeit
Nelkenweg
Veilchen-
Margeriten-
Hasenw.
Frischer Wind
KRANKEN VOLLZU
BERLINE
GÜTE
Kol. Stichkanal Mulde
Kol. Stichkanal Wickelsdorf
Kol. Dahmshof
Rosenweg
Lilienweg
Dahlienweg
Dahlien-weg
Tulpen-weg
Kol. Stichkanal
Haupt-Alpenweg
Lise-Meitner-Str.
Dohrn-Str.
Max-
WEG
JUNGFERNHEIDE
GASWERK CHARLOTTENBURG
Goslarer Ufer
SICKINGEN-
Sickingen-brücke
Lambertstr.
Galle-steig
Struve-steig
Scheiner Weg
Olbersstr.
Olbers-str.
Grüner Weg
Sandweg
Holunderweg
Gauß-str.
Mittelweg
Weidenweg
Spitzer Weg
Kol. Habsburg-
Kol. Gerickeshof
Habsburger-ufer
Schwarzer Weg
Hauptweg
Rosenweg
Gaußstr.
Wiesengrund
Trompetenweg
Kol. Pretoria
Neues Ufer
Uffnaustr.
HUTTENSTR.
Charlottenburger
Fabricius-str.
Brahe-str.
GUSTAV-ADOLF-KIRCHE
TEGELER WEG
Herschel-str.
Keplerstr.
J 6
J 7
Osnabrücker Str.
MIERENDORFFPL.
Mierendorff-platz
Isenburger
Kaiserin-Augusta-Brücke
Klarenbachstr.
Wiebestr.
KAISERIN-AUGUSTA-ALLEE
KAISERIN-AU
Mindener Str.
MARIÄ-HIMMELFAHRTK.
Nordhauser Str.
SÖMMERINGSTR.
Isenburger Str.
Wernigeroder Str.
Goslarer Platz
Verbindungskanal
Kamminer
Tauroggener
MIERENDORFFSTR.
Treseburger Str.
Klaustaler Straße
Neues Ufer
Quedlinburger Str.
Harlingeroder Weg
Bonhoeffer-ufer
BEWAG KRAFTWERK CHARLOTTENBURG
Darwin-str.
POL
WASSER-SCHUTZPO
SCHINKEL-PAVILLON
Schloß-brücke
OTTENBURG
Charlottenburger Ufer
Am Spreebord
Siemens-steg
Caprivi-brücke
Röntgen-brücke
Iburger Ufer
K 6
K 7
Eosander-str.
ÄGYPTISCHES MUSEUM
NATURWISSENSCHAFLICHE SAMMLUNG
DAMM
Brauhof-str.
Arco-str.
Lüdtge-weg
Röntgenstr.
GALVANI-STR.
OTTO-SUHR-ALLEE
Stallstr.
Lohmeyer-str.
Gierke-
LUISEN-KIRCHE
WINTERSTEINSTR.
Alt-Lietzow
Alt-Lietzow
LIETZOW-KIRCHE
Guerickestr.
Cauerstr.
Wulfshein-str.
Nithackstr.
Richard-Wagner-Platz
Warburgzeile
Loschmidt-str.
LUISEN-KIRCHHOF I
SCHLOSS-STR.
KAISER-FRIEDRICH
Schustehrus-str.
Gierke-platz
Wilmersdorfer str.
RICHARD-WAGNER-PL.
OTTO-SUHR-
SCHUSTEHRUS-PARK
Hebbelstr.
Behaim-str.
Otto-Grüneberg-Weg
Haubach-str.
RICHARD
Fraunhofer-
Kohlrauschstr.
53

[Map of Berlin – Moabit area, page 38]

G 9
Berlin-Spandauer Schiffahrtskanal
Nordufer
23
Becken III
WESTHAFEN
Becken II
Becken I
Föhrer Brücke
Friedrich-Krause-Ufer
Torfstraßensteg
Westhafenstr.
WESTHAFEN
WESTHAFEN
Putlitzbrücke
QUITZOW-
STR.
QUITZOWSTR.
H 9
H 10
SIEMENSSTR.
Unionplatz
Unionstr.
BIRKENSTR.
PUTLITZSTR.
Salzwedeler Str.
Stephanstr.
Stephan-
str.
Stephanplatz
Stendaler Str.
Rathenower Str.
Perleberger
POL
Feldzeugmeister-str.
Havelberger
Wilhelmshavener Str.
Bremer Str.
Bredowstr.
Oldenburgerstr.
Emdenerstr.
BIRKENSTR.
STROM-
STR.
Lübecker Str.
Perleberger
Wilsnacker Str.
RATHENOWER STR.
Krupp-
Kruppstr.
BIRKENSTR.
Wiclef-
str.
Wiclefstr.
BIT
KRANKENHAUS MOABIT
Bandel-str.
Dreyse-str.
Pritzwalkerstr.
RATHENOWER
FRITZ-SCH
PARK
Bugenhagen-str.
Arminiusstr.
ST. PAULUS-KIRCHE
R
J 10
J 9
TURMSTR.
TURMSTR.
TURMSTR.
Thusnelda-Allee
Ottoplatz
HEILANDS-KIRCHE
KLEINER TIERGARTEN
Ottostr.
ALT-MOABIT
37
83
ST.-JOHANNIS-KIRCHE
NEUES KRIMINALGERICHT
KRKHS. D. BERL. VOLLZUGSANST.
T
BM INNERES
HAUS AM WASSER
20
ALT-MOABIT
120
Bochumer Str.
Krefelder Str.
Essener Str.
STROMSTR.
Lessingbrücke
Holsteiner Ufer
Claudiusstr.
Moabiter Brücke
Kirchstr.
Thomasiusstr.
CARL-VON-OSSIETZKY-PARK
TIERGARTEN
Jagowstr.
Elberfelder Str.
Dortmunder Str.
Bundesratufer
HANSAVIERTEL
Flensburger Str.
Helgoländer Ufer
Gerickesteg
Calvinstr.
Melanchthonstr.
Spenerstr.
PAULSTR.
K 9
K 10
Hansabrücke
LESSINGSTR.
Altonaer Str.
Solinger Str.
BELLEVUE
Lüneburger Str.
Bellevueufer
Eyke-von-Repkow-Platz
SPREE
Cuxhavener Str.
Bartningallee
Hanseatenweg
HANSAPL.
Hansaplatz
AKADEMIE DER KÜNSTE
SCHLOSSPARK
SCHLOSS BELLEVUE
MOABIT
Lutherbrücke
John-Foster-Dulles-Allee
Schleswiger Ufer
Bachstr.
Flotowstr.
Teich
BUNDESPRÄSIDIALAMT
ALTONAER STR.
Händelallee
Siegmundshof
BELLEVUE
SPREEWEG
KPM
Händelallee
Oswald-...nnplatz
55

Map 40

Streets and locations:

- Norduferst, Torfstraßensteg, Pekinger Pl., Lynarstr., Nordufer
- Friedrich-Krause-Ufer, Tegeler Str., FENN-STR., SCHERING, REINICKENDORFER STR. (U), SELLER STR., Schulze-
- Mettmannplatz, Am Nordhafen, ERIKA-HESS-EISSTADION, ABSPANNWERK SCHARNHORST
- Perleberger Str., Fennbrücke, Nordhafen, Nordhafenbrücke, Heidestr., Kieler Str., Sellerbrücke, Kielerbrücke, Boyenstr., BUNDES-
- Rathenower Str., Stephanstr., Johanplatz, Jonasstr., Lehrter Str., KRANKENHAUS
- Perleberger Str., POL, POL, HEIDESTR., INVALIDEN-FRIEDHOF
- **H11**, Berlin-Spandauer Schiffahrtskanal, **H 12**
- Wilsnacker Str., Kruppstr., Feldzeugmeisterstr.
- BIRKENSTR., Bandelstr., Wilsnacker Str., Kruppstr., Döberitzer Str., HAMBURGER MUSEUM GEGENW. BERL.
- POSTSTADION, **96**
- Dreysestr., FRITZ-SCHLOSS-PARK, im Bau
- Pritzwalkerstr., Lehrter Str.
- RATHENOWER STR., **J 11**, im Bau, **J**
- TURMSTR., Seydlitzstr., Humboldthafen
- NEUES KRIMINALGERICHT, Clara-Wieck-Str., LEHRTER STADTBHF. (S)
- JOHANNIS-KIRCHE, KRKHS. D. BERL. VOLLZUGSANST., Otto-Dix-Str., Friedrich-List-Ufer, im Bau
- Wilsnacker Str., INVALIDENSTR., POL
- ALT-MOABIT, im Bau
- CARL-VON-OSSIETZKY-PARK, Washingtonplatz, ALT-MOABIT, Moltkebrücke
- **TIERGARTEN**, Gerhardtstr.
- Kirchstr., Thomasiusstr., Calvinstr., Helgoländer, Melanchthonstr., Flemingstr., im Bau
- Spenerstr., PAUL-STR., Lüneburger Str., **K 11**, im Bau (2001), Moltkestr., **K 12**
- **K 10**, Gericke-steg, Lüneburger Str.
- BELLEVUE, Bellevueufer, MOABITER WERDER, HAUS DER KULTUREN DER WELT, In den Zelten, Große Querallee, Paulstr.
- SCHLOSSPARK, SCHLOSS BELLEVUE, Lutherbrücke, John-Foster-Dulles-Allee, Kurfürstenplatz, Pariser, John-Foster-Dulles-Allee, Eichenallee, Ahornallee, Entlastungsstr., SOWJETISCHES EHRENMAL
- BUNDESPRÄSIDIALAMT, SPREE-WEG, Bellevueallee, Kastanienallee, Rusternallee, Buchenallee
- BELLEVUE, Großer, **56**, DES STRASSE, Weg, Bremer, 17. JUNI

Map page 41 — Berlin Mitte area

Streets and labels visible:
- Schutzendorfer Str.
- Ackers Str., Usedomer Str., Stralsunder Str.
- CHAUSSEESTR., Gartenstr., Liesenstr.
- KIRCHHOF ST.-HEDWIGS-GEMEINDE
- KIRCHHOF BERLINER DOMGEMEINDE
- KA-HESS-STADION
- ST.-SEBASTIAN-K. platz
- Max-Urich-Str., Feldstr., Hussitenstr.
- BUNDESWEHR-KRANKENHAUS
- Wöhlert-str., Pflug-str.
- U SCHWARTZ-KOPFFSTR.
- Schwartzkopffstr.
- Theodor-Heuss-W., Walter-Zermin-Weg
- Ackerstr., Bergstr.
- LAZARUS-KRANKENHAUS
- GEDENKSTÄTTE BERLINER MAUER
- KIRCHHOF DER ST. ELISABETH-GEMEINDE
- KIRCHHOF DER SOPHIENKIRCH-GEMEINDE
- Bernauer Str.
- H 12, H 13, H
- ORTHOPÄD.-KLINIK
- INVALIDENFRIEDHOF
- Habersaathstr., Scharnhorststr.
- Am Nordbahnhof
- REINICKEN- S
- Zinnowitzer Str.
- U ZINNOWITZER STR.
- Invalidenstr.
- Eichendorffstr., Borsigstr., Schlegelstr., Tieckstr., Novalisstr., Schröderstr.
- MUSEUM FÜR NATURKUNDE
- BM WIRTSCHAFT, BM VERKEHR
- Heinrich-Zille-Park
- GOLGATHA-KIRCHE
- ST.-ADALBERT-KIRCHE
- Platz vor dem Neuen Tor
- Hannoversche Str.
- Robert-Koch-Platz
- DOROTHEEN-STÄDT. U. FRANZ. FRIEDHOF
- HAMBURGER BHF. - MUSEUM FÜR GEGENWART-BERLIN
- INVALIDENSTR.
- Sandkrugbrücke
- J 12, J 13
- Philippstr.
- BILDUNG UND FORSCHUNG
- ST.-JOH.-EV.-KIRCHE
- ORANIENBURGER TOR U
- TACHELES
- EHEMALIGES POSTFUHRAMT
- NEUE SYNAGOGE
- Augustst.
- Kleine Hamburger
- CHARITÉ
- AKADEMIE DER KÜNSTE
- TIERARZNEISCHULE
- Claire-Waldoff-
- Friedrichstr.
- Johannisstr.
- ORANIENBURGER STR. S
- Humboldt-hafen
- Alexanderufer
- im Bau
- KAMMER-SPIELE
- DEUTSCHES THEATER
- Schumannstr.
- Albrechtstr.
- Rheinhardtstr.
- Zirkus-str.
- FRIEDRICHSTADT-PALAST
- Ziegelstr.
- Kalkscheunen-str.
- Unterbaumstr.
- Karlplatz
- Charité-str.
- Marienstr.
- Am Weidendamm
- Weidendammer Brücke
- Ebertbrücke
- Monbijoubrücke
- BODEMUSEUM
- Kronprinzenbrücke
- Reinhardtstr.
- BERTOLT-BRECHT-PLATZ
- BERLINER ENSEMBLE
- SPREE
- Geschwister-Scholl-
- K 12, K 13, K 14
- Schiffbauerdamm
- BM UMWELT
- METROPOL THEATER
- FRIEDRICHSTRASSE U S
- Universitäts-str.
- Bahnhofstr.
- Hegelplatz
- Paul-Löbe-Str.
- REICHSTAG BUNDESTAG
- im Bau (2001)
- Reichstagufer
- Neustädtische
- Georgenstr.
- INTERNATIONALES HANDELSZENTRUM BERLIN
- Dorotheen-str.
- HUMBOLDT-UNIVERSITÄT
- SOWJETISCHES EHRENMAL
- 17. JUNI
- BRANDENBURGER TOR
- Pl. vor dem Brandenburger Tor
- Pariser Platz
- HOTEL ADLON
- AKADEMIE DER KÜNSTE
- BUNDESPRESSEAMT
- Wilhelmstr.
- Dorotheenstr.
- Mittelstr.
- Schadowstr.
- Charlottenstr.
- DEUTSCHE STAATSBIBLIOTHEK
- UNTER DEN LINDEN S U
- UNTER DEN LINDEN
- GOUVERNEURHAUS
- KOMISCHE OPER
- ALTE BIBLIOTHEK
- FRANZÖSISCHE
- Behrenstr.
- MITTE
- Rosmarinstr.
- Glinkastr.
- DEUTSCHES STAATSOPER
- 25, 41, 57

Map of Berlin-Mitte (page 42), showing the area bounded roughly by Bernauer Straße to the north and Unter den Linden / Spree to the south.

Key streets and locations visible:

- **Streets (north to south):** Usedomer Str., Stralsunder Str., Bernauer Str., Hussitenstr., Ackerstr., Rheinsberger Str., Anklamer Str., Ruppiner Str., Swinemünder Str., Wollinerstr., Bernauer Str., Oderberger Str., Kastanienallee, Schwedter Str., Gartenstr., Bergstr., Elisabethkirchstr., Brunnenstr., Zionskirchstr., Kastanienallee, Fehrbelliner Str., Invalidenstr., Veteranenstr., Weinbergsweg, Zehdenicker Str., Choriner Str., Schönhauser Allee, Torstr., Linienstr., Auguststr., Mulackstr., Weinmeisterstr., Rosenthaler Str., Oranienburger Str., Sophienstr., Gipsstr., Krausnickstr., Monbijoustr., Am Kupfergraben, Burgstr., Spandauer Str., Karl-Liebknecht-Str., Unter den Linden, Dorotheenstr., Französische Str.

- **Landmarks:**
  - Lazarus-Krankenhaus
  - Gedenkstätte Berliner Mauer
  - Kirchhof der St. Elisabeth-Gemeinde
  - Kirchhof der Sophienkirch-Gemeinde
  - Elisabethkirche
  - Pappelplatz
  - POL
  - Volkspark am Weinberg
  - Zionskirche / Zionskirchplatz
  - Teutoburger Platz
  - Heinrich-Zille-Park
  - Golgathakirche
  - St.-Adalbert-Kirche
  - Koppenplatz
  - Friedhof der Garnisonkirche
  - Kleine Hamburger Str. / Alter Jüdischer Friedhof
  - St.-Joh.-Ev.-Kirche
  - Tacheles
  - Ehemaliges Postfuhramt
  - St.-Hedwig-Klinik
  - Neue Synagoge
  - Sophienkirche
  - Hackesche Höfe
  - Friedrichstadt-Palast
  - Kalkscheunen-Str.
  - Weidendammer Brücke
  - Ebertbrücke
  - Monbijoubrücke
  - Monbijoupark
  - Bodemuseum
  - Pergamonmuseum
  - Alte Nationalgalerie
  - Neues Museum
  - Altes Museum
  - Berliner Dom
  - Museumsinsel
  - Hackescher Markt
  - An der Spandauer Brücke
  - Neue Promenade
  - St. Marienkirche
  - Neptunbrunnen
  - Fernsehturm
  - Rotes Rathaus
  - Metropol Theater
  - Internationales Handelszentrum Berlin
  - M.-Gorki-Theater
  - Humboldt-Universität
  - Deutsche Staatsbibliothek
  - Neue Wache
  - Zeughaus
  - Deutsche Staatsoper
  - Gouverneurhaus
  - Alte Bibliothek
  - Komische Oper
  - Friedrichswerdersche Kirche
  - Bauakademie
  - Staatsratsgebäude
  - Palast der Republik
  - Schloßbrücke / Schloßplatz
  - Lustgarten
  - Liebknechtbrücke
  - Rathausbrücke / Am Nußbaum
  - Nikolaiviertel / Nikolaikirche
  - Neuer Marstall
  - Stadtbibliothek
  - Ephraim-Palais
  - St.-Hedwigs-Kathedrale
  - Bertolt-Brecht-Platz

- **U-Bahn / S-Bahn stations:** Bernauer Str. (U), Rosenthaler Platz (U), Oranienburger Tor (U), Oranienburger Str. (S), Schönhauser Tor, Weinmeisterstr. (U), Hackescher Markt (S), Friedrichstraße (U/S)

- **Grid references:** G 14, H 14, H 15, J 14, J 15, K 14, K 15

- **District label:** MITTE

PRENZLAUER BERG

Streets and Areas

- SCHÖNHAUSER ALLEE
- im KULTUR-BRAUEREI Bau
- Sredzki-str.
- Hagenauer str.
- Husemannstr.
- DANZIGER STR.
- ELIAS-KIRCHE
- KRKHS. PRENZL.BG.
- Fröbel-platz
- PRENZL.BG.
- Chodowiecki-str.
- Jablonski-str.
- Christburger Str.
- Wörther Str.
- KOLLWITZ
- Kollwitz-platz
- Wörther Str.
- SEGENS-KIRCHE
- JÜDISCHER FRIEDHOF
- Knaack-str.
- Ryke-str.
- Marienburger Str.
- Diedenhofer Str.
- Belforter Str.
- POL
- SENEFELDER PLATZ
- Kollwitz-str.
- Mülhauser Str.
- IMMANUEL KIRCHE
- Immanuelkirch-str.
- Hufeland-str.
- Pasteur-str.
- Metzer Str.
- Straßburger Str.
- Raabestr.
- POL
- Heinrich-Roller-Str.
- Käthe-Niederkirchner-str.
- Saarbrücker Str.
- T
- Schönhauser Allee
- Zolastr.
- Strassburger Str.
- PRENZLAUER
- ST.-MARIEN-NIKOLAI-GEM.
- ST.-GEORGEN-GEM.
- GREIFSWALDER
- 2
- Bötzow-str.
- R.-LUXEMBRG.-PLATZ
- TORSTR.
- PRENZLAUER TOR
- ST.-NIKOLAI-GEM.
- Prenzlauer Berg
- Platz am Königstor
- ST.-BARTHOLOMÄUS
- Am Friedrichshain
- VOLKSPARK FRIEDRICHSHAIN
- VOLKSBÜHNE
- Rosa-Luxemburg-Platz
- Weydinger-str.
- Bartel-str.
- Mendelssohnstr.
- MOLL-
- BRAUN-STR.
- Georgenkirchstr.
- Höchste Str.
- Barnim-str.
- Wein-str.
- Büsching-str.
- Hirten-str.
- Almstadt-str.
- Schendel-gasse
- Kleine Alexander-str.
- Wadzeck-str.
- Keibel-str.
- OTTO-
- POL
- STR.
- Platz der Vereinten Nationen
- Memhard-str.
- KARL-LIEBKNECHT-
- ALEXANDER-PLATZ
- ALEXANDERPLATZ
- URANIA
- Berolina-str.
- Weydemeyer-str.
- Berolinastr.
- SCHILLINGSTR.
- Palisadenstr.
- KONGRESS-HALLE
- ALEXANDER-
- KARL-
- Jacoby-str.
- MARX-
- ALLEE
- Weydemeyerstr.
- Fürstenwalder Str.
- Neue Weber-str.
- RATHAUSSTR.
- Jüden-str.
- 1
- Dircksen-str.
- STR.
- K 16
- POL
- Magazin-str.
- Blumen-str.
- Strausberger Platz
- Lebuser-str.
- TES-HAUS
- J
- FRANZISKANER-KLOSTERKIRCHE
- KLOSTERSTR.
- Parochial-str.
- STADT-HAUS
- PAROCHIAL-KIRCHE
- Voltairestr.
- Schicklerstr.
- Littenstr.
- Neue
- Singer-str.
- STRAUSBERGER PLATZ
- Blumenstr.
- Neue Blumenstr.
- Olaf-chen
- Molken-markt
- Stralauer Str.
- Rolandufer
- NBERGER STR.
- JANNOW-BRÜCKE
- Singerstr.
- Krautstr.

G 18
GREIFSWALDER STR.
STORKOWER STR.
Einstein-
28
ERNST-THÄLMANN-
PARK
PRENZL.BG.
DANZIGER STR.
Chodowiecki-
Jablonski-
Christburger
GREIFSWALDER STR.
Olga-Benario-Prestes-Str.
Anton-
John-Schehr-
Margarete-Walter-Str.
Saefkow
VOLKSPARK ANTON SAEFKOW
Rudolf-Schwarz-Str.
Kube-Str.
Bötzowstr.
Bernhard-Lichtenberg-Str.
Eugen-Schönhaar-
Dietrich-Bonhoeffer-Str.
96 a
H 17
H 18
Pasteur-
Arnswalder Platz
HANS-OTTO-STR.
Heinz-Kapelle-Str.
Conrad-Blenkle-Str.
Hufeland-
Esmarch-
Liselotte-
Hermann-
Pasteurstr.
Käthe-Niederkirchner-
Hans-Otto-Str.
KNIPRODE-
Erich-Boltze-
Ernst-Fürstenberg-Str.
Heinz-Bartsch-Str.
Paul-Heyse-Str.
POL
2
Friedrichshain
Bötzow-
Virchow-str.
Margarete-Sommer-Str.
K.-F.-FRIESEN
Rudi-Arndt-
Platz am Königstor
Am
ST.-BARTHOLOMÄUS
J 17
J 18
VOLKSPARK FRIEDRICHSHAIN
KRANKENHAUS IM FRIEDRICHSHAIN
Frieden-
Höchste
Wein-
Büsching-
Langenbeck-str.
SEZ
Virchowstr.
ALLEE
Richard-Sorge-Str.
An der Brauerei
Wilhelm-Stolze-Str.
Kochhann-
LANDSBERGER
Platz der Vereinten Nationen
STR.
Matthiasstr.
ST.-GEORGEN-
Pufendorfstr.
Diestelmeyerstr.
AUFERSTEHUNGS-KIRCHE
ST.-PETRI-FRIEDHOF
FRIEDHOF
FRIEDEN-STR.
Strausberger Str.
Friedrichsberger Str.
Weydemeyerstr.
K 17
K 18
Palisadenstr.
Schulweg
ST.-PIUS-KIRCHE
Fürstenwalderstr.
Lebuserstr.
Koppen-str.
Löwe-
Auer-
Richard-
Weidenweg
Strausberger Platz
Neue Weberstr.
KARL-MARX-ALLEE
STRAUSBERGER PLATZ
Blumenstr.
Neue Blumenstr.
Singerstr.
Krautstr.
Kommune
1
5
WEBERWIESE
Hildegard-
Jadamowitz-
FRIEDRICHSHAIN
60

29
Neues Heim
Kol. Grönland
Kol. Am Volkspark Prenzlauer Berg
Kol. Langes Höhe
Hanns-Eisler-Str.
Alteneescher Weg
Steengraven-weg
Ochtumweg
Stedinger-weg
Süderbrokweg
KNIPRODE-STR.
Kol. Neu Berlin
STORKOWER STR.
Storkower Str.
Sigrid-str.
VOLKSPARK PRENZLAUER BERG
Syringen-platz
H 19
Cyanerstr.
Schneeglöckchenstr.
Maiglöckchenstr.
Syringenweg
Oleanderstr.
Glöckchenweg
Chrysanthemenstr.
Oderbruchstr.
Hohenschönhauser Str.
Herbert-Tschäpe-Str.
Landsberger Allee
Judith-Auer-Str.
Otto-Marquardt-Str.
H 20
177
VELODROM
EUROPA-SPORT-PARK BERLIN
Heyse-Str.
Fritz-Riedel-Str.
Conrad-Blenkle-Str.
Arndt-Str.
Cothenius-Str.
CORPUS-CHRISTI-KIRCHE
LANDSBERGER ALLEE
LANDSBERGER ALLEE
126
Lansberger Allee
Franz-Jacob-Str.
Karl-Lade-Str.
Storkower Str.
Karl-Vesper-Str.
Erich-Kuttner-Str.
Arthur-Weisbrodt-Str.
Buggenhagenstr.
Ernst-Reinke-Str.
Gustav-Zahnke-Str.
Georg-Lehnig-Str.
Jacob-Str.
Max-Brunnow-Str.
Rudolf-Seiffert-Str.
J 19
J 20
LANDSBERGER
233
79
PETERSBURGER STR.
Heidenfeldstr.
Hausburgstr.
Ebertystr.
Brauerei
Kochhannstr.
Weisbachstr.
Ebelingstr.
Thaerstr.
Storkower Str.
STORKOWER STR.
Franz-Str.
Rudolf-Seiffert-Str.
Wilhelm-Stolze-Str.
Pintschstr.
Straßmannstr.
Matternstr.
Ebertystr.
Petersburger Platz
PFINGST-KIRCHE
Mühsamstr.
Thaerstr.
Eldenaer Str.
K 19
K 20
Hübnerstr.
Forckenbeckplatz
Eldenaer Str.
18
Richard-Sorge-Str.
Mühsamstr.
Eckertstr.
Bersarinplatz
Weidenweg
Weidenweg
Bänschstr.
BÄNSCHSTR.
Dolziger Str.
Samariterstr.
Voigtstr.
Pettenkoferstr.
Samariterplatz
SAMARITERKIRCHE
GALILÄA-KIRCHE
Rigaer Str.
Zellestr.
Liebigstr.
Schreinerstr.
Proskauer Str.
96 a
131
Frankfurter Allee
FRANKFURTER TOR
ALLEE
140
Gabelsberger Str.
Samariterstr.
SAMARITER STR.
Rigaer Str.
Graudenzer Str.
FRANKFURTER ALLEE

30
BERLIN
EISSCHNELL-
LAUFBAHN
G 21
KONGRESSZENTRUM
Kol.
Am Volkspark
Prenzlauer Berg
Kol.
Langes Höhe
VOLKSPARK
PRENZLAUER BERG
WEISSENSEER
WEG
Sommerstr.
Konrad-
Wolf-
Str.
Steffen-
str.
Simon-
Sandino-
str.
Mittelstr.
Küstriner
Berkenbrücker
Steig
Altenhofer
Mittel-
Str.
Altenhofer
Str.
Hohenschönhauser Str.
H 20
H 21
Otto-
Marquardt-
Str.
Otto-Marquardt-
Str.
Landsberger Allee
LANDSBERGER
ALLEE
LANDSBERGER
200
177
Landsberger Allee
Hohenschönhauser Str.
Judith-Auer-
Str.
Herbert-
Tschäpe-
Str.
Herbert-
Tschäpe-Str.
Allee
Landsberger
Allee
Lansberger
Franz-Jacob-Str.
Anton-
Saefkow-
Platz
FENNPFUHLPARK
Fenn-
pfuhl
EV. KIRCHE
AM FENNPFUHL
WEISSENSEER
Weißenseer-
Weg
Bernhardt-Bästlein-
Str.
Bästlein-
Str.
Voigt-
Str.
Vulkan-
Weißenseer Weg
Karl-
Lade-
Str.
Karl-
Lade-
Str.
Buggenhagen-
str.
Kuttner-
Str.
Reinke-
Zachertstr.
Gustav-
Str.
Georg-
Str.
Lehnig-
Jacob-
Str.
J 20
J 21
Rudolf-Seiffert-Str.
Junius-Str.
Paul-
Paul-
Paul-Junius-
Str.
Junius-
Str.
Bernhardt-
Bernhardt-
Bästlein-Str.
Elli-
str.
Herzbergstr.
Paul-
Str.
Vulkan-
Max-Brunnow-
Str.
Franz-
Rudolf-
Seiffert-
Str.
Rudolf-
Seiffert-
Str.
Rudolf-Seiffert-Str.
Paul-Junius-
Str.
Möllendorffstr.
MÖLLENDORFFSTR.
Alfred-
Jung-
Str.
Zobel-
Str.
Alfred-
Jung-
Str.
Storkower
Str.
Storkower
STORKOWER STR.
Junius-
Josef-
Orlopp-
Str.
POL
Ruschestr.
Kol.
Eigenheim
Paul-
Eberhard-
str.
K 20
K 21
Scheffel-
str.
Str.
Loeper-
platz
Bornitz-
str.
Eldenaer
Str.
Am
Stadtpark
Heringerstr.
Kielblock-
str.
Hendrich-
platz
Rutnik-
str.
Dolziger
Samariterstr.
Voigtstr.
Str.
Pettenkofer-
STADTPARK
BÄNSCHSTR.
Samariter-
platz
SAMARITER-
KIRCHE
BÄNSCHSTR.
Schreinerstr.
Schreiner-
str.
str.
str.
Park-
aue
Am
Stadt-
park
aue
STR.
Kunze-
weg
Kubornstr.
Reusch-
Rigaer-
str.
Rigaer-
str.
Gabelsberger
Str.
Samariter-
Voigt-
SAMARITER
Schlei
platz
62
Str.77
Deutschmeister-
Park-
Am Container-
MÖLLENDORFF-
Normannen-
str.
Kubornstr.
Hoenerweg
Rathe-
Rusche-

Map Page

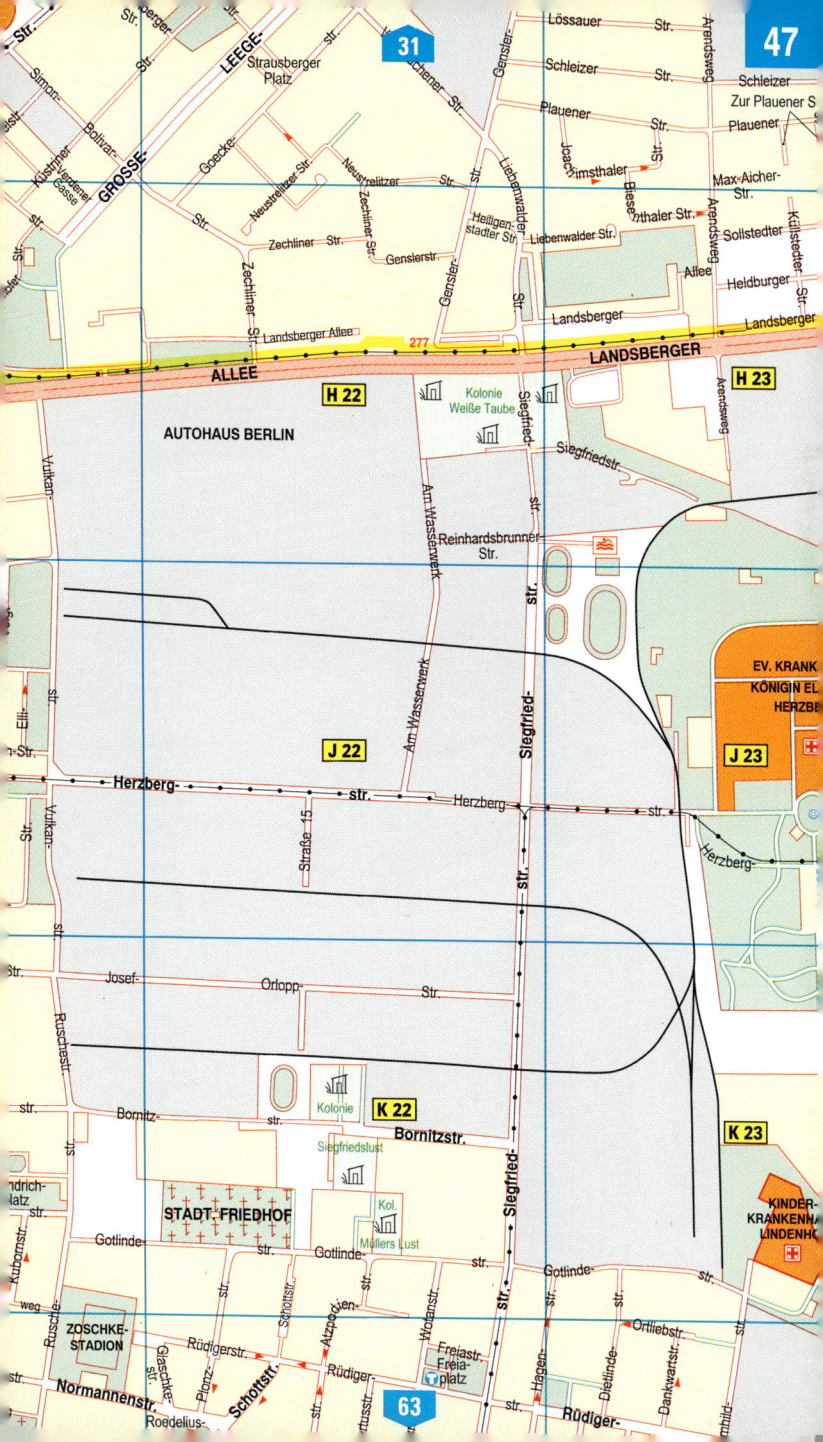

Grid references: 31, 47, H 22, H 23, J 22, J 23, K 22, K 23, 63

Streets and Places

- Lössauer Str.
- Arendsweg
- Schleizer Str.
- Zur Plauener S...
- Plauener Str.
- Simpl...
- Küstriner
- Bolivar
- Gasse
- GROSSE-
- LEEGE-
- Strausberger Platz
- Goecke...
- ...chener Str.
- Gensler...
- Joa...imsthaler
- Max-Aicher-Str.
- Neustrelitzer Str.
- Liebenwalder
- Biesenthaler Str.
- Sollstedter
- Zechliner Str.
- Heiligenstadter Str.
- Liebenwalder Str.
- Küllstedter
- Zechliner Str.
- Genslerstr.
- Gensler Str.
- Allee
- Heldburger
- Landsberger Allee
- 277
- Landsberger
- Landsberger
- ALLEE
- LANDSBERGER
- Arendsweg
- Kolonie Weiße Taube
- AUTOHAUS BERLIN
- Siegfriedstr.
- Vulkan-
- Am Wasserwerk
- Reinhardsbrunner-Str.
- Siegfried- str.
- EV. KRANK KÖNIGIN EL HERZB...
- Ell...-Str.
- Herzberg- str.
- Herzberg
- str.
- Herzberg
- Straße 15
- Josef Orlopp- Str.
- Ruschestr.
- Kolonie Siegfriedlust
- Bornitzstr.
- Siegfried- str.
- KINDER-KRANKENH LINDENH...
- ...drichs-platz
- STADT. FRIEDHOF
- Kol. Müllers Lust
- Gotlinde str.
- Gotlinde
- Gotlinde
- ZOSCHKE-STADION
- Kubenstr.
- ...weg
- Schottstr.
- Rüdigerstr.
- Atzpo...en-
- Wolanstr.
- Hagen...
- Ortliebstr.
- Dietline...
- Dankwartstr.
- Normannenstr.
- Glaschke...
- Planz...
- Freiastr. Freiaplatz
- Rüdiger-
- Rüdiger
- Roedeliusstr.

48

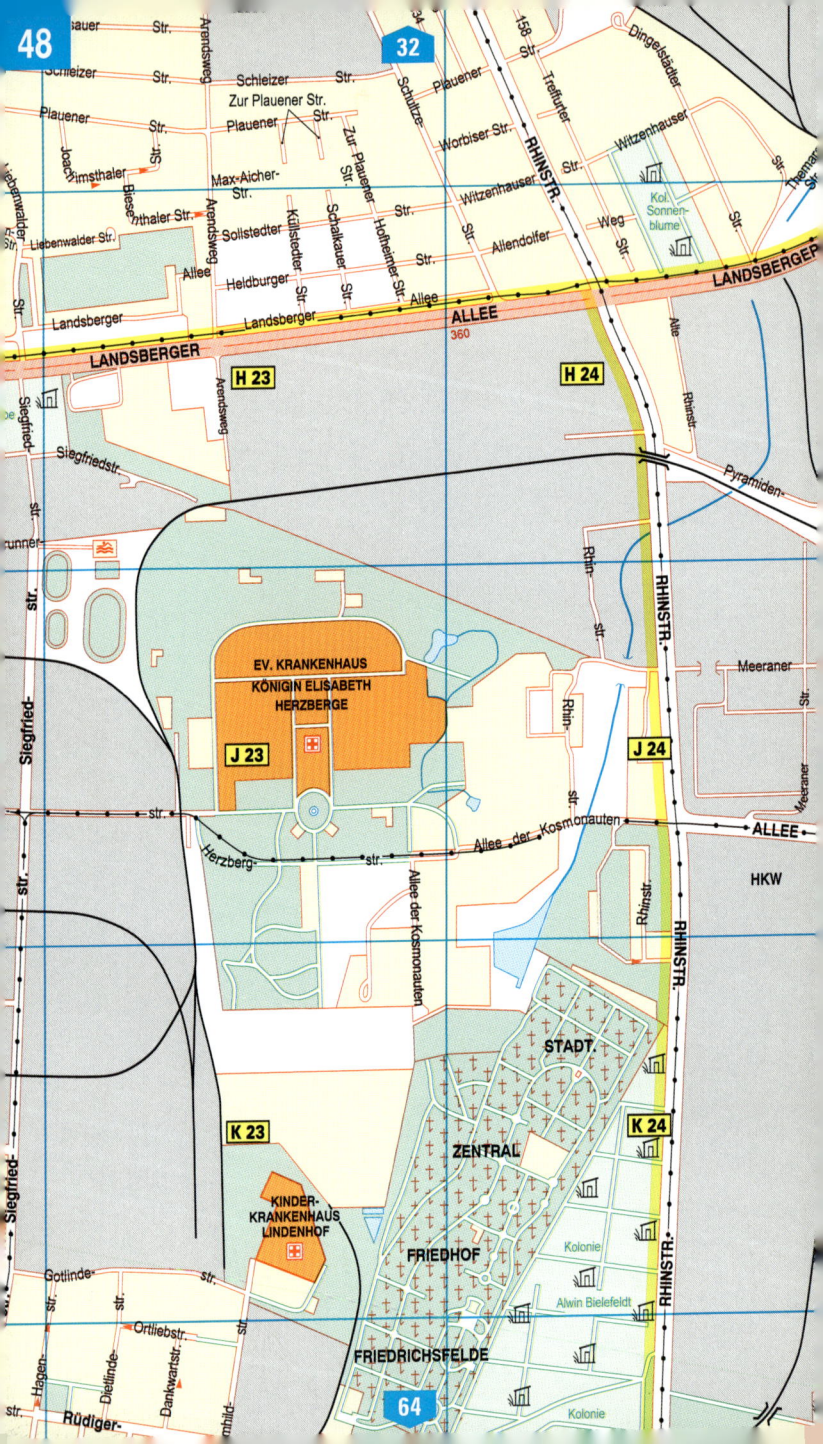

32

Streets and locations:

- Sauer Str.
- Arendsweg
- Schleizer Str.
- Schleizer Str.
- Zur Plauener Str.
- Plauener Str.
- Schultze Str.
- Plauener Str.
- Worbiser Str.
- 158
- Trefurter Str.
- Dingelstädter
- Witzenhauser Str.
- Plauener Str.
- Joachimsthaler Str.
- Max-Aicher-Str.
- Zur Plauener Str.
- Witzenhauser Str.
- Themar Str.
- Liebenwalder Str.
- Biesenthaler Str.
- Arendsweg
- Schalkauer Str.
- Hohenfelder Str.
- Allendorfer Str.
- Weg
- RHINSTR.
- Kol. Sonnenblume
- Str.
- Solistedter Str.
- Heldburger Str.
- Allee
- Landsberger
- Landsberger Allee
- Alte Rhinstr.
- LANDSBERGER
- LANDSBERGER ALLEE 360
- Siegfriedstr.
- **H 23**
- Arendsweg
- **H 24**
- Rhinstr.
- Pyramiden
- Siegfried- str.
- Rhin- str.
- Meeraner Str.
- EV. KRANKENHAUS KÖNIGIN ELISABETH HERZBERGE
- **J 23**
- **J 24**
- Meeraner Str.
- Herzberg- str.
- Allee der Kosmonauten
- Rhinstr.
- ALLEE
- HKW
- Allee der Kosmonauten
- STADT
- **K 23**
- ZENTRAL
- **K 24**
- KINDER-KRANKENHAUS LINDENHOF
- FRIEDHOF
- Kolonie
- Gotlinde str.
- Alwin Bielefeldt
- Hagen
- Ortliebstr.
- Dietlin
- Dankwartstr.
- mühl
- RHINSTR.
- Rüdiger-
- FRIEDRICHSFELDE
- Kolonie

64

Map 49

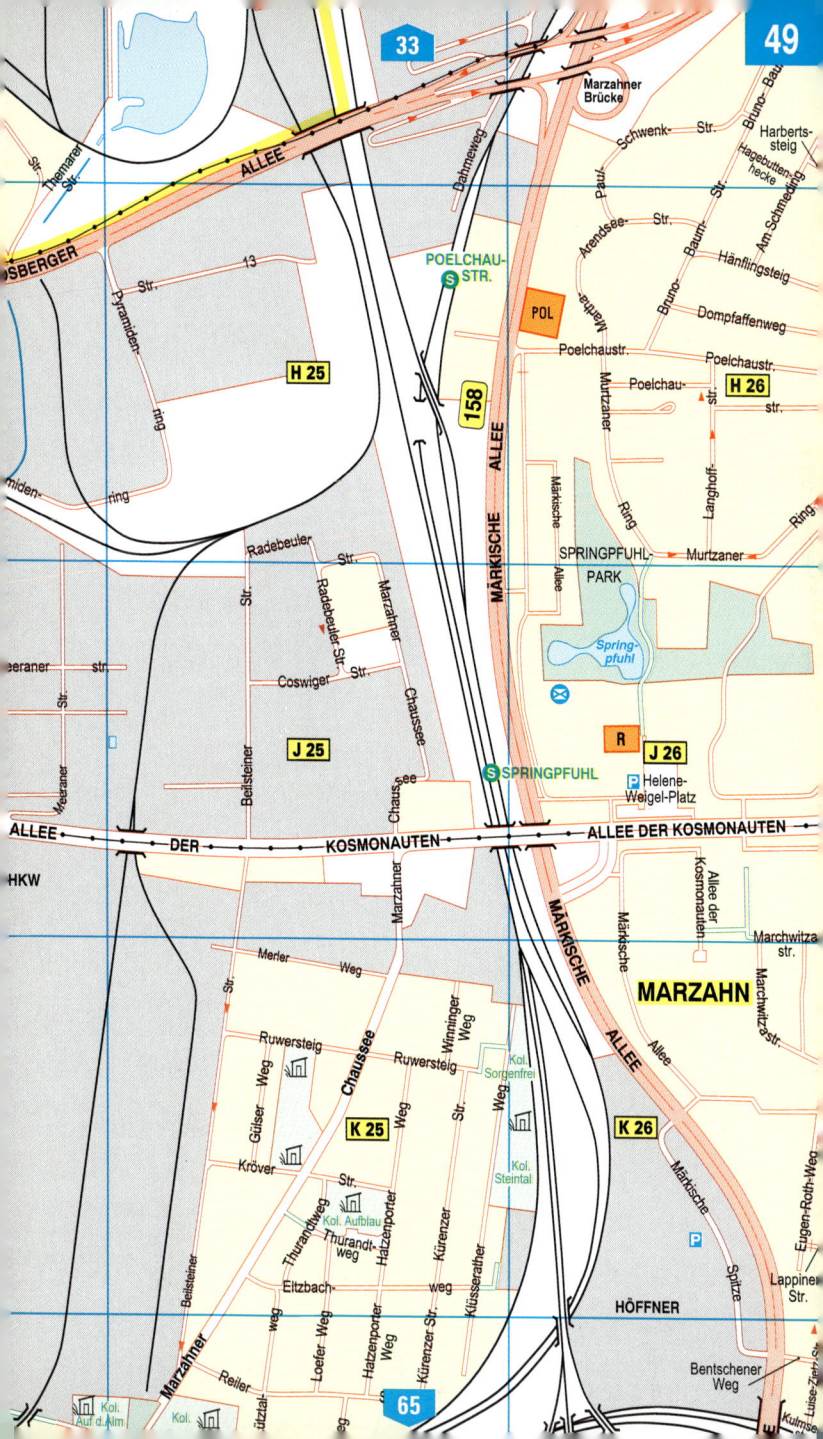

33 **49**

Marzahner Brücke

Bruno-Baum-Str.
Schwenk-Str.
Harbertssteig
Hagebuttenhecke
Paul-
Arendsee-Str.
Am Schmeding
Bruno-Baum-Str.
Hänflingsteig
Dompfaffenweg

POELCHAU-STR.
POL
Poelchaustr.
Poelchaustr.
Murtzaner
Poelchau-str.
H 26

H 25
Pyramiden-
Str.
13
-ring
-miden -ring

158
MÄRKISCHE ALLEE

Märkische Allee
Langhoff Ring
Ring
SPRINGPFUHL-PARK
Murtzaner
Springpfuhl

Radebeuler Str.
Marzahner Chaussee
Radebeuler Str.
Coswiger Str.

J 25
Beilsteiner
R **J 26**
SPRINGPFUHL
Helene-Weigel-Platz

Meeraner str.
Meeraner

ALLEE DER KOSMONAUTEN — ALLEE DER KOSMONAUTEN
HKW
Marzahner
MÄRKISCHE ALLEE

Allee der Kosmonauten
Marchwitzastr.
MARZAHN
Marchwitza-str.

Merler Weg
Winninger Weg
Ruwersteig
Ruwersteig
Kol. Sorgenfrei
Güstrower Weg
K 25
Str.
Weg
Kol. Steintal
K 26
Kröver Str.
Kol. Aufbau
Thurandtweg
Kürenzer Str.
Hatzenporter Weg
Thurandtweg
Küsserather weg
Eltzbach
Loefer Weg
Hatzenporter Weg

Märkische Allee
Eugen-Roth-Weg
Lappiner Str.
Spitze

HÖFFNER

Beilsteiner
Marzahner
Reiler
Bentschener Weg
Kol. Auf d. Alm
Kulmbe...

65

Map 50

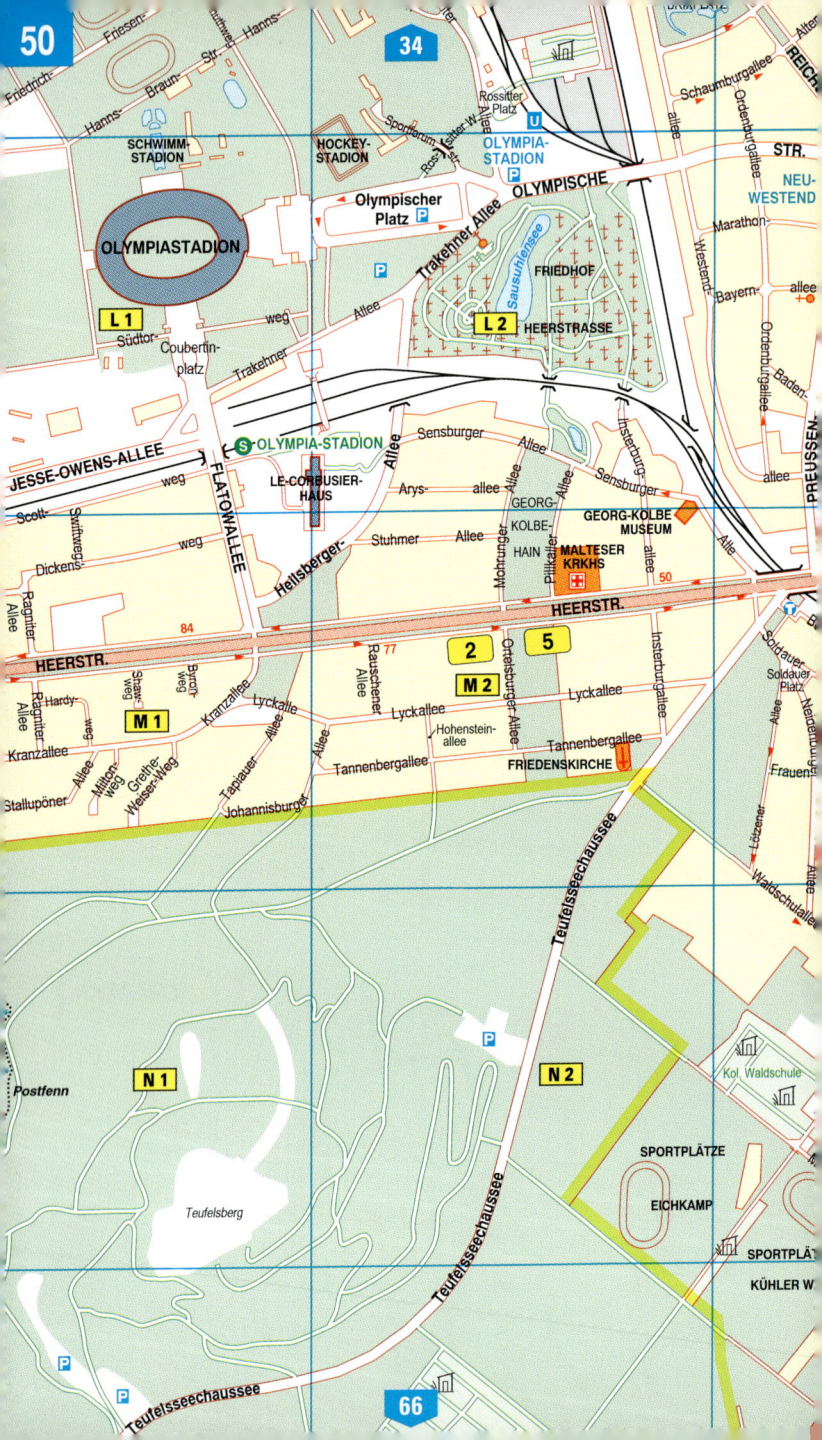

NEU-WESTEND

- OLYMPIASTADION
- SCHWIMMSTADION
- HOCKEYSTADION
- Olympischer Platz
- OLYMPIA-STADION
- Rossitler Platz
- FRIEDHOF HEERSTRASSE
- Coubertinplatz
- Südtor
- LE-CORBUSIER-HAUS
- GEORG-KOLBE MUSEUM
- MALTESER KRKHS
- FRIEDENSKIRCHE
- Postfenn
- Teufelsberg
- Kol. Waldschule
- SPORTPLÄTZE EICHKAMP
- SPORTPLÄ KÜHLER W
- Soldauer Platz

Streets and Areas

- Friedrich-Friesen-Str.
- Hanns-Braun-Str.
- Sportforum
- Lester W.
- OLYMPISCHE
- Trakehner Allee
- Schaumburgallee
- Ordenburgallee
- REICH... STR.
- Marathonallee
- Westendallee
- Bayernallee
- Ordenburgallee
- Badenallee
- JESSE-OWENS-ALLEE
- Sensburger Allee
- Insterburger Allee
- PREUSS...
- Scott-weg
- Swiftweg
- Dickensweg
- Ragnitzer Allee
- Hardy Allee
- Kranzallee
- Stallupöner Allee
- Miltonweg
- Grethe-Weiser-Weg
- FLATOWALLEE
- Heilsberger-
- Birchweg
- Shawweg
- Kranzallee
- Tapiauer
- Johannisburger
- Arys-allee
- GEORG-KOLBE-HAIN
- Stuhmer Allee
- Mohrunger Allee
- Pillkaller Allee
- HEERSTR.
- Rauschener Allee
- Lyckallee
- Tannenbergallee
- Hohensteinallee
- Ortelsburger-Allee
- Insterburger Allee
- Sensburger Allee
- Lützener Allee
- Waldschulallee
- Nardenallee
- Frauenallee
- Soldauer Allee
- Teufelsseechaussee

Grid References

- L 1
- L 2
- M 1
- M 2
- N 1
- N 2
- 2
- 5
- 50
- 84
- 77
- 34
- 66

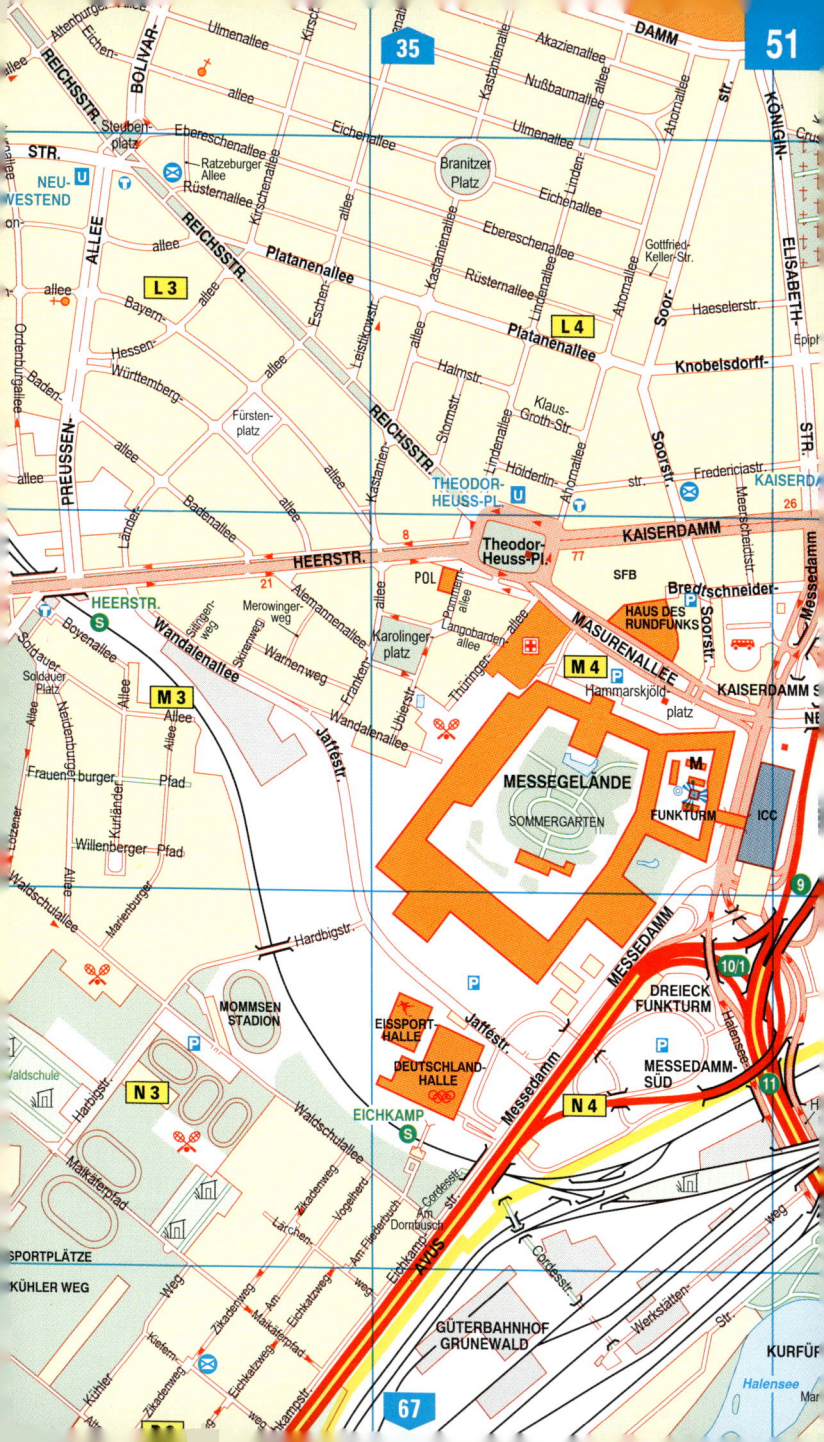

- Streets/Alleys: Altenburger Allee, Ulmenallee, Kirschallee, Akazienallee, DAMM, Nußbaumallee, Kastanienallee, Eichenallee, Reichsstr., Bolivar-allee, Steubenplatz, Ebereschenallee, Ratzeburger Allee, Rüsternallee, Königin-Elisabeth-Str., Platanenallee, Eschen-allee, Leistikowstr., Kastanien-allee, Rüsternallee, Ahornallee, Gottfried-Keller-Str., Soorstr., Haeselerstr., Bayern-allee, Hessen-allee, Württemberg-allee, Fürstenplatz, Halmstr., Stormstr., Klaus-Groth-Str., Knobelsdorff-Str., Ordenburg-allee, Baden-allee, Länder-allee, Preussen-allee, Badenallee, Kastanien-allee, Lindenallee, Hölderlin-str., Ahornallee, Soorstr., Fredericiastr., Kaiserdamm, Meerscheidtstr., Theodor-Heuss-Pl., HEERSTR., KAISERDAMM, POL, Alemannenallee, Karolingerplatz, Merowinger-weg, Seelingstr., Boyenallee, Soldauer Allee, Neidenburger Allee, Frauenburger Pfad, Lötzener Allee, Kurländer Pfad, Willenberger Pfad, Marienburger Allee, Waldschulallee, Hardbigstr., Jafféstr., Messedamm, Bredtschneider-, HAUS DES RUNDFUNKS, Hammarskjöld-platz, Masurenallee, Langobarden-allee, Thüringer-allee, Franken-allee, Ubierstr., Wandalenallee, Warnen weg, Jaffé-str., MOMMSEN STADION, EISSPORT HALLE, DEUTSCHLAND-HALLE, EICHKAMP, DREIECK FUNKTURM, MESSEDAMM-SÜD, MESSEGELÄNDE, SOMMERGARTEN, FUNKTURM, ICC, Halensee, GÜTERBAHNHOF GRUNEWALD, KURFÜ-, Werkstätten Str., Cordesstr., Am Dornbusch, Am Eichenbusch, Vogelherd, Lärchen-weg, Akademieweg, Zikaden-weg, Eichkatzweg, Maikäfer-pfad, AVUS, SPORTPLÄTZE, KÜHLER WEG, Waldschule, Kühler-, Kiefern-, Akademieweg, Zikadenweg, Eichkatz-, -kampf

- Grid/area labels: L 3, L 4, M 3, M 4, N 3, N 4
- Page references: 35, 51, 67, 8, 21, 77, 26, 9, 10/1, 11
- NEU-WESTEND (U-Bahn), Theodor-Heuss-Pl. (U), HEERSTR. (S), EICHKAMP (S)

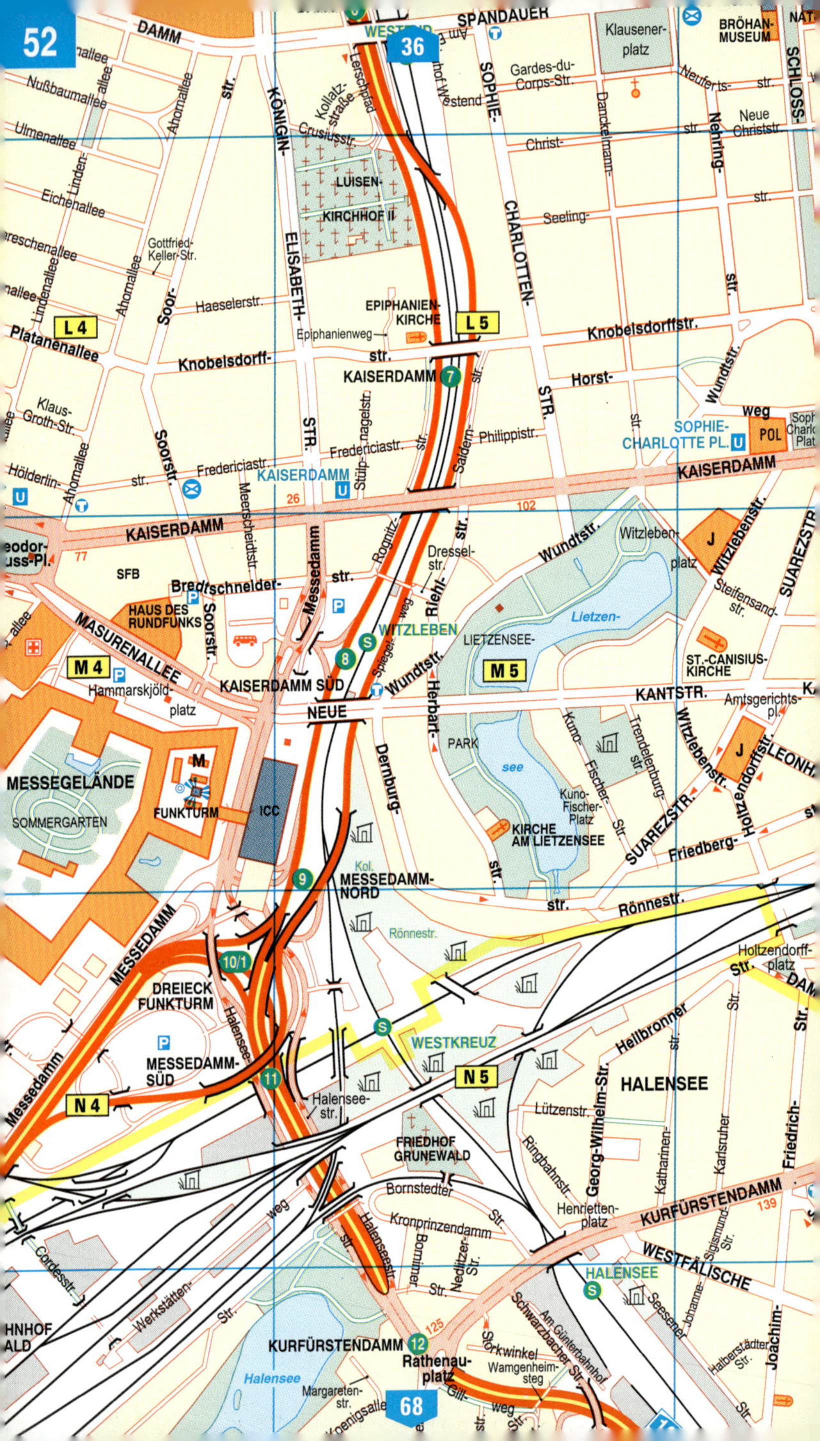
36
SPANDAUER
DAMM
WESTEND
Klausener-
platz
BRÖHAN-
MUSEUM
SCHLOSS-
Nußbaumallee
Ulmenallee
Lindenallee
Eichenallee
Eschenallee
Ahornallee
Gottfried-
Keller-Str.
Lerschpfad
Kollatz-
straße
Crusiusstr.
Am Bahnhof Westend
SOPHIE-
Gardes-du-
Corps-Str.
Neufertstr.
Nehring-
str.
Neue
Christstr.
Christ-
str.
Danckelmann-
str.
LUISEN-
KIRCHHOF II
KÖNIGIN-
ELISABETH-
STR.
Seeling-
str.
CHARLOTTEN-
STR.
Haeselerstr.
EPIPHANIEN-
KIRCHE
Epiphanienweg
L 4
L 5
Platanenallee
Soor-
str.
Knobelsdorff-
str.
Knobelsdorffstr.
KAISERDAMM
7
Horst-
weg
Wundtstr.
Klaus-
Groth-Str.
Soorstr.
Fredericiastr.
Stülpnagelstr.
Saldern-
str.
Philippistr.
SOPHIE-
CHARLOTTE PL.
POL
Hölderlin-
str.
KAISERDAMM
26
102
KAISERDAMM
Theodor-
Heuss-Pl.
77
SFB
Bredtschneider-
str.
Messedamm
Meerscheidtstr.
Rognitz-
str.
Dressel-
str.
Riehl-
str.
Wundtstr.
Witzleben-
platz
Witzlebenstr.
SUAREZSTR.
J
HAUS DES
RUNDFUNKS
MASURENALLEE
Soorstr.
Spiegel-
weg
WITZLEBEN
8
Lietzen-
LIETZENSEE-
Steifensand-
str.
ST.-CANISIUS-
KIRCHE
M 4
M 5
Hammarskjöld-
platz
KAISERDAMM SÜD
Wundtstr.
NEUE
KANTSTR.
Amtsgerichts-
pl.
LEONH-
Herbart-
str.
Dernburg-
str.
PARK
see
Kuno-
Fischer-
Str.
Trendelenburg-
str.
Witzlebenstr.
Holtzendorffstr.
MESSEGELÄNDE
SOMMERGARTEN
M
FUNKTURM
ICC
Kuno-
Fischer-
Platz
KIRCHE
AM LIETZENSEE
SUAREZSTR.
Friedberg-
str.
9
Kol.
MESSEDAMM-
NORD
Rönnestr.
Rönnestr.
MESSEDAMM
10/1
Holtzendorff-
platz
Str.
DAMM
DREIECK
FUNKTURM
Halensee-
str.
WESTKREUZ
Heilbronner
str.
Str.
Messedamm
MESSEDAMM-
SÜD
11
N 5
N 4
Georg-Wilhelm-Str.
HALENSEE
Lützenstr.
Halensee-
str.
FRIEDHOF
GRUNEWALD
Ringbahnstr.
Katharinen-
str.
Karlsruher
str.
Friedrich-
Bornstedter
Str.
Henriettenplatz
KURFÜRSTENDAMM
139
Kronprinzendamm
Bornimer
Str.
Nedlitzer-
Str.
Halenseestr.
WESTFÄLISCHE
Sigismund-
Str.
Cordesstr.
weg
Werkstätten-
Str.
HALENSEE
Seesener
Johanne-
Joachim-
BAHNHOF
WALD
125
KURFÜRSTENDAMM
12
Rathenau-
platz
Storkwinkel
Wamgenheim-
steg
Schwarzbacher Str.
Am Güterbahnhof
Halberstädter
Str.
Halensee
Margareten-
str.
Koenigsallee
68
Gill-
weg
str.

37
69
NATURWISSENSCHAFLICHE SAMMLUNG
Stallstr.
Wulfsheinstr.
Nithackstr.
SCHLOSS-
KAISER-
FRIEDRICH-
STR.
Lohmeyer-str.
Gierke-
LUISEN-KIRCHE
Gierke-platz
OTTO-SUHR-ALLEE
Wilmersdorfer
str.
Richard-Wagner-Platz
RICHARD-
WAGNER-
STR.
RICHARD-WAGNER-PL.
Lietzow
Alt-Lietzow
LIETZOW-KIRCHE
Guerickestr.
LUISEN-KIRCHHOF I
Galvani
Warburgzeile
Loschmidt-str.
Kohlrauschstr.
Fraunhofer-
Cauerstr.
Schustehrus-
SCHUSTEHRUS-PARK
Hebbelstr.
Otto-Grüneberg-Weg
Hau-
Behaim-
bach-
Thrasolt-
Hebbelstr.
Fritsche-
str.
Zillestr.
Zillestr.
zeile
L 6
L 7
Spielhagenstr.
DEUTSCHE OPER
DEUTSCHE OPER
Krumme Str.
Zauritzweg
Zillestr.
Leibnizstr.
Maria-Elis.-Lüders-Str.
ALLEE
SUHR-
BISMARCKSTR.
BISMARCKSTR.
BISMARCKSTR.
25
62
76
Sophie-Charlotte-Platz
POL
Rückertstr.
Shakespeare-platz
Sesenheimer Str.
Am Schiller-theater
ERNST-R
SCHILLER THEATER
Schillerstr.
Schillerstr.
ST.-THOMAS-KIRCHE
Herderstr.
SCHLÜTERSTR.
SUAREZSTR.
WINDSCHEID-
Goethepark
Goethestr.
Goethestr.
Karl-August-Platz
TRINITATIS-KIRCHE
Pestalozzistr.
Pestalozzistr.
Pestalozzistr.
Weimarer
Leibnizstr.
WILMERSDORFER STR.
KANTSTR.
KANTSTR.
M 6
M 7
Wielandstr.
Krumme Str.
Stuttgarter Platz
CHARLOTTEN-BURG
LEONHARDTSTR.
Rönnestr.
Gervinusstr.
Niebuhr-
str.
Niebuhr-
SAVIGNY
Mommenstr.
Mommenst
LEWISHAM-
STR.
Gervinusstr.
Sybelstr.
Sybelstr.
Sybelstr.
Meyerinckpl.
Giesebrecht-str.
Clausewitz-str.
Droysenstr.
DAMASCHKE-STR.
N 6
N 7
Roscherstr.
Dahlmann-
Waitz-
Adenauer-pl.
ADENAUERPL.
67
KURFÜRSTENDAMM
Wielandstr.
Leibnizstr.
George-Grosz-Platz
Bleibtreu-
Hektorstr.
Markgraf-Albrecht-Str.
Nestorstr.
Lehniner Platz
SCHAUBÜHNE
Olivaer Platz
Lietzenburger
Xantener Str.
Eisenzahnstr.
Friedrich-
POL
ST.-ALBERTUS MAGNUS-K.
139
Johann-Georg-Str.
NESTORSTR.
Cicerostr.
Achilles-
Duisburger Str.
Bregenzer Str.
Parisier Str.
Darmstädter Str.
Paderborner Str.
Düsseldorfer Str.
PAULSBORNER STR.
Hochmeister-platz
Zähringer-
Konstanzer
Sächsische
Ravensberger Str.
Ballenstedter Str.
BRANDENBURGISCHE
Wittelsbacher-
Bayerische
HOCHMEISTER-KIRCHE
Schweidnitzer Str.
Joachim-
Albrecht-
WESTFÄLISC
Pommersc

54

Map of Berlin — Charlottenburg / Ernst-Reuter-Platz area

Grid references: L7, L8, M7, M8, N7, N8

Adjacent map pages: 38 (north), 70 (south)

Streets and places:
- Galvanistr.
- Guerickestr.
- Röntgenstr.
- Einsteinufer
- Landwehrkanal
- Salzufer
- Franklinstr.
- Eyke-von-Repkow-Platz
- Wüllenwebersteg
- Lietzow
- LIETZOW-KIRCHE
- LUISEN-KIRCHHOF I
- Fraunhoferstr.
- Abbestr.
- Cauerstr.
- Marchstr.
- Marchbrücke
- DEKRA
- Gutenbergstraße
- KPM
- Wegelystr.
- Englische Str.
- SUHR-ALLEE
- Leibnizstr.
- Maria-Elis.-Lüders-Str.
- Zauritzweg
- TECHNISCHE UNIVERSITÄT
- Charlottenburger brücke
- TIERGA(RTEN)
- CHARLOTTENBURGER TOR
- SCHLEUSENIN(SEL)
- Ernst-Reuter-Pl.
- BISMARCKSTR.
- STRASSE DES 17. JUNI
- POL 114
- ERNST-REUTER-PL.
- SCHILLER-THEATER
- Am Schiller Theater
- Schillerstr.
- HARDENBERGSTR.
- Fasanenstr.
- Hertzallee
- ST.-THOMAS-KIRCHE
- Herderstr.
- RENAISSANCE-THEATER
- Goethestr.
- Steinplatz
- Jebensstr.
- Hardenbergplatz
- Weimarer Platz
- Pestalozzistr.
- Grolmanstr.
- Carmerstr.
- Knesebeckstr.
- Schlüterstr.
- Wielandstr.
- Leibnizstr.
- BÖRSE
- ZOOLOGISCHER GARTEN
- KANTSTR.
- Savignyplatz
- SAVIGNYPL.
- THEATER DES WESTENS
- ZOOL. GART(EN)
- Niebuhrstr.
- Bleibtreustr.
- Uhlandstr.
- Otto-Ludwig-Str.
- KAISER-WILHELM GEDÄCHTNIS-K.
- Mommsenstr.
- Joachimstaler Pl.
- KURFÜRSTENDAMM
- Sybelstr.
- George-Grosz-Platz
- UHLANDSTR.
- Joachimstaler Str.
- Augsburger Str.
- Los-A(ngeles-Platz)
- KÄTHE KOLLWITZ MUSEUM
- Meinekestr.
- Eislebener Str.
- LIETZENBURGER STR.
- Olivaer Platz
- Lietzenburger Str.
- SCHAPER(STR.)
- HOCHSCHULE DER KÜNSTE
- RANKESTR.
- Pariser Str.
- Fasanenplatz
- MUSICAL THEATER BERLIN
- BUNDESHAUS
- Nürnberger Platz
- Bregenzer Str.
- Ludwigkirchplatz
- Ludwigkirchstr.
- LUDWIGK(IRCHE)
- FASANENSTR.
- BUNDESALLEE
- SPICHERNSTR.
- Darmstädter Str.
- Sächsische Str.
- Pfalzburger Str.
- Grainauerstr.
- Düsseldorfer Str.
- Regensburger Str.
- Konstanzer Str.
- Bayerische Str.
- NACHO(DSTR.)
- Hohenzollernplatz
- Pommersche Str.

Map 55

SPREE · Eyke-von-Repkow-Platz · Hansa- · Schleswiger Ufer · Cuxhavener Str. · Bachstr. · Bartning · HANSAPL · 39 · AKADEMIE DER KÜNSTE · SCHLOSSPARK · Bellevueufer · SCHLOSS BELLEVUE · Paulstr. · Lutherbrücke · John-Fos...

Vullenweber-steg · Siegmunds-Hof-Str. · Bachstr. · ALTONAER · STR. · Teich · BUNDESPRÄSIDIALAMT · Bellevue...

KPM · Wegelystr. · Händelallee · Händel- · allee · Oswald-Schumannplatz · **BELLEVUE** · SPREE- · WEG · STRASSE · Bremer

TIERGARTEN S · 112 · **OTTENBURGER** · Joseph-Haydn-Str. · Fauler See · Hofstock · 17. JUNI · Großer · Stern · Großer · **SIEGESSÄULE** · Große · Stern · Großer

ILEUSENINSEL · DES · L 9 · Großer · Tiergarten · L 10 · allee · **T I E R**

Garten... · **NEUER SEE** · Fasanerie · Weg · Stern

u- · Str. · Lichtenstein- · ufer · Thomas-Dehler-Str. · Tiergartenstr.

Lichtenstein- · allee · Rauch- · str. · **NORDISCHE BOTSCHAFTEN** · KLINGELHÖFERSTR. · STR.

Hardenberg-Platz T · Lichtenstein- · brücke · Katharina-Heinroth-Ufer · Drakestr. · STÜLER · im · Köbis- · str. · 23 · Heydt-Str.

ZOOLOGISCHER GARTEN · Cornelius- · str. · M 10 · Cornelius- · brücke · Bau · Von-der- · **STIFTUNG PREUSSISCHER KULTURBESITZ** · **BAUHAUS ARCHIV** · Lützow- · Herku...

M 9 · **AQUARIUM** · **BUDAPESTER** · STR. · Wichmann- · str. · Landwehrkanal · Lützowufer · **Herkules- brücke** · P

U **ZOOLOGISCHER GARTEN** · Budapester Str. · Olof-Palme-Platz · Keithstr. · Lützowplatz · LÜTZOWSTR.

R-Wilhelm-ächtnis-K. · **Breitscheid-pl.** · i · **EUROPA-CENTER** · STR. · **KURFÜRSTENSTR.** · Burggrafenstr. · **POL** · Landgrafen- · 79 · Schillstr. · Einem- · str.

RFÜRSTENDAMM · **TAUENTZIEN** · P · P · P

P · Los-Angeles-Platz · Marburger · Str. · 12 · STR. · Wittenberg- · platz · U · An · der · **MUSEUM FÜR POST UND KOMMUNIKATION** · Kurfürstenstr. · Derfflinger-

burger · **AUGSBURGER-STR.** U · NÜRNBERGER · **KADEWE** · Passauer · Ansbacher · Bayreuther · **KLEIST-** · URANIA · Courbière- · str. · Ahorn-str. · Maien-str. · Else-Lasker-Schüler-Str. (Mackensenstr.)

Eisleben- · er · Str. · N 9 · 23 · Wormser · Str. · An · Kalckreuth- · str. · **NOLLENDORFPL.** U · platz · **BÜLOW-** · An der Apostolkir

ZENBURGER · Fuggerstr. · N 10 · Eisenacher · Str. · **NOLLENDORFPL.** · T · MASSENSTR.

Nürnberger · Platz · 24 · Geisberg- · Keithstr. · Ettaler · Str. · **POL** · Fuggerstr. · Motzstr. · Nollendorf- · str. · Winterfeldt-

HERN- · Grainauer · Bamberger · Ansbacher · Welser- · Motzstr. · str. · **VIKTORIA-LUISE-PL.** U · **Winterfeldtplatz** · Zieten-

gensburger · Str. · str. · Motzstr. · str. · Viktoria-Luiser-Pl. · WINTERFELDT- · LUTHER- · Gossow- · str. · Luitpoldstr. · Habsburger- · str. · **ST.-MATTHIAS-KIRCHE**

NACHODSTR. · Prager · Str. · Bamberger · Münchener · str. · Luitpoldstr. · Linda- · str. · Pallas-

La · Hohenstaufen- · Bamberger · 71 · Str.

MOABITER WERDER
40
HAUS DER KULTUREN DER WELT
Große Querallee
Bellevueufer
SCHLOSSPARK
SCHLOSS BELLEVUE
PAULSTR.
Lutherbrücke
John-Foster-Dulles-Allee
Kurfürstenplatz
Eichenallee
Scheidemannstr.
Entlastungsstr.
SOWJETISCHES EHRENMAL
BUNDESPRÄSIDIALAMT
BELLEVUE
SPREEWEG
Bellevueallee
Kastanienallee
Rüsternallee
Buchenallee
Ahornallee
Platanenallee
17. JUNI
DES
STRASSE
Bremer Weg
Großer Stern
SIEGESSÄULE
2
5
Bellevueallee
L 11
Goldfischteich
TIERGARTEN
Entlastungsstr. (Heinrich-von-Gagern-Str.)
Große Sternallee
Großer Weg
Rousseauinsel
HOFJÄGERALLEE
Luiseninsel
Ahornsteig
Kemperpl.
MUSIKINSTRUMENTEN MUSEUM
Herbert-von-Karajan-Str. (Matthäikirchstr.)
Tiergartenstr.
KUNSTGEWERBE-MUSEUM
PHILARMONIE
KAMMERMUSIKSAAL
KULTURFORUM
im Bau
NORDISCHE BOTSCHAFTEN
KLINGELHÖFERSTR.
STULERSTR.
Köbisstr.
KUNSTBIBLIOTHEK
Matthäikirchpl.
Scharounstr.
GEMÄLDEGALERIE
KUPFERSTICH-KABINETT
STAATSBIBLIOTHEK PREUSSISCHER KULTURBESITZ
Corneliusbrücke
Hiroshimastr.
Hildebrandstr.
GEDENKSTÄTTE DEUTSCHER WIDERSTAND
SIGISMUNDSTR.
ST.-MATTHÄUS-K.
POTSDAMER
Marlene-Dietrich-Pl.
Landwehrkanal
Lützowufer
Von-der-Heydt-Str.
STIFTUNG PREUSSISCHER KULTURBESITZ
M 11
BM VERTEIDIGUNG
Stauffenbergstr.
Hitzigallee
NEUE NATIONALGALERIE
MUSICAL THEATER
BAUHAUS ARCHIV
Lützowufer
Herkulesufer
Reichpietschufer
SCHELLHAUS
50
Reichpietschufer
Theaterufer
Herkulesbrücke
Lützowplatz
Schöneberger Ufer
Potsdamer Brücke
Bendlerbrücke
STR.
53
Am Karlsbad
96
MENDELSSOHN BARTHOLDY
Landgrafenstr.
Schillstr.
Lützowstr.
ELISABETH-DIAKONISSEN-U. KRANKENHAUS
M 12
Bessingstr.
Einemstr.
Magdeburger Platz
Zeile
Urania
Derfflingerstr.
Kluckstr.
ST.-LUDGERUS-KIRCHE
MUSEUM FÜR POST UND KOMMUNIKATION
Genthiner
POTSDAMER
Lützowstr.
Kurfürstenstr.
Ahornstr.
Pohlstr.
Körnerstr.
Courbièrestr.
Kielganstr.
ZWÖLF-APOSTEL-KIRCHE
Maienstr.
Else-Lasker-Schüler-Str. (Mackensenstr.)
Pohlstr.
Flottwellstr.
N 12
POTSDAMER
STR.
Nollendorfplatz
NOLLENDORFPL.
An der Apostelkirche
Kurmärkische Str.
N 11
120
Kurfürstenstr.
GLEISDREIECK
GÜTERBAHNHOF
Eisenacher Str.
KURFÜRSTENSTR.
BÜLOWSTR.
94
Motzstr.
MASSENSTR.
Steinmetzstr.
Blumenthalstr.
NELLY-SACHS-PARK
Dennewitzstr.
Nollendorfstr.
Schwerinstr.
Zietenstr.
Frobenstr.
1
STR.
BÜLOWSTR.
Winterfeldtstr.
LUTHERKIRCHE
Luitpoldstr.
Habsburgerstr.
Winterfeldtplatz
ST.-MATTHIAS-KIRCHE
Alvenslebenstr.
Dennewitzplatz
Kirchbachstr.
Pallasstr.
72
GOEBENSTR.
Bülowstr.

MITTE
41
73
REICHSTAG
BUNDESTAG
im Bau
Dorotheenstr.
(2001)
BRANDENBURGER TOR
Pl. vor dem Brandenburger Tor
Pariser Platz
OWJETISCHES EHRENMAL
17. JUNI
Weg
Goldfischteich
B96
TIERGARTENTUNNEL: im Bau
Ahornsteig
L12
Lenné-str.
Kemper-pl.
EBERT-STR.
Behrenstr.
HOTEL ADLON
AKADEMIE DER KÜNSTE
UNTER DEN LINDEN
Wilhelmstr.
Schadowstr.
Mittel-
Kirchstr.
BUNDES-PRESSEAMT
Reichstag-
Friedrichstr.
BERLIN
Dorotheen-
DEUTSCHE STAATSBIBLIOTHEK
Charlottenstr.
152
KOMISCHE OPER
Glinka-
GOUVERNEURHAUS
ALTE BIBLIOTHEK
Bebelpl.
Rosmarin-str.
FRANZÖSISCHE STR.
79
L 13
Mauer-
Französische
GALERIES LAFAYETTE
FRANZÖSISCHER DOM
Gendarmen-markt
Jäger-
Taubenstr.
SCHAUSPIEL-HAUS
DEUTSCHER DOM
QUARTIER 206
HAUS-VOGTE
BM LAND-WIRTSCHAFT
BM FAMILIE
BM GESUNDHEIT
BM ARBEIT
BM JUST
180
Wilhelmstr.
Kolonnade
An der
Voßstr.
Mohren-
MOHRENSTR.
STADT-MITTE
Kronenstr.
Charlottenstr.
grafen-
POTSDAMER PL.
Leipziger Platz
LEIPZIGER STR.
126
104
40
SONY-AREAL
POTSDAMER PLATZ
6
INFOBOX
MUSEUM FÜR POST UND TELEKOMMUNIKATION
Mauer-str.
Krausen-
Schützen-
CHEKPOINT CHARLIE BUSINESS CENTER
Bethlehem-kirchplatz
BUNDESRAT
BM DER FINANZEN
WILHELMSTR.
ABGEORDNETENHAUS VON BERLIN
Zimmerstr.
HAUS AM CHECK-POINT CHARLIE
NIEDERKIRCHNERSTR.
MARTIN-GROPIUS-BAU
M 13
TOPOGRAPHIE DES TERRORS
Kochstr.
64
KOCHSTR.
Markgrafen-
POL
Puttkamerstr.
27
Besselstr.
Enckestr.
DAIMLER-BENZ-AREAL
Alte Potsdamer Str.
Vox-
Eichendorff-G.
Joseph-von-
Rudolf-von-Gemeist-G.
Marlene-Dietrich-Pl.
Eichhornstr.
Theaterufer
Scheling-
Link-
STRESEMANNSTR.
Bernburger
ST.-LUKAS-K.
BM WIRTSCHAFTLICHE ZUSAMMENARBEIT
Anhalter
Askanischer Platz
Fanny-Hensel-Weg
Schöneberger str.
ANHALTER BAHNHOF
RESTE DES ANHALTER BAHNHOFS
ST.-CLEMENS-K.
Hedemann-
127
MENDELSSOHN-BARTHOLDY-PARK
Köthener
Hafen-
Dessauer
Karlsbad
Köthener Brücke
Schöneberger str.
TEMPODROM
Möckernstr.
Hallesche Str.
Ida-Wolff-Platz
R.-Varnhagen-Promenade
E.T.A.-Hoffmann-Promenade
THEODOR-WOLFF-PARK
Franz-Klühs-Str.
LINDEN-
Friedrich-Stampfer-Str.
Mehring-platz
Brandes-str.
Kleinbeeren-str.
N 13
N 12
POTSDAMER
GLEISDREIECK
TERBAHNHOF
Luckenwalder Str.
Tempelhofer
Hallesches
Möckern-brücke
MÖCKERNBR.
Großbeeren-str.
HEBBEL THEATER
38
Ufer
Großbeeren-brücke
Mehring-brücke
HALLESCHES TOR
Gitschiner Str.
Waterlooufer
Trebbiner Str.
DEUTSCHES TECHNIK MUSEUM
Obentraut-
Blücherpl.
AMERIKA GEDENKBIBLIOTHEK
BLÜCHER-
Zossener
Rutsdorfer-str.
KRANKENHAUS AM URBAN
Wartenburgstr.
Großbeerenstr.
MEHRINGDAMM
DAMM
KIRCHHÖFE JERUSALEM UND NEUE KIRCHE I UND II
Möckernstr.
CHRISTUS-K.
Hornstr.
P 13
ANHALTER GÜTERBAHNHOF
Baruther Str.

Map 58 — Berlin (Mitte / Kreuzberg)

Page references: 58, 42, 2, 5, 74

Streets and roads
- Dorotheenstr.
- Charlottenstr.
- UNTER DEN LINDEN
- Behrenstr.
- Französische Str.
- Jägerstr.
- Taubenstr.
- Mohrenstr. / Kronenstr.
- LEIPZIGER STR.
- Krausenstr.
- Schützenstr.
- Zimmerstr.
- Kochstr.
- Puttkamerstr. / Besselstr. / Enckestr.
- Ritterstr.
- Oranienstr.
- Alte Jakobstr.
- Alexandrinenstr.
- Lindenstr.
- Franz-Künsten-Str.
- Wassertor
- Moritzstr.
- GITSCHINER STR.
- Waterlooufer
- BLÜCHER-STR.
- Baruther Str.
- MEHRINGDAMM
- URBANSTR.
- Friedrichstr.
- Markgrafenstr.
- Wilhelmstr.
- Prinzenstr.
- Baerwaldstr.
- Tempelherrenstr.

Landmarks and buildings
- HUMBOLDT-UNIVERSITÄT
- DEUTSCHE STAATSBIBLIOTHEK
- NEUE WACHE
- ZEUGHAUS
- M-GORKI THEATER
- KOMISCHE OPER
- GOUVERNEURHAUS
- ALTE BIBLIOTHEK
- DEUTSCHE STAATSOPER
- ST.-HEDWIGS-KATHEDRALE
- FRIEDRICHSWERDERSCHE KIRCHE
- BAUAKADEMIE
- PAL. DER REPUBLIK
- Schloßplatz
- NEUER MARSTALL
- NIKOLAIVIERTEL
- NIKOLAIKIRCHEN
- STAATSRATSGEBÄUDE
- STADTBIBLIOTHEK
- EPHRAIM-PALAIS
- ROTES RATHAUS
- AUSWÄRTIGES AMT im Bau
- NICOLAIHAUS
- BM BAU
- FISCHERINSEL
- FRANZÖSISCHER DOM
- SCHAUSPIELHAUS
- Gendarmenmarkt
- DEUTSCHER DOM
- GALERIES LAFAYETTE
- QUARTIER 206
- BM FAMILIE
- BM GESUNDHEIT
- BM JUSTIZ
- HAUS-VOGTEIPL.
- STADTMITTE
- SPITTELMARKT
- SPITTEL-KOLONNADEN
- MUSEUM FÜR POST UND KOMMUNIKATION
- CHECKPOINT CHARLIE BUSINESS CENTER
- HAUS AM CHECKPOINT CHARLIE
- KOCHSTR.
- POL
- WALDECKPARK
- ST.-JACOBI-KIRCHE
- BERLIN MUSEUM
- JÜDISCHES MUSEUM
- R.-Varnhagen-Promenade
- E.T.A.-Hoffmann-Promenade
- THEODOR-WOLFF-PARK
- Franz-Klühs-Str.
- ST.-SIMEON KIRCHE
- KREUZBERG
- HEBBEL THEATER
- Mehringplatz
- HALLESCHES TOR
- Mehringbrücke
- Zossener Brücke
- Waterloobrücke
- AMERIKA GEDENKBIBLIOTHEK
- HEILIGEN KREUZ KIRCHE
- Baerwaldbrücke
- BÖCKLERPARK
- PRINZENSTR.
- Urbanhafe
- KIRCHHÖFE JERUSALEM UND NEUE KIRCHE I UND II
- KRANKENHAUS

Grid references
L 14, L 15, M 14, M 15, N 14, N 15

Jüdenstr.
POL
43
Blumen-
Strausberger Platz
KARL-
STRAUSBERGER PLATZ
Blumenstr.
Neue Blumenstr.
51
20
GRUNER-
J
FRANZISKANER KLOSTERKIRCHE
KLOSTERSTR.
Parochial-
Jüdenstr.
STADT-HAUS
PAROCHIAL-KIRCHE
Waisen-
Litten-
Molken-markt
17
Stralauer
46
Str.
Rolandufer
Voltairestr.
Magazinstr.
Schillingstr.
Singer-
Ifflandstr.
Neue
Singerstr.
Schicklerstr.
STR.
JANNOWITZ-BRÜCKE
Jannowitzbrücke
HOLZMARKT-
LICHTENBERGER
Krautstr.
Singerstr.
Kl. Markusstr.
Kl. Andreasstr.
Märkischer Pl.
MÄRKISCHES MUSEUM
Inselbr.
Wallstr.
L 15
L 16
TRIAS
An der Michaelbrücke
Lange
Michaelbrücke
Kl.-Markusstr.
Krautstr.
Andreas-
Str.
MÄRKISCHES MUSEUM
KÖLLNISCHER PARK
Runge-
str.
Rungestr.
5
Am Köllnischen Park
Wasserg.
Inselstr.
Brücken-
Ohmstr.
str.
SPREE
MUSEUM FÜR
DHEIT UND JUGEND
Neue Roßstr.
Schultze-Delitsch-Platz
Neue Jacobstr.
Köpenicker
HEINRICH-HEINE-STR.
STR.
Am
An der Schillingbrücke
Stralauer
29
Platz
Schillingbrücke
Annenstr.
Schmid-str.
Michaelkirch-
Engel-damm
Dresdener Str.
Heine-
ST. MICHAELKIRCHE
Michaelkirch-platz
Melchior-
M 16
Adalbert-
damm
BEHALA
KÖPENICKER
M 15
Heinrich-
Heinrich-Heine-Platz
Engel-becken
Engel-
Bethanien-
ST.-THOMAS-KIRCHE
Dresdener
Sebastianstr.
Alfred-Döblin-Pl.
damm
Waldemar-
Mariannen-
Wrangelstr.
MORITZPL.
Moritz-platz
Luckauer Str.
Legien-
Leuschner-
82
Prinzen-
Oranienstr.
Oranien-
Naunyn-
platz
Muskauer
EISENBAHN
MARKTHAL
Manteuffel-
Pückler-
Eisenbahn-
Ritterstr.
platz
Dresdener Str.
Oranienstr.
Heinrich-pl.
Adalbert-
Lausitzer
N 17
EMMAUSKI
N 15
N 16
Bergfriedstr.
REICHEN-
KOTTBUSSER TOR
121
GÖRLITZER BAHNHOF
Platz
STR.
45
Wassertor-
SKALITZER
23
-STR.
50
platz
KOTTBUSSER TOR
28
KOTTBUSSER STR.
Wiener
Spreewald-platz
Böcklerstr.
Segitz-
Erkelenz-
Kohlfurter
Mariannen-
Manteuffel-
ST. MARIEN-KANKENHAUS
BERGER-
Str.
Urbanhafen
Fraenkel-
Admiral-
ufer
Landwehrkanal
Kottbusser Brücke
Paul-
Admiralbrücke
Plan-
VOX
Maybachufer
Lincke-
Lausitzer
Ohlauer
P 16
75
Schinkestr.
Spremberger
Böckh-
SCHÖNLEIN

FRIEDRICHSHAIN

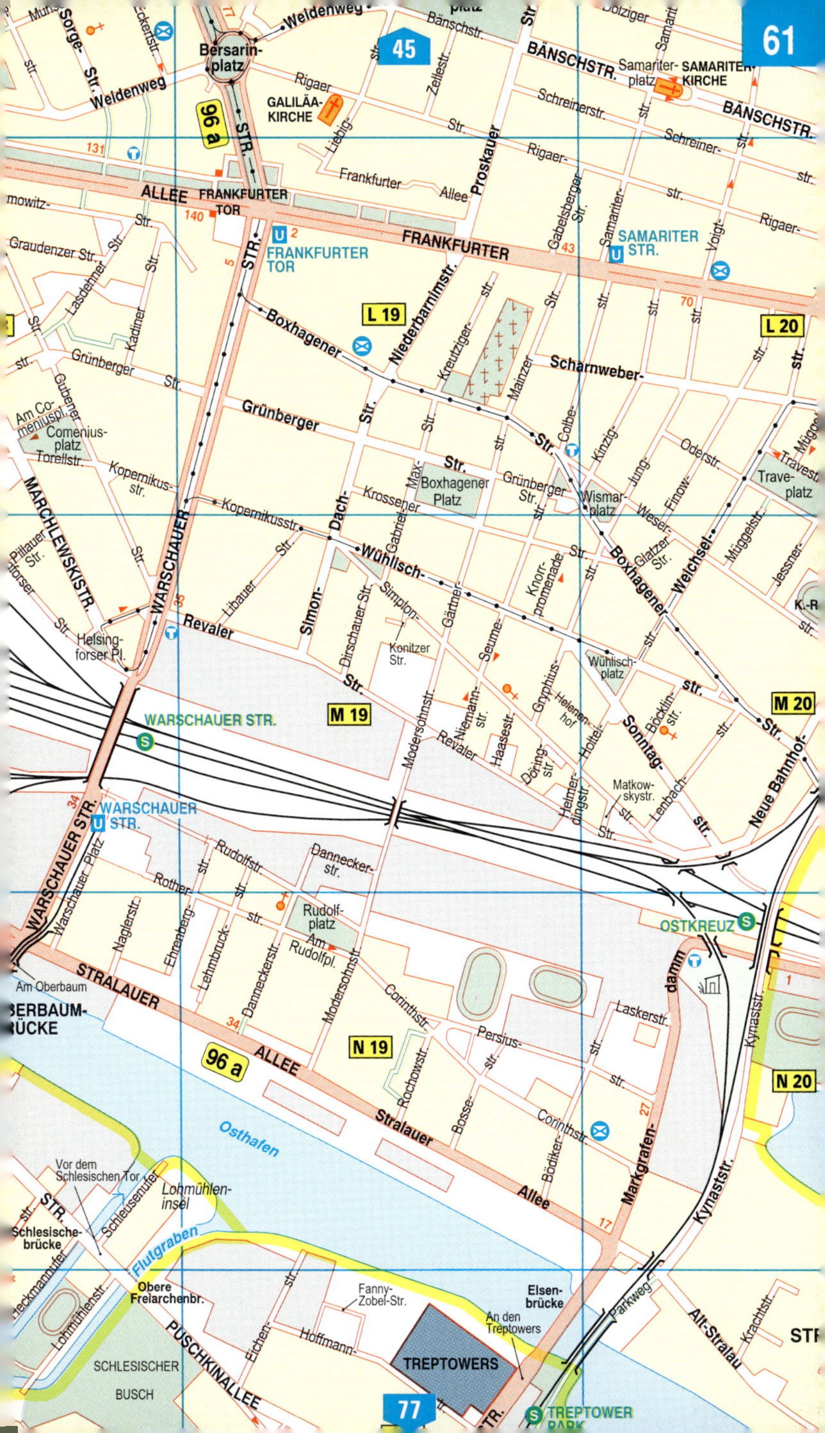
45
Weidenweg
Bersarin-platz
Sorge-Str.
Weidenweg
Bänschstr.
BÄNSCHSTR.
Samariter-platz
SAMARITER-KIRCHE
BÄNSCHSTR.
Rigaer
GALILÄA-KIRCHE
96 a
STR.
Zellestr.
Schreinerstr.
Schreiner-
Liebig-
Str.
Rigaer-
Frankfurter
Allee
Proskauer
131
ALLEE
FRANKFURTER TOR
140
FRANKFURTER TOR
FRANKFURTER
Gabelsberger Str.
43
SAMARITER STR.
Samariter-
Voigt-
Rigaer-
Graudenzer Str.
Lasdehner
Kadiner
STR.
Boxhagener
L 19
Niederbarnimstr.
Kreutziger-
Mainzer
Scharnweber-
70
L 20
Grünberger
Str.
Grünberger
Str.
Gubener
Am Comeniuspl.
Comenius-platz
Torellstr.
Kopernikus-str.
Boxhagener Platz
Max-
Str.
Grünberger Str.
Colbe-
Kinzig-
Jung-
Oderstr.
Travestr.
Trave-platz
Wismar-platz
Weser-
Finow-
Krossener
Kopernikusstr.
Dach-
Gabriel-
Wühlisch-
Glatzer Str.
Weichsel-
Müggelstr.
Jessner-
MARCHLEWSKISTR.
Pillauer Str.
WARSCHAUER
Libauer
Simon-
Dirschauer Str.
Simplon-
Knorr-promenade
Boxhagener
K.-R.
Revaler
Helsing-forser Pl.
Konitzer Str.
Gärtner-
Seume-
Wühlisch-platz
str.
M 20
Gryphius-
Helenen-hof
Sonntag-
Böcklin-str.
WARSCHAUER STR.
M 19
Modersohnstr.
Niemann-str.
Revaler
Haasestr.
Döring-str.
Holtei-
Helmer-dingstr.
Matkow-skystr.
Lenbach-
Str.
Neue Bahnhof-
WARSCHAUER STR.
WARSCHAUER STR.
Warschauer Platz
Rudolfstr.
Dannecker-str.
Rother-
Naglerstr.
Ehrenberg-
Rudolf-platz
Am Rudolfpl.
OSTKREUZ
Lehmbruck-
Danneckerstr.
Modersohnstr.
Am Oberbaum
OBERBAUM-BRÜCKE
STRALAUER
34
Corinthstr.
Persius-
Laskerstr.
damm
Kynaststr.
96 a
ALLEE
N 19
Rochowstr.
N 20
Osthafen
Bosse-
Stralauer
Corinthstr.
Markgrafen-
Böditker-
Vor dem Schlesischen Tor
Lohmühlen-insel
Schleusenufer
Allee
Kynaststr.
STR.
Schlesische-brücke
Flutgraben
17
Heckmannufer
Lohmühlenstr.
Obere Freiarchenbr.
Fanny-Zobel-Str.
Elsen-brücke
Parkweg
Alt-Stralau
Krachtstr.
An den Treptowers
Eichen-
Hoffmann-
PUSCHKINALLEE
SCHLESISCHER BUSCH
TREPTOWERS
77
TREPTOWER PARK

46
STADTPARK
Samariter-platz
SAMARITER-KIRCHE
Schreinerstr.
BÄNSCHSTR.
Rigaer-str.
Gabelsberger-str.
Samariter-str.
Voigt-str.
SAMARITER STR.
Schleiden-platz
Waldeyerstr.
Am Container-bahnhof
Deutschmeister-str.
Park-aue
Am Stadtpark
MÖLLENDORFF-STR.
Normannen-str.
Rathaus-str.
Rudolf-str.
Hoenerweg
Bleckmannweg
Kielblock-str.
Rutnik-str.
Kubornstr.
Kunze-weg
Reusch-str.
Ruschestr.
Dottistr.
POL
L 21
FRANKFURTER ALLEE
L 20
ALLEE
70
97
43
167
FRANK
MAGDAL
Scharnweber-str.
Mainzer
Colbe-str.
Kinzig-str.
Jung-str.
Oderstr.
Müggel-str.
Travestr.
Trave-platz
Dossestr.
Mauritius-kirchstr.
Wilhelm-Guddorf-Str.
John-Sieg-Str.
Boysen-Str.
Schulze-Boysen-Str.
Harnackstr.
Coppistr.
Grünberger Str.
Wismar-platz
Weser-str.
Finow-str.
Weichsel-str.
Müggelstr.
Jessner-str.
Knorr-promenade
Boxhagener-str.
Glatzer Str.
K.-RITTER
Gürtel-str.
Kietzer Weg
Wartenberg-str.
Fas-dorfer-Str.
Wiesenweg
Wühlisch-platz
Gryphius-str.
Helenen-hof
Holtei-str.
Sonntag-str.
Böcklin-str.
M 20
Neue Bahnhof-str.
M 21
Buchberger-Str.
Döring-str.
Matkow-skystr.
Lenbach-str.
Heimer-dingerstr.
Kaskelstr.
Pfarrstr.
Spittastr.
Hirschberger Str.
Schreiberhauer-str.
Krumm-hübler Str.
Markt-str.
Kernhofer Str.
Geusenstr.
Tucholla-platz
NÖLDNER PLATZ
Archibaldweg
Nöldner-platz
Türrschmidt-str.
Karls-horster Str.
Stadthausstr.
OSTKREUZ
damm
Hauptstr.
Nöldner-str.
ERLÖSER-KIRCHE
RUMMELSBURG
Laskerstr.
Kynaststr.
Schlicht-allee
N 20
Corinthstr.
Bödiker-str.
Markgrafen-str.
27
Allee
17
61
Haupt-str.
HAUPTSTR.
Zobtener
RUMMELSBURG
Elsen-brücke
Parkweg
Alt-Stralau
Krachtstr.
Bootsbauer-str.
Fischzug
Am Speicher
STRALAU
Bahrfeldtstr.
Fried-rich-Str.
TREPTOWER PARK
78

63

STADT. FRIEDHOF

Kol. Müllers Lust — **47**

Gotlinde-str. — Gotlinde str. — Gotlinde str.

Automobilweg — Rüscheweg — Glascher Str. — Schottstr. — Atzpodien str. — Wotanstr. — Siegfried str. — Hagen str. — Ortliebstr. — Dietlindestr. — Dankwartstr. — Kriemhildstr.

ZOSCHKE-STADION

Normannenstr. — Plenzstr. — Rüdigerstr. — Rüdigerstr. — Freiastr. — Freiaplatz — Rüdiger-str.

Roedeliusplatz — **GLAUBENS-KIRCHE** — Fanninger-str. — Hubertusstr. — Wotanstr. — Gernotstr. — Volkerstr. — Gudrunstr.

Magdalenenstr. — Alfredstr. — Bürgerheimstr. — Atzpodien str. — Hubertusstr. — **L 22** — **OSKAR ZIETHEN KRANKENHAUS** — Fanningerstr. — Guntherstr. — Gudrunstr. — **L 23**

FRANKFURTER — 213 — Hagen — Siegfried-

MAGDALENENSTR. U — ALLEE — Skandinavische Str. — Egmontstr. — Rosenfelder Str. — Löwenberger Str. — ALT-

Harnackstr. — P — **LICHTENBERG** S P — **LICHTENBERG** U — Mellingstr. — Irenestr. — Roser str. — Einbecker 286 — 127

Harnackstr. — Albert-Hößler-Str. — Buchberger Str. — Friedastr. — Melasstr. — Archenholdstr. — Lincolnstr.

Coppistr. — Wönnichstr. — Margaretenstr.

M 22 — Eifeltstr. — Weitlingstr. — Zachertstr. — **M 23**

Sophienstr. — **STADION FRIEDRICHSFELD**

Eduardstr. — Bietzkestr. — Eggersdorfer Str.

Münsterlandstr. — Maximilianstr. — Heinrichstr. — Archenholdstr. — Lincolnstr. — Kraetkestr.

Rapprechtstr. — Eifeltstr. — Münsterlandpl. — Curle-Str.

Archiralgweg — Gleisastr. — Wönnichstr. — Delbrückstr. — Rumme-

DNER ATZ S — Leopold- — Marie- — Str.

dner atz — Lückstr. — Ernananstr. — Weitlingstr. — **LICHTENBERG**

str. — Fischer- — Lückstr. — Rummelsburger Str. — Sewanstr.

N 21 — **N 22** — **STADT. FRIEDHOF** — **N 23**

Kol. Paradies — **RUMMELSBURG** — Hüronseestr. — Salzmannstr. — Michiganseestr. — Baikal str. — Volkradstr.

Sewanstr. — Dolgensee-

Saganer Str. — Zoblener Str.

25 — **BETRIEBSBAHNHOF LSBURG** — **79**

HAUPTSTR. — Dolgenseestr.

64

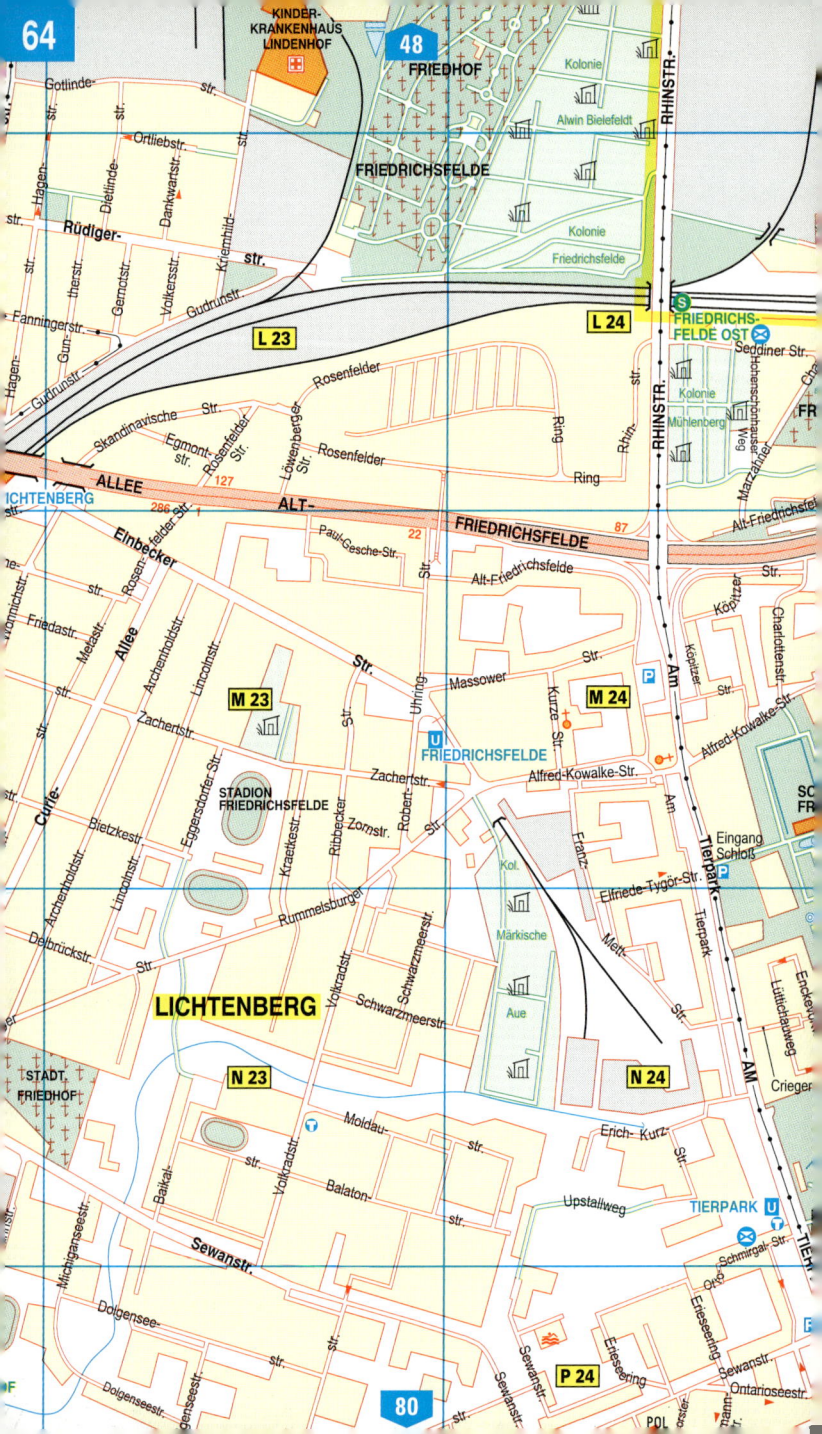

48

KINDER-KRANKENHAUS LINDENHOF

FRIEDHOF

Kolonie Alwin Bielefeldt

Gotlinde- str.
Ortliebstr.
Hagen- Dietlinde-
Rüdiger- Dankwartstr.
str. therstr. Gernotstr. Kriemhild-
Fanningerstr. Volkerstr. str.
Gudrunstr.

FRIEDRICHSFELDE

Kolonie Friedrichsfelde

L 23

Gudrunstr.
Skandinavische Str.
Egmont- Rosenfelder- Löwenberger Str.
str. str. Rosenfelder

Rosenfelder Ring
Rhin- str.

L 24

FRIEDRICHS-FELDE OST
Seddiner Str.

Kolonie Mühlenberg

FR

ALLEE 127 286 ALT- 22 FRIEDRICHSFELDE 87
ICHTENBERG
Paul-Gesche-Str.
Einbecker Alt-Friedrichsfelde

Alt-Friedrichsfelde Str.
Köpitzer

M 23
Allee
Friedastr.
Meiath- Archenholdstr. Lincolnstr. Uhrigstr.
Zachertstr. Str.

Massower Str.
Kurza

M 24

Am
Köpitzer Charlottenstr.
Alfred-Kowalke-Str.

FRIEDRICHSFELDE

STADION FRIEDRICHSFELDE

Curie- Lincolnstr. Archenholdstr.
Delbrückstr.
Bietzkestr. Kraetkestr. Ribbecker Zornstr. Robert-
Eggersdorfer-Str. Str.

Zachertstr.
Alfred-Kowalke-Str.
Rummelsburger Str.

Kol.
Märkische Aue

Frantz

Eingang Schloß

SC FR

Elfriede-Tygör-Str.

LICHTENBERG

Schwarzmeerstr.
Volkradstr. Schwarzmeerstr.

N 23
N 24

Am Tierpark
Encke-
Lüttichweg
Crieger

STADT. FRIEDHOF

Moldau-
Baikal- Volkradstr. str.
Balaton-

Erich-Kurz-Str.
Upstallweg

TIERPARK

Schmirgal-

Sewanstr.
Michiganseestr.
Dolgensee-
Dolgenseestr.

Erleseering
P 24
Sewanstr.
Ontarioseestr.

80

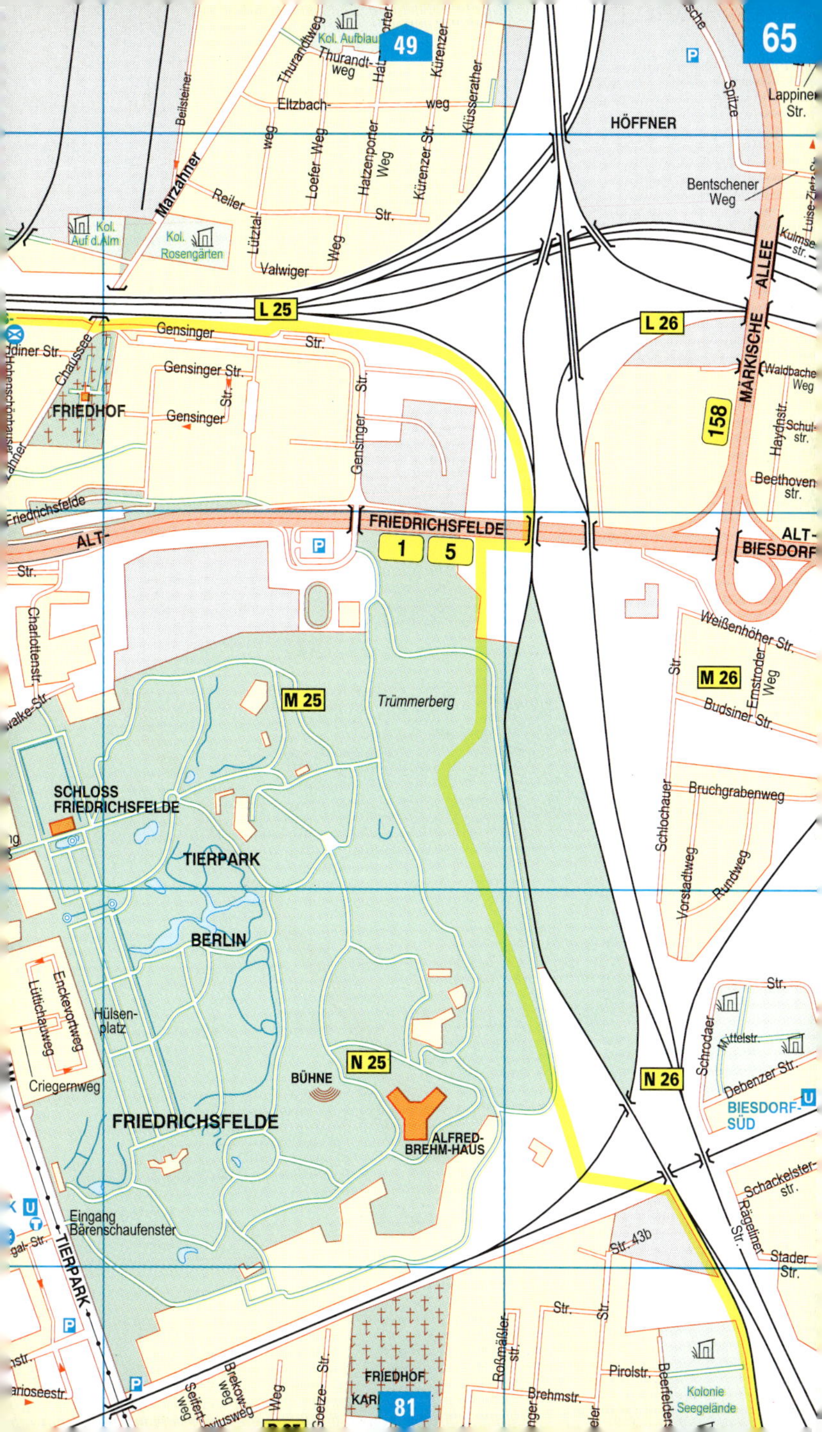

49
Kol. Aufblau
Thurandtweg
Thurandt-weg
Kürenzer
Eltzbach-
weg
Klüsserather
HÖFFNER
Lappiner Str.
Spitze
Bentschener Weg
Beilsteiner
Marzahner
Loefer Weg
Hatzenporter Weg
Kürenzer Str.
Reiler
Str.
Lütztal
Weg
Valwiger
Kol. Auf d. Alm
Kol. Rosengärten
Kulmseestr.
ALLEE
MÄRKISCHE
L 25
L 26
Gensinger
Str.
Gensinger Str.
Gensinger
Chaussee
FRIEDHOF
Waldbacher Weg
Haydnstr.
Schulstr.
Beethovenstr.
158
Friedrichsfelde
ALT-
FRIEDRICHSFELDE
ALT-
BIESDORF
1
5
Str.
Charlottenstr.
Weißenhöher Str.
M 26
Ernstroder Weg
Budsiner Str.
M 25
Trümmerberg
SCHLOSS FRIEDRICHSFELDE
TIERPARK
BERLIN
Bruchgrabenweg
Schlochauer
Vorstadtweg
Rundweg
Enckevortweg
Lüttichauweg
Hülsen-platz
Criegernweg
BÜHNE
N 25
N 26
Schrodaer
Debenzer Str.
BIESDORF-SÜD
FRIEDRICHSFELDE
ALFRED-BREHM-HAUS
Eingang Bärenschaufenster
TIERPARK
Schackelsterstr.
Rägeliner Str.
Stader Str.
Str. 43b
Pirolstr.
Brehmstr.
Beerfelder
Kolonie Seegelände
Seifertweg
Brekowweg
Goetze-
FRIEDHOF
81

66

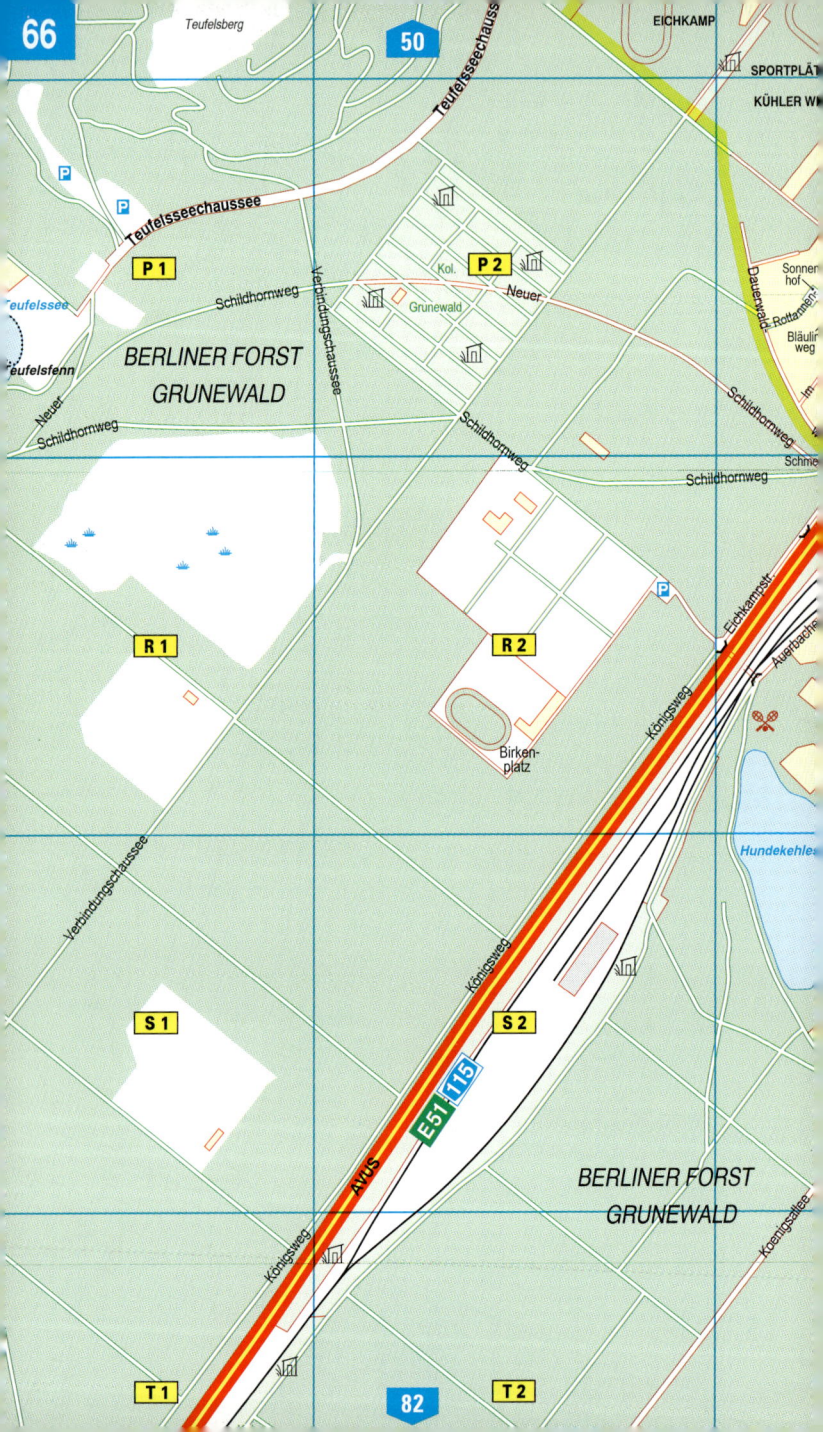

50

Teufelsberg
EICHKAMP
SPORTPLÄ
KÜHLER W

Teufelsseechaussee

P1

Kol. Grunewald

P2

Neuer

Sonnen hof

Dauerwa

Bläuli weg

Teufelssee

Teufelsfenn

Neuer Schildhornweg

Schildhornweg

BERLINER FORST GRUNEWALD

Verbindungschaussee

Schildhornweg

Schildhornweg

Schildhornweg

Schne

R1

R2

Eichkampstr.

Auerbache

R2

Birkenplatz

Königsweg

Hundekehle

Verbindungschaussee

S1

S2

Königsweg

E51 115

AVUS

BERLINER FORST GRUNEWALD

Königsweg

Koenigsallee

T1

82

T2

51

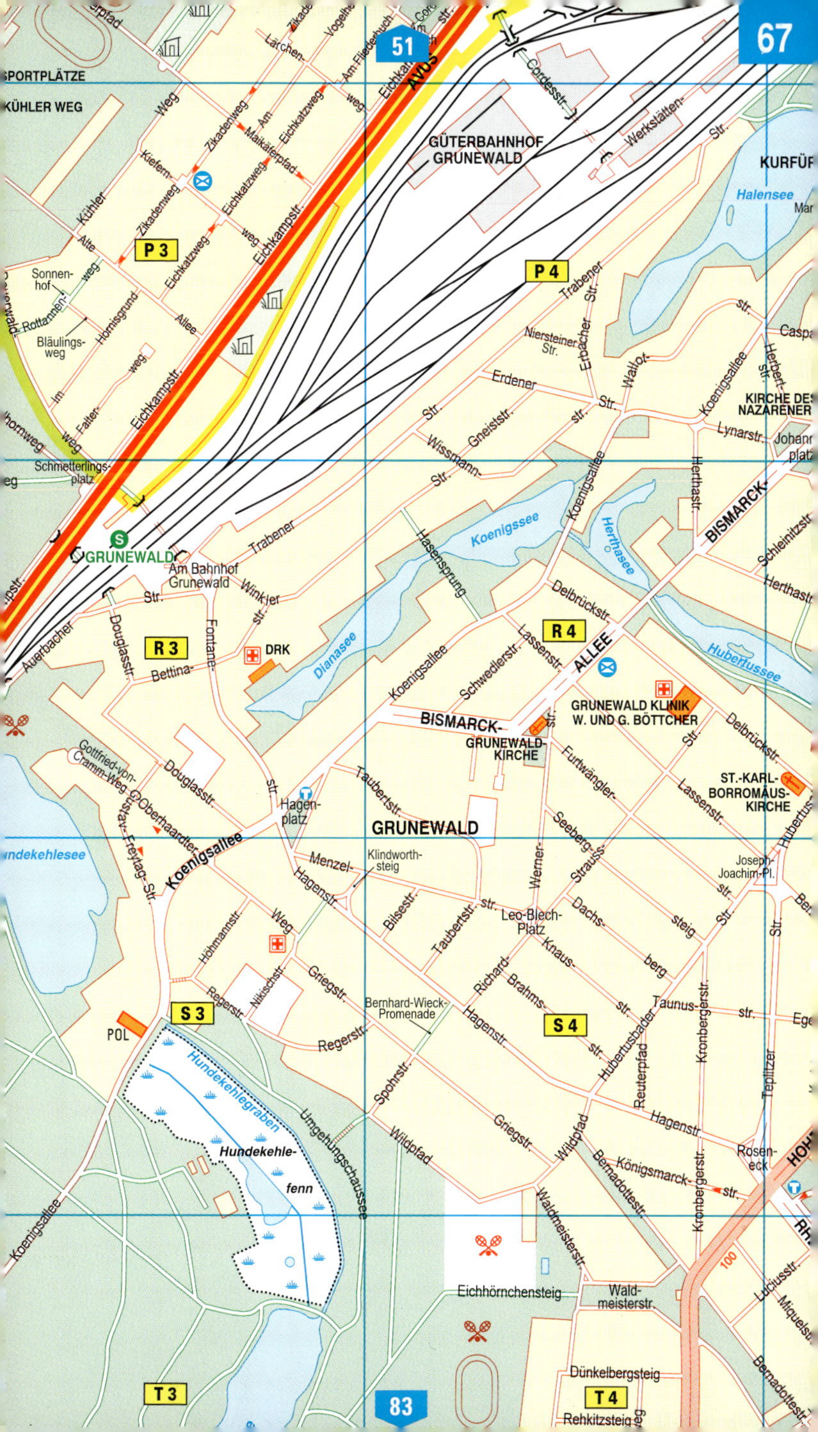
SPORTPLÄTZE
KÜHLER WEG
GÜTERBAHNHOF GRUNEWALD
AVUS
Cordesstr.
Werkstätten-
Str.
KURFÜR
Halensee
P 3
P 4
R 3
R 4
S 3
S 4
T 3
T 4
Kühler Weg
Alte Allee
Zikadenweg
Am Maikäferpfad
Eichkatzweg
Eichkampstr.
Kiefern-weg
Lärchen-
Vogelh
Am Fliederbusch
Sonnen-hof
Rottannen-weg
Bläulings-weg
Hornisgrund
Falter-weg
Im
Schmetterlings-platz
Trabener Str.
Niersteiner Str.
Erbacher Str.
Erdener Str.
Gneiststr.
Wissmann-Str.
Wallot-
Koenigsallee
Herbert-str.
KIRCHE DES NAZARENER
Lynarstr.
Johann platz
Caspa
Herthastr.
BISMARCK-ALLEE
Schleinitzstr.
Koenigssee
Herthasee
Hasensprung
GRUNEWALD
Am Bahnhof Grunewald
Winkler str.
Delbrückstr.
Hubertussee
Dianasee
DRK
Douglasstr.
Fontane-str.
Bettina-
Auerbacher
Lassenstr.
Schwedlerstr.
GRUNEWALD KLINIK W. UND G. BÖTTCHER
GRUNEWALD-KIRCHE
ST.-KARL-BORROMÄUS-KIRCHE
Furtwängler-Str.
Taubertstr.
Gottfried-von-Cramm-Weg
Oberhaardter Weg
Gustav-Freytag-Str.
Hagen-platz
Hundekehlesee
Menzel-
Klindworth-steig
Hagenstr.
Bilsestr.
Werner-
Seeberg-
Strauss
Dachs-berg
Joseph-Joachim-Pl.
Hubertus
Höhmannstr.
Nikischstr.
Griegstr.
Leo-Blech-Platz
Knaus-str.
Richard-Strauss-str.
Brahms-str.
Regerstr.
Bernhard-Wieck-Promenade
Taunus-str.
Ege
Kronbergerstr.
Reuterpfad
Hubertusbader
Teplitzer
Spohrstr.
POL
Hundekehlegraben
Hundekehle-fenn
Umgehungschaussee
Wildpfad
Königsmarck-str.
Rosen-eck
Bernadottestr.
Waldmeisterstr.
Eichhörnchensteig
Wald-meisterstr.
Luciusstr.
Miquelstr.
Dünkelbergsteig
Rehkitzsteig
100

52
84
P 4
P 5
R 4
R 5
S 4
S 5
T 4
T 5
WILMERSDORF
SCHMARGENDORF
HALENSEE
KURFÜRSTENDAMM
Rathenau-
platz
Halensee
Herthasee
Hubertussee
BISMARCK-
ALLEE
HOHENZOLLERNDAMM
HUNDEKEHLE-
STR.
BREITE
STR.
RHEINBABEN-
WESTFÄLISCHE
Kurfürstendamm
Halenseestr.
Nedlitzer Str.
Str.
Werkstätten-
Cordesstr.
weg
Storkwinkel
Wamgenheim-
steg
Schwarzbacher Str.
Am Güterbahnhof
Seesener
Johanne-
Sigismund-
Halberstädter Str.
Joachim-
Paulsb
Margareten-
str.
Koenigsallee
Gill-
weg
Kunz-Buntschuh-Str.
Schinkelstr.
Hubertusallee
Friedrichsruher
Trabener
Str.
Niersteiner
Str.
Erbacher
Wallot-
Caspar-
Herbert-
str.
Bismarck-
platz
Theyß-
Grieser
Platz
Viktoria-
Str.
KIRCHE DES
NAZARENERS
MARTIN-LUTHER-
KRANKENHAUS
Lynarstr.
Johanna-
platz
Rintelner
Str.
Kudowa-
Charlottenbrunner
Herthastr.
Schleinitzstr.
Herbertstr.
Humboldt-
Paulsborner
Wangenheim-
Auguste-
Cunostr.
Delbrückstr.
Lassenstr.
Warmbrunner
Orber
Str.
HUBERTUS
SPORTPLÄTZE
Salzbrunner
GRUNEWALD KLINIK
W. UND G. BÖTTCHER
Reinerz-
str.
Flinsberger Platz
Landecker
Str.
Furtwängler-
ST.-KARL-
BORROMÄUS-
KIRCHE
Franzensbader
Carl-Ludwig-
Schleich-Prom.
Kranzer
Seeberg-
Strauss-
Joseph-
Joachim-Pl.
Elgersburger Str.
Werner-
Ilmenauer Str.
KREUZKIRCHE
Leo-Blech-
Platz
Dachs-
steig
Berkaer
Forckenbeckstr.
Knaus-
berg
Brahms-
str.
SALVATOR-
KIRCHE
Taunus-
str.
Egerstr.
Plöner
Elster-
platz
Kissinger
Kissinger
Platz
Hubertusbader
Reuterpfad
Kronbergerstr.
Teplitzer
Karlsbader
MAX-BÜRGER-
KRANKENHAUS
Davoser
Weinheimer
Tölzer
Hagenstr.
Griegstr.
Wildpfad
Bernadottestr.
Königsmarck-
Rosen-
eck
Marienbader
Ruhlaer
Sulzaer
Berkaer
Platz
Reichenhaller
Kolberger
Platz
Kösener
Friedrichshaller
Platz S
Waldmeisterstr.
Wald-
meisterstr.
Luciusstr.
Schellendorff-
Selchow-
Miquelstr.
FRIEDHOF
SCHMARGENDORF
Misdroyer
Kirch-
Hohmann-
str.
Dünkelbergsteig
Rehkitzsteig
Bernadottestr.
Heyden-
Henrietten-
platz
100
125
137
139

Map 69 — Wilmersdorf / Fehrbellinger Platz

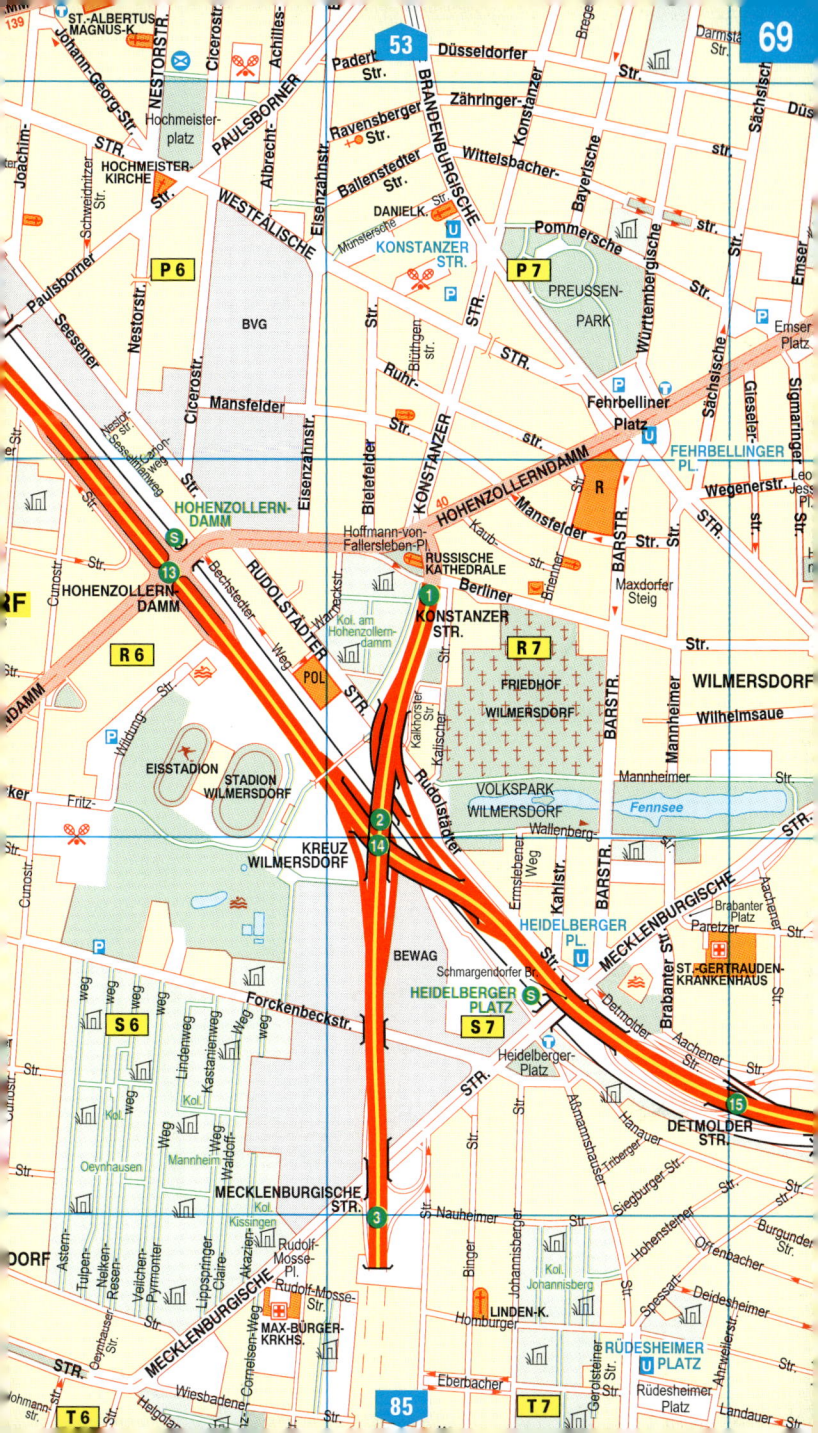

Streets and landmarks (north to south, west to east):

- ST.-ALBERTUS-MAGNUS-K.
- Johann-Georg-Str., Joachim Str., Paulsborner Str., Nestorstr., Cicerostr., Achilles Str., Pader Str., Brandenburgische Str., Düsseldorfer Str., Brege Str., Darmst. Str.
- NESTORSTR.
- Hochmeisterplatz, HOCHMEISTER-KIRCHE
- Ravensberger Str., Zähringer Str.
- Schweidnitzer Str., Albrecht Str., Ballenstedter Str., Wittelsbacher Str., Bayerische Str., Sächsisch. Str., Düs. Str.
- Seesener Str., Eisenzahnstr., DANIEL K., Münsterische Str., KONSTANZER STR.
- P 6, BVG
- Pommersche Str., Württembergische Str., P 7, PREUSSEN-PARK
- Paulsborner Str., Nestorstr., Cicerostr., Mansfelder Str., Ruhr Str., Blüthen Str., Kaub Str., Emser Platz, Emser Str.
- HOHENZOLLERN-DAMM, Fehrbelliner Platz, FEHRBELLINGER PL.
- Bielefelder Str., KONSTANZER STR., HOHENZOLLERNDAMM, Mansfelder Str., Barstr., Sigmaringer Str., Gieseler Str., Wegenerstr., Leo Jess Str.
- Hoffmann-von-Fallersleben-Pl., RUSSISCHE KATHEDRALE, Berliner Str., Brenner Str., Maxdorfer Steig
- HOHENZOLLERN-DAMM 13, R 6, Bechstedter Weg, RUDOLSTÄDTER STR., Kol. am Hohenzollerndamm, Kalkhofer Str., Kalischstr., R 7, FRIEDHOF WILMERSDORF, Barstr., Mannheimer Str., WILMERSDORF, Wilhelmsaue
- POL, Widung Weg, EISSTADION, STADION WILMERSDORF, VOLKSPARK WILMERSDORF, Fennsee, Mannheimer Str.
- Fritz... Str., KREUZ WILMERSDORF 2 / 14, Ernslebener Weg, Kahlstr., Barstr., HEIDELBERGER PL., MECKLENBURGISCHE STR., Paretzer Str., Brabanter Platz, Aachener Str., ST.-GERTRAUDEN-KRANKENHAUS
- BEWAG, Schmargendorfer Br., HEIDELBERGER PLATZ, S 7, Heidelberger-Platz, Detmolder Str.
- P, S 6, Forckenbeckstr., Lindenweg, Kastanienweg, Waldoff Weg, Kol. Mannheim, Aachener Str., Hanauer Str., DETMOLDER STR. 15
- Kol. Oeynhausen, MECKLENBURGISCHE STR., Kol. Kissingen, Rudolf-Mosse-Pl., So-Nauheimer Str., Ahmannshauser Str., Triberger Str., Siegbahner Str., Steinheimer Str., Burgunder Str.
- Astern-, Tulpen-, Nelken-, Resen-, Veilchen-, Lippstringer-, Pyrmonter-, Acacien-, Cornelius-Weg, Rudolf-Mosse-Str., MAX-BÜRGER-KRKHS., Binger Str., LINDEN-K., Homburger Str., Spessart Str., Deidesheimer Str., Oftenbacher Str.
- T 6, STR., Johann... Str., Wiesbadener Str., Helgolar Str., Eberbacher Str., T 7, Kol. Johannisberg, Geroldsteiner Str., RÜDESHEIMER PLATZ, Rüdesheimer Platz, Ahrweiler Str., Landauer Str.

Grid references: 53 (top), 85 (bottom), 139 (left), 69 (right)

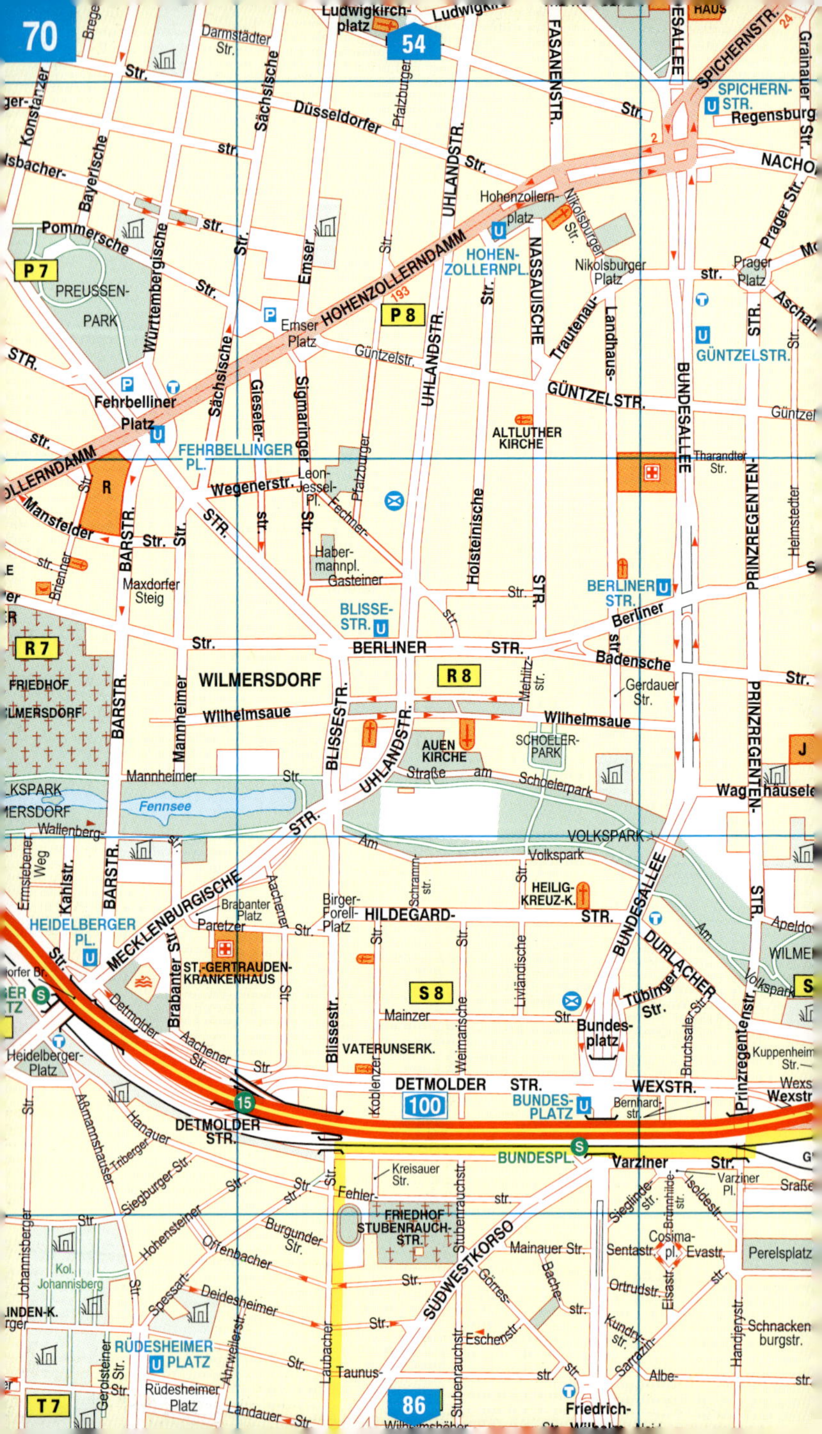
54
Ludwigkirch-
platz
Darmstädter
Str.
Sächsische
Düsseldorfer
Pfalzburger
UHLANDSTR.
FASANENSTR.
SPICHERNSTR.
SPICHERN-
STR.
Regensburg
Grainauer Str.
NACHO
Konstanzer
Bayerische
Pommersche
P 7
PREUSSEN-
PARK
Württembergische
Emser
HOHENZOLLERNDAMM
Hohenzollern-
platz
HOHEN-
ZOLLERNPL.
Nikolsburger
Str.
Nikolsburger
Platz
Prager Str.
Prager
Platz
P 8
Emser
Platz
Güntzelstr.
NASSAUISCHE
STR.
Trautenau-
Landhaus-
GÜNTZELSTR.
BUNDESALLEE
PRINZREGENTEN-
Fehrbelliner
Platz
Sächsische
Gieseler-
Sigmaringer
Pfalzburger
ALTLUTHER
KIRCHE
FEHRBELLINGER
PL.
Tharandter
Str.
Helmstedter
Wegenerstr.
Leon-
Jessel-
Pl.
Fechner-
Mansfelder
Str.
R
Brienner
BARSTR.
Haber-
mannpl.
Gasteiner
Holsteinische
BERLINER
STR.
Berliner
Maxdorfer
Steig
BLISSE-
STR.
R 7
FRIEDHOF
WILMERSDORF
BERLINER
STR.
Badensche
WILMERSDORF
R 8
Mehlitz-
str.
Gerdauer
Str.
Wilhelmsaue
Mannheimer
BLISSESTR.
UHLANDSTR.
AUEN
KIRCHE
Straße am Schoelerpark
SCHOELER-
PARK
J
Wagnhäusel
Mannheimer Str.
Fennsee
VOLKSPARK
Volkspark
Wallenberg-
Ernstiebener
Weg
Kahlstr.
BARSTR.
MECKLENBURGISCHE
Brabanter
Platz
Aachener
Birger-
Forell-
Platz
Schramm-
str.
HILDEGARD-
STR.
HEILIG-
KREUZ-K.
BUNDESALLEE
DURLACHER
Apeldo
WILME
HEIDELBERGER
PL.
Paretzer
ST.-GERTRAUDEN-
KRANKENHAUS
Brabanter Str.
S 8
Mainzer
Weimarische
Livländische
Tübinger
Str.
Bundes-
platz
Bruchsaler Str.
Prinzregentenstr.
Kuppenheim
Str.
Heidelberger-
Platz
Detmolder
Aachener
Str.
VATERUNSERK.
Blissestr.
Koblenzer
DETMOLDER STR.
WEXSTR.
Wexstr.
BUNDES-
PLATZ
Bernhard-
str.
15
100
DETMOLDER
STR.
Hanauer
Aßmannshauser
Triberger
Siegburger Str.
BUNDESPL.
Varziner Str.
Varziner
Pl.
Straße
Kreisauer
Str.
Fehler-
str.
FRIEDHOF
STUBENRAUCH-
STR.
Stubenrauchstr.
SÜDWESTKORSO
Siegline-
str.
Brunhilde-
str.
Isoldestr.
Johannisberger
Hohensteiner
Offenbacher
Burgunder
Str.
Kol.
Johannisberg
Mainauer Str.
Sentastr.
Cosima-
pl.
Evastr.
Perelsplatz
Görres-
Bache-
str.
Ortrudstr.
Eisastr.
Spessart-
Deidesheimer
Eschenstr.
Kundry-
str.
Sarrazin-
Schnacken
burgstr.
Handjerystr.
RÜDESHEIMER
PLATZ
Ahrweilerstr.
Laubacher
Taunus-
Stubenrauchstr.
Albe-
Rüdesheimer
Platz
Geisenheimer
Gerolsteiner Str.
Landauer Str.
T 7
86
Friedrich-
Wilhelm-

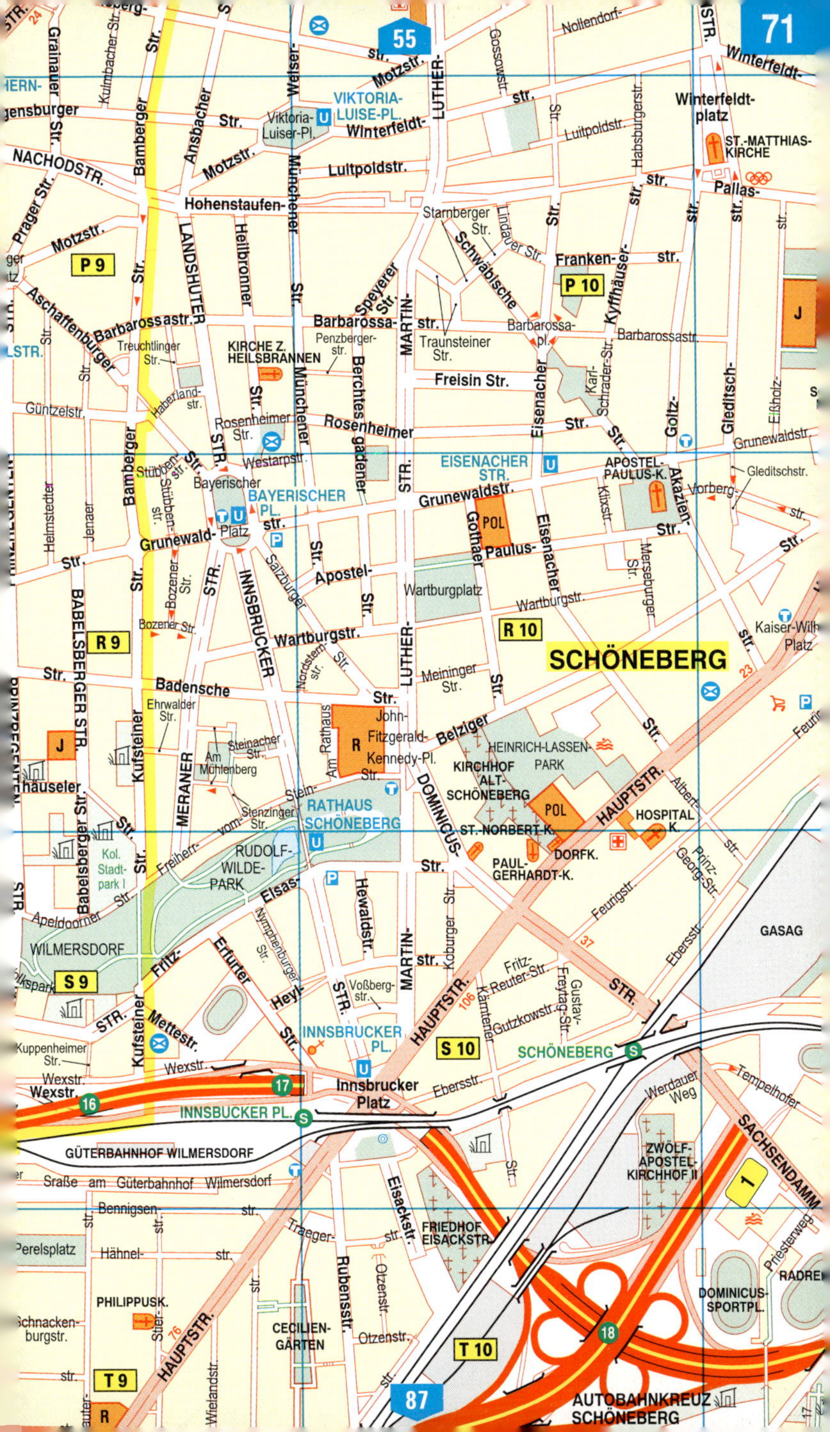
55
Nollendorf-
Winterfeldt-
VIKTORIA-LUISE-PL.
Viktoria-Luiser-Pl.
Winterfeldt-
Winterfeldtplatz
ST.-MATTHIAS-KIRCHE
Grainauer Str.
Kulmbacher Str.
Bamberger Str.
Ansbacher Str.
Motzstr.
Gossowstr.
Luitpoldstr.
Habsburgerstr.
NACHODSTR.
Hohenstaufen-
Pallas-
Prager Str.
P 9
LANDSHUTER STR.
Heilbronner Str.
Münchener Str.
Starnberger Str.
Lindauer Str.
Schwäbische
Franken-
Kyffhäuser-
P 10
J
Aschaffenburger Str.
Barbarossastr.
Barbarossa-
Speyerer Str.
MARTIN-LUTHER-STR.
Traunsteiner Str.
Barbarossa-pl.
Barbarossastr.
Treuchtlinger Str.
KIRCHE Z. HEILSBRANNEN
Penzberger-str.
Berchtesgadener
Freisin Str.
Karl-Schrader-Str.
Haberland-str.
Güntzelstr.
Rosenheimer Str.
Rosenheimer
Eisenacher
Goltz-
Gleditsch-
Elßholz-
Grunewaldstr.
Westarpstr.
EISENACHER STR.
APOSTEL-PAULUS-K.
Gleditschstr.
Stübben-
Bayerischer
BAYERISCHER PL.
Grunewaldstr.
Klixstr.
Akazien-
Vorberg-
Jenaer
Helmstedter
Grunewald-
Platz
Salzburger
POL
Gothaer
Paulus-
Merseburger
Bozener Str.
Apostel-
Wartburgplatz
Wartburgstr.
Wartburgstr.
BABELSBERGER STR.
R 9
R 10
Kaiser-Wilh.-Platz
Nordsternstr.
Meininger Str.
SCHÖNEBERG
23
Badensche
Ehrwalder Str.
INNSBRUCKER STR.
Rathaus
Am Rathaus
R
John-Fitzgerald-Kennedy-Pl.
Belziger
HEINRICH-LASSEN-PARK
J
Steinacher Str.
Am Mühlenberg
KIRCHHOF ALT-SCHÖNEBERG
POL
HAUPTSTR.
HOSPITAL K.
Kufsteiner
MERANER
Stein-
Stenzinger Str.
RATHAUS SCHÖNEBERG
DOMINICUS-
ST. NORBERT-K.
Albert-
Freiherr-vom-
RUDOLF-WILDE-PARK
DORFK.
PAUL-GERHARDT-K.
Prinz-Georg-Str.
Kol. Stadtpark I
Eisas-
Hewaldstr.
Apeldoorner
Nymphenburger Str.
Koburger Str.
Feurigstr.
GASAG
WILMERSDORF
Fritz-
Erfurter
Fritz-Reuter-Str.
37
Eberstr.
S 9
Heyl-
Voßberg-str.
Kärntener
Gustav-Freytag-Str.
106
Gutzkowstr.
Mettestr.
INNSBRUCKER PL.
S 10
SCHÖNEBERG
Kuppenheimer Str.
Wexstr.
17
Innsbrucker Platz
Eberstr.
Tempelhofer
16
INNSBUCKER PL.
Werdauer Weg
SACHSENDAMM
GÜTERBAHNHOF WILMERSDORF
ZWÖLF-APOSTEL-KIRCHHOF II
1
Straße am Güterbahnhof Wilmersdorf
Bennigsen-str.
Traeger-
Eisackstr.
FRIEDHOF EISACKSTR.
Priesterweg
Perelsplatz
Hähnel-str.
Rubensstr.
Otzenstr.
RADRE
PHILIPPUSK.
CECILIEN-GÄRTEN
DOMINICUS-SPORTPL.
Schnackenburgstr.
Stier-
76
HAUPTSTR.
Otzenstr.
18
T 10
T 9
Wielandstr.
R
87
AUTOBAHNKREUZ SCHÖNEBERG

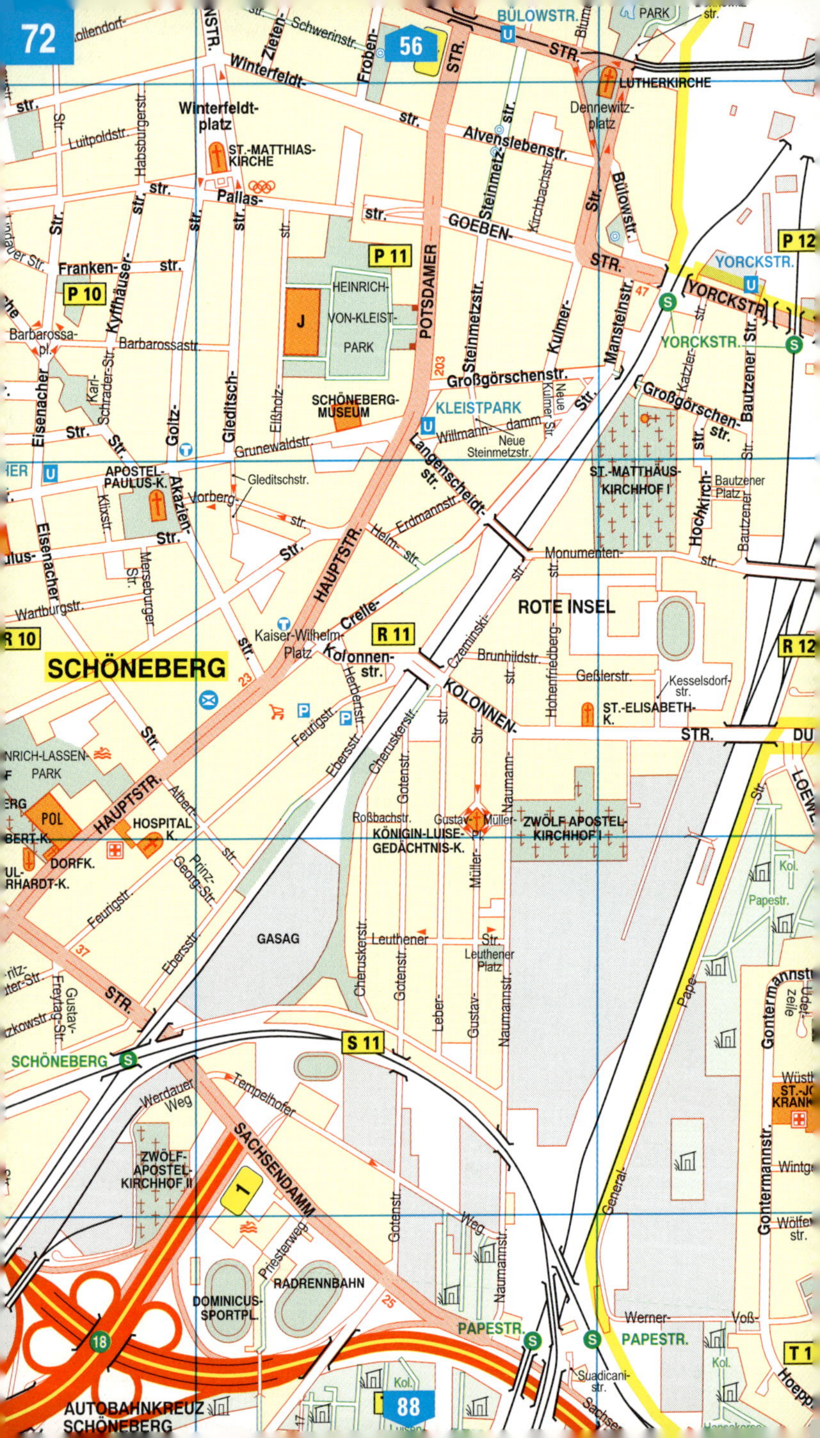
56
BÜLOWSTR.
PARK
LUTHERKIRCHE
Dennewitz-platz
Winterfeldt-platz
Winterfeldt-str.
Schwerinstr.
Zieten-
Froben-
Luitpoldstr.
Habsburgerstr.
ST.-MATTHIAS-KIRCHE
Pallas-str.
Alvenslebenstr.
Steinmetzstr.
Kirchbachstr.
Bülowstr.
GOEBEN-STR.
POTSDAMER
P 11
P 12
YORCKSTR.
Franken-str.
P 10
Kyffhäuser-str.
Barbarossa-pl.
Barbarossastr.
HEINRICH-VON-KLEIST-PARK
J
SCHÖNEBERG-MUSEUM
Großgörschenstr.
Neue Kulmer Str.
Kulmer-str.
Mansteinstr.
Katzlerstr.
Bautzener Str.
KLEISTPARK
Willmann-damm
Neue Steinmetzstr.
Eisenacher Str.
Karl-Schrader-Str.
Goltz-str.
Gleditsch-str.
Eißholz-str.
Grunewaldstr.
Langenscheidt-str.
ST.-MATTHÄUS-KIRCHHOF I
Hochkirch-str.
Bautzener Platz
APOSTEL-PAULUS-K.
Akazien-str.
Gleditschstr.
Vorberg-str.
Klixstr.
Erdmannstr.
Helm-str.
Monumenten-str.
Merseburger Str.
Wartburgstr.
HAUPTSTR.
Crelle-str.
ROTE INSEL
Kaiser-Wilhelm-Platz
R 10
R 11
R 12
SCHÖNEBERG
Kolonnen-str.
Czeminski-str.
Brunhildstr.
Hohenfriedberg-str.
Geßlerstr.
Kesselsdorf-str.
ST.-ELISABETH-K.
KOLONNEN-STR.
Herbertstr.
Feurigstr.
Ebersstr.
Cheruskerstr.
Gotenstr.
Naumannstr.
HEINRICH-LASSEN-PARK
POL
HOSPITAL K.
DORFK.
Albert-str.
Prinz-Georg-Str.
Roßbachstr.
Gustav-Müller-Pl.
KÖNIGIN-LUISE-GEDÄCHTNIS-K.
ZWÖLF-APOSTEL-KIRCHHOF I
Müller-
LOEWE
Kol.
Papestr.
GASAG
Leuthener Str.
Leuthener Platz
Leber-str.
Gustav-
Freytag-Str.
Gustav-
SCHÖNEBERG
S 11
Gontermannstr.
Wüsth
ST.-J KRANK
Wintg
Wölfert-str.
Werdauer Weg
Tempelhofer Weg
SACHSENDAMM
ZWÖLF-APOSTEL-KIRCHHOF II
1
General-Pape-
Priesterweg
RADRENNBAHN
DOMINICUS-SPORTPL.
18
PAPESTR.
Werner-
Voß-
T 1
Suadicani-str.
AUTOBAHNKREUZ SCHÖNEBERG
88
Hoepp

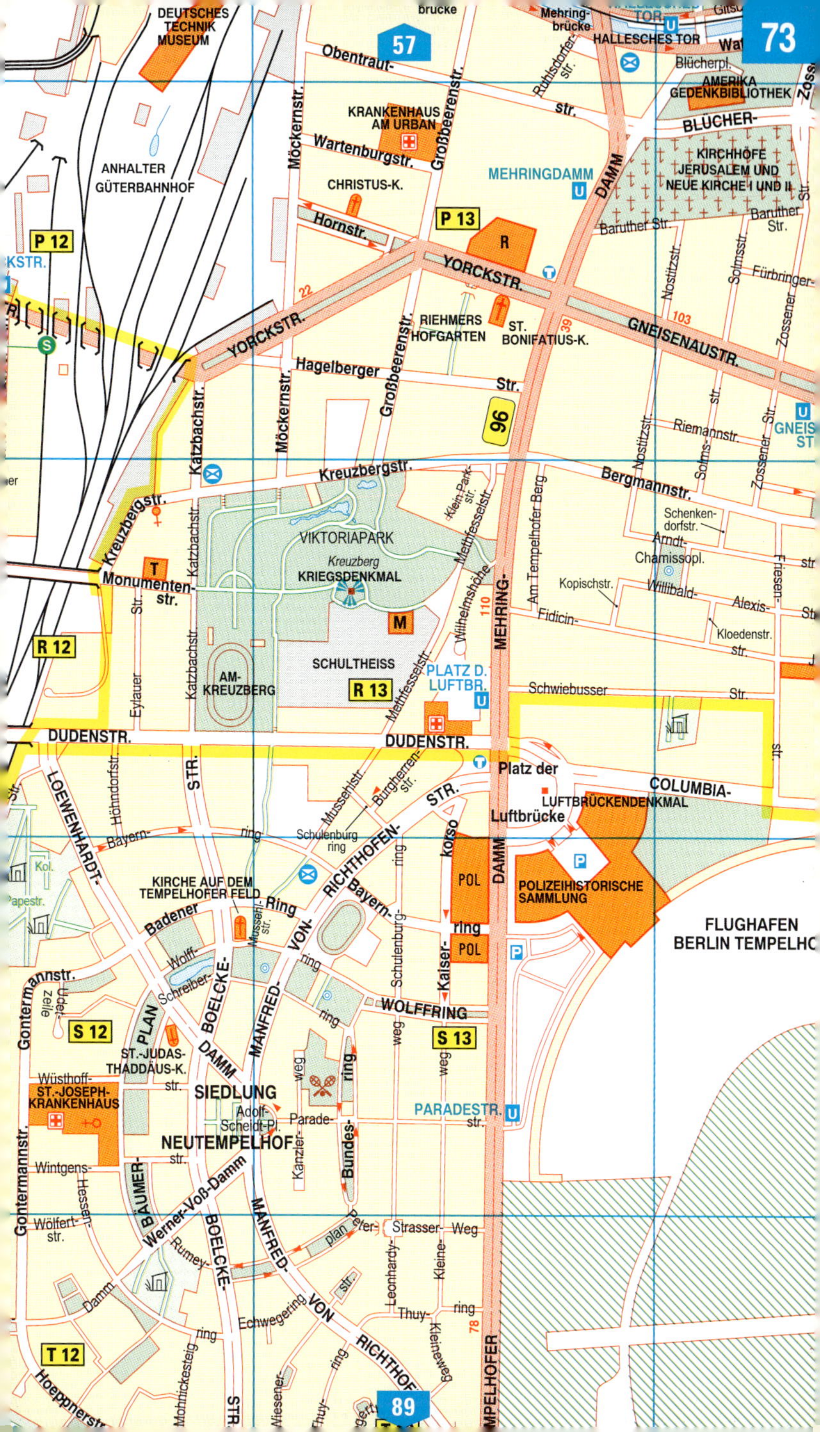

57
DEUTSCHES TECHNIK MUSEUM
Obentraut-
str.
Mehring-brücke
HALLESCHES TOR
Blücherpl.
AMERIKA GEDENKBIBLIOTHEK
BLÜCHER-
KRANKENHAUS AM URBAN
Wartenburgstr.
Großbeerenstr.
Möckernstr.
Ruhlsdorfer-str.
ANHALTER GÜTERBAHNHOF
CHRISTUS-K.
MEHRINGDAMM
DAMM
KIRCHHÖFE JERUSALEM UND NEUE KIRCHE I UND II
Baruther Str.
P 12
P 13
Hornstr.
YORCKSTR.
GNEISENAUSTR.
Nostitzstr.
Solmsstr.
Fürbringer-
Zossener
RIEHMERS HOFGARTEN
ST. BONIFATIUS-K.
Hagelberger
Str.
96
Riemannstr.
Katzbachstr.
Kreuzbergstr.
Bergmannstr.
Schenken-dorfstr.
Arndt-
Chamissopl.
VIKTORIAPARK
Kreuzberg
KRIEGSDENKMAL
Klein-Park-str.
Methfesselstr.
Wilhelmshöhe
Am Tempelhofer Berg
Kopischstr.
Willibald-
Alexis-
Fidicin-
Kloedenstr.
Monumenten-str.
Eylauer Str.
R 12
AM-KREUZBERG
SCHULTHEISS
R 13
PLATZ D. LUFTBR.
Schwiebusser Str.
MEHRING-
DUDENSTR.
Platz der Luftbrücke
COLUMBIA-
LUFTBRÜCKENDENKMAL
LOEWENHARDT-
Höhndorfstr.
Bayern-ring
Mussehlstr.
Burgherren-str.
Schulenburg ring
RICHTHOFEN-
STR.
korso
POL
POLIZEIHISTORISCHE SAMMLUNG
FLUGHAFEN BERLIN TEMPELHO
KIRCHE AUF DEM TEMPELHOFER FELD
Badener Ring
Wolff-
Schreiber-
BOELCKE-
MANFRED-
VON-
Kaiser-
Schulenburg-ring
WOLFFRING
Gontermannstr.
Udetzeile
S 12
S 13
PLAN
ST.-JUDAS-THADDÄUS-K.
DAMM
SIEDLUNG
NEUTEMPELHOF
Adolf-Scheidt-Pl.
Parade-
Bundes-ring
PARADESTR.
Wüsthoff-str.
ST.-JOSEPH-KRANKENHAUS
Wintgens-
Hessen-
BÄUMER-
Werner-Voß-Damm
Kanzler-weg
Peter-Strasser-Weg
Wölfert-str.
Rumpler-
Leonhardy-
Kleine-ring
Thuy-
Kleineweg
Echwegering
T 12
Hoeppnerstr.
Mohnickesteig
STR.
Wiesener-
RICHTHOF
TEMPELHOFER
89

59
ST. MARIEN-
KANKENHAUS
Böcklerstr.
Segitz-
Erkelenz-
Kohlfurter
Str.
TTBUSSER
STR.
Mariannen-
Manteuffel-
BERGER-
Str.
Urbanhafen
Fraenkel-
ufer
Admiral-
Landwehrkanal
ufer
Admiral-
brücke
Kottbusser
Brücke
Paul-
Lausitzer
Lincke-
Plan-
Maybachufer
VOX
P 16
Schinkestr.
Sprember-
ger Str.
Hobrecht-
Hobrecht-
brücke
Ohlauer
Forster
Ufer
Dieffenbach-
P 15
Böckh-
Graefestr.
SCHÖNLEIN-
STR.
KOTTBUSSER
Bürkner-
str.
Maybachufer
Grimm-
Grimm-
Müllenhoffstr.
URBANSTR.
str.
str.
Sander-
str.
Friedelstr.
Liberdastr.
Martinius-
str.
Freiligrathstr.
KÖRTESTR.
Lachmann-
str.
Hohenstaufenpl.
Boppstr.
Pflügerstr.
str.
Fichtestr.
23
DAMM
Lenau-
str.
Reuterstr.
Nansen-
Pflügerstr.
Framstr.
SÜDSTERN
Graefestr.
URBANSTR.
Jahnstr.
Hobrecht-
Friedelstr.
Reuter-
platz
HASENHEIDE
Weserstr.
ST.-JOHANNES-
BASILIKA
23
HASENHEIDE
6
Hermannpl.
SONNENALLEE
Pannier-
Weserstr.
R 15
LANDORTFRIEDHOF
LIENTHALSTRASSE
R 16
1
HERMANN-
PLATZ
str.
Reuterstr.
Teltstr.
1
KARL-
A.-Schweitzer-
Platz
Donaustr.
Weichselstr.
VOLKSPARK
Wissmann-
ST.-JACOBI
31
179
NATURTHEATER
HERMANNSTR.
KIRCHHOF
Str.
HASENHEIDE
str.
MARX-
Rixdorfer
Teich
Sasar-
steig
im
Bau
Erlanger Str.
FORUM
Karlsgartenstr.
Beibricher
Str.
Mainzer
Reuterstr.
Flughafenstr.
RATH
NEUK
Fontane-
34
Isar-
Boddinstr.
GARNISONSFRIEDHOF
S 16
FLUGHAFENSTR.
BODDINSTR.
Boddinstr.
Boddin-
platz
str.
S 15
DAMM
Str.
Mahlower
str.
Weisestr.
S 17
Str.
Mainzer
Selchower
Schiller-
Rollbergstr.
Morusstr.
Lichtenrader
Str. 645
WERBELLINSTR.
Herrfurth-
str.
HERMANNSTR.
GENEZARET-
KIRCHE
Herrfurth-
platz
Briesestr.
Kienitzer Str.
Str.
60
Oderstr.
Str.
Kopfstr.
Kopf
Neuwedeller
Str.
Kienitzer
promenade
Mittelweg
Weisestr.
str.
Leykestr.
Aller-
ST.-MICHAEL-KIRCHHOF
str.
Str.
Oker-
Oderstr.
str.
T 15
91
T 16
KIRCHHOF LUISENST
LEINESTR.

Map page 76 — Berlin (Neukölln / Rixdorf area)

Grid references visible: 60, P 17, P 18, R 17, R 18, S 17, S 18, T 17, T 18, 92

Notable labels:
- ST. MARIEN-KRANKENHAUS
- GÖRLITZER PARK
- Landwehrkanal
- Hobrechtbrücke, Thielenbrücke, Wienerbrücke, Lohmühlenbrücke, Wildenbruchbr.
- BERGER-STR., Ohlauer Str., Forster Str., Liegnitzer Str., Görlitzer Str.
- Maybachufer, Paul-Lincke-Ufer, Kiehlufer, Lohmühlenplatz
- Friedelstr., Pflügerstr., Hobrechtstr., Weserstr., Lenaustr., Sanderstr.
- HERMANNPLATZ (U), SONNENALLEE
- A.-Schweitzer-Platz, ST. JACOBI KIRCHHOF, HERMANNSTR.
- Reuterplatz, Pannierstr., Reuterstr., Nansenstr., Framstr.
- Donaustr., Weichselstr., Fuldastr., Jansastr., Teilstr.
- 179, Marxstr., im Bau FORUM, RATHAUS NEUKÖLLN (U), Schönstedtstr.
- BODDINSTR. (U), Boddinplatz, Neckarstr., Erlanger Str., Flughafenstr.
- Mainzer Str., Rollbergstr., POL, Werbellinstr., WERBELLINSTR.
- Briesestr., Morusstr., Kienitzer Str., Anzengruberstr., Ganghoferstr., Richardstr., Berthelsdorfer Str., Rosegger Str., Wilhelm-Busch-Str.
- PUPPENTHEATERMUSEUM, NEUKÖLLNER OPER, KARL-MARX-STR. (U)
- Saltykowstr., Jan-Hus-Weg, Gerlachsheimer Weg, Treptower Str.
- Kopfstr., Neuwedeller Str., Mittelweg, Leykestr., Herrnhuter Weg, Uthmannstr.
- LESSINGHÖHE, THOMASHÖHE, ST. MICHAEL-KIRCHHOF, KIRCHHOF LUISENSTADT II
- RIXDORF, Richardplatz, Karl-Marx-Pl., 184
- Schlesische brücke, Schmollerplatz, Wildenbruchplatz
- Elbingeroder Weg, Hüttenroder Weg, Kleine Innstr., Innstr., Weserstr., Stuttgarter Str.

61
Schlesische-
brücke
Flutgraben
Obere
Freiarchenbr.
Heckmannufer
Lohmühlenstr.
SCHLESISCHER
BUSCH
PUSCHKINALLEE
Eichen-
Hoffmann-
Fanny-
Zobel-Str.
TREPTOWERS
An den
Treptowers
Elsen-
brücke
Parkweg
Alt-Stralau
Krachtstr.
ST
ELSENSTR.
TREPTOWER
PARK
P 19
P 20
Kiefholzstr.
Bouchéstr.
Am Treptower Park
Kunger-
Elsenstr.
Beermannstr.
Matthesstr.
Rosengarten
ALT-
TREPTC
TREPTOWER
PARK
Plesser
Str.
Wildenbruchstr.
Heidelberger
Kiefholzstr.
Moosdorf-
str.
Hans-Thoma-
Str.
Herkomerstr.
R 18
R 19
Sinsheimer Weg
Harzer
Str.
Puder-
Stuckstr.
Defreg-
Rethelstr.
gerstr.
AM TREPTOWER PARK
Klinger-
str.
Leiblstr.
Schwind-
str.
Ludwig-
Richter-Str.
Eisensteg
Schiffahrtskanal
Brockenstr.
Treptower
Str.
Drübecker
Weg
Karpfenteichstr.
GÜTERBAHNHOF
TREPTOW
Kiehlufer
Treptower
Brücke
Kelbraer
Str.
Weigandufer
Roseggerstr.
Ulster-
str.
Teupitzer
S 18
S 19
S 20
Kol.
Helmstal
Kol.
Sorgenfrei
Mergenthalerring
Mergen-
thalerring
Teupitzer
Brücke
Kiehl-
ufer
PLÄNT
Hertz-
bergpl.
Thiemann
Weserstr.
Dieselstr.
Kol.
Südpol
SONNENALLEE
Böhmische
Thiemann-
str.
Ederstr.
Aronsstr.
Nernstweg
Kolonie
Freizeit
Hertzberg-
Mareschstr.
Brusendorfer Str.
Bartastr.
Schudoma-
Zwiestädter
Str.
Kol.
Treue
Seele
Ziegra-
T 19
T 20
93
brücke

78

62

STRALAU

Elsenbrücke

Parkweg · Alt-Stralau · Krachtstr. · Bootsbauer-str. · Fischzug · Am Speicher · Palmkernzeile · Friedrich-Junge-Str. · Bahrfeldtstr. · Tunnel-str.

S Treptower Park

P 20

MUMMELSBURGER SEE

P 21

Liebesinsel

Rosengarten

ALT-TREPTOW

TREPTOWER PARK

PUSCHKINALLEE

Platz am Spreetunnel

R 20

SOWJETISCHES EHRENMAL

Insel der Jugend

R 21

Kr

Karpfenteich

Alt Treptow Str.

Bulgarische Str.

Poeten-

Wasser-

S-Thomas-Str. · Herkomerstr. · Defreggerstr. · Rethelstr. · Karpfenteichstr. · Schwindstr. · Klingerstr. · Leibelstr. · Ludwig-Richter-Str.

AM TREPTOWER PARK

R

Pappelallee

Plänterwald

Kol. Parkstr.

Orion-str.

Galilei-str.

Puder- · Stickstr. · Kiefholzstr.

S 20

Kol. Sorgenfrei

PLÄNTERWALD S

Kolonie Fortuna Mississipi

KÖPENICKER

96 a

67

Dammweg

S 21

Krugallee

Willi-Sänger-Str.

Kol. Südpol · Mergenthalerring · selstr. · Aronsstr. · Nernstweg

Kiefholzstr.

DAMMWEG

Erich-Lodemann-Str.

Bergau-

Lodemann-

Plänter-weg

Eich-buschallee

TREPTOW

Kol. Treue Seele

Kol. Einsamkeit Kolonie Freizeit

T 20

94

LANDSTR.

T 21

| 63 | 79 |

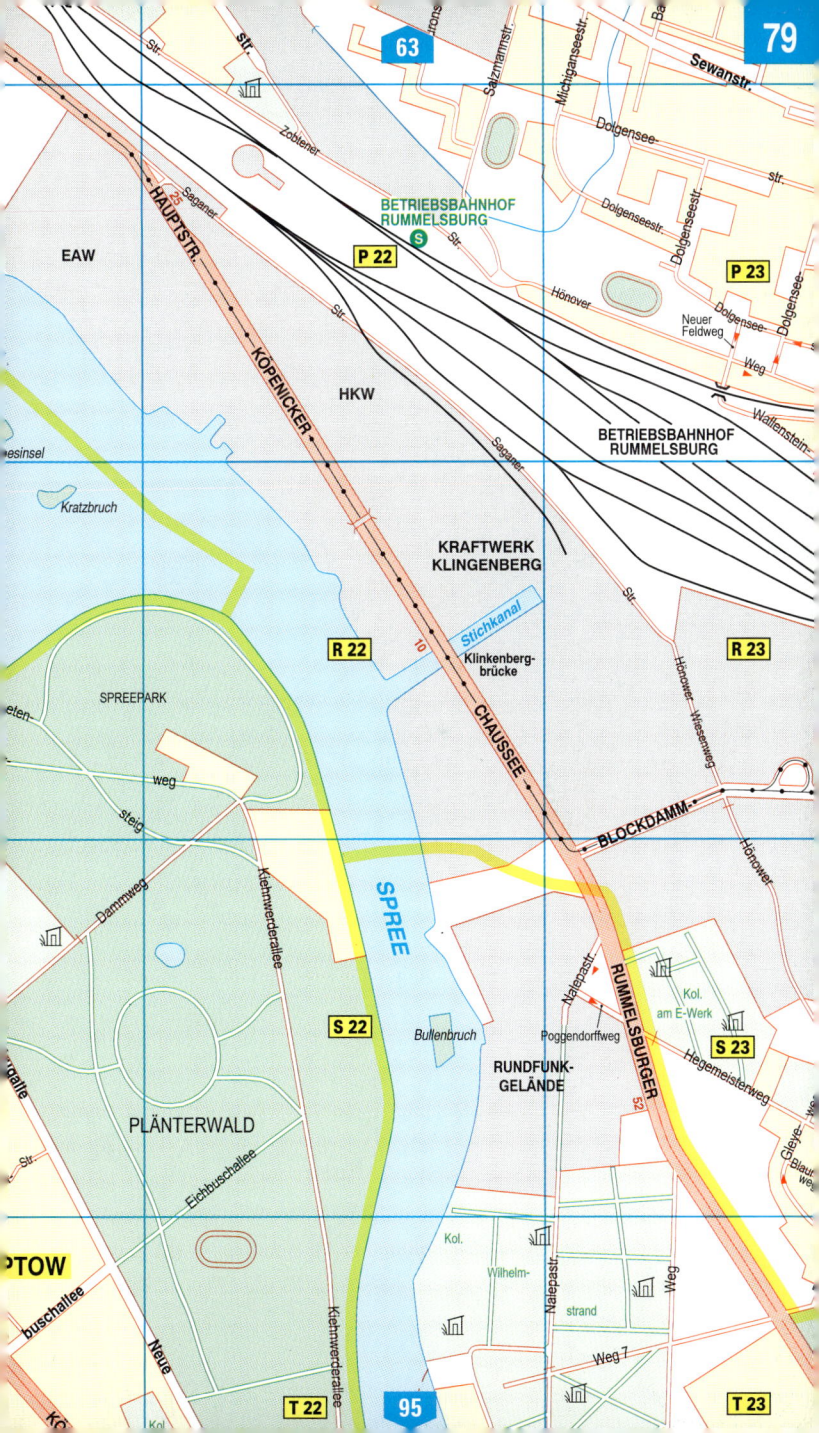

Sewanstr.

Str. str. Salzmannstr. Michigansestr.
Zobtener Dolgensee
HAUPTSTR. str.
EAW Dolgenseestr.
BETRIEBSBAHNHOF
RUMMELSBURG
P 22 **P 23**
Saganer Hönover Neuer
KÖPENICKER Dolgensee- Feldweg
Weg
HKW Wallenstein-
Saganer
BETRIEBSBAHNHOF
Kratzbruch RUMMELSBURG

KRAFTWERK
KLINGENBERG
Stichkanal
R 22 Klinkenberg- **R 23**
brücke
Hönower Wiesenweg
CHAUSSEE
SPREEPARK
weg BLOCKDAMM-
steig Hönower
Dammweg
SPREE
Kiehnwerderallee Nalepastr. Kol.
am E-Werk
S 22 **S 23**
Bullenbruch Poggendorffweg Hegemeisterweg
RUMMELSBURGER
RUNDFUNK-
GELÄNDE
PLÄNTERWALD
Gleye-
Eichbuschallee Blaur
weg
-PTOW Kol.
buschallee Wilhelm-
strand Nalepastr. Weg
Neue Weg 7
T 22 **T 23**
KÖ Kol. | 95 |

64

TIERPARK
Sewanstr.
Dolgensee-str.
Dolgenseestr.
Michiganseestr.
Upstallweg
Schmirgal-Str.
Otto-
Erieseering
Sewanstr.
Ontarioseestr.
P 24
P 23
POL
Friedenhorster Str.
Splanemann-str.
Mellensee-str.
Mellenseestr.
Hönower Weg
Neuer Feldweg
Kol. Gute-Hoffnung
Römer-
Aristotelesstr.
Ilsestr.
Wallenstein-
Tannhäuser-
Reinzistr.
BETRIEBSBAHNHOF RUMMELSBURG
Walküren-
Odinstr.
Kol. Berliner Osten
R 24
R 23
Marksburgstr.
Lisztallee
Sange-
Riastr.
Dorothea-
Friedrichsteiner Str.
Egon-
Jörg-
Karl-
Junker-
Hentig-
Dönhoff-
Hönower Wiesenweg
Kol. Block-damm
Blockdammweg
Schmidtedeberger Weg
Grimnitzstr.
Wandlitzstr.
BLOCKDAMM-WEG
Ehrlichstr.
Müritz-
Stechlin-
Liepnitzstr.
SEE-PARK
Lehndorffstr.
Rödelstr.
Schenkestr.
Günther-
Trautenauer
Üdersee-
Traben-
S 24
Stühlinger
Heiligenberger
Wildensteiner weg
Eginhardstr.
Wandlitzstr.
Nalepastr.
RUMMELSBURGER
Poggendorffweg
Kol. am E-Werk
S 23
Hegemeisterweg
Am Weihenhorst
Wiesenweg
Liepnitzstr.
Spatzensteig
Hohen Wallgraben
Kol. Stall-
Sadowastr.
Gleyeweg
Blaurackenweg
Drosselstieg
Oskarstr.
Fuchsbau
Am Walde
Wiesen
Weg 7
strand
T 23
T 24

96

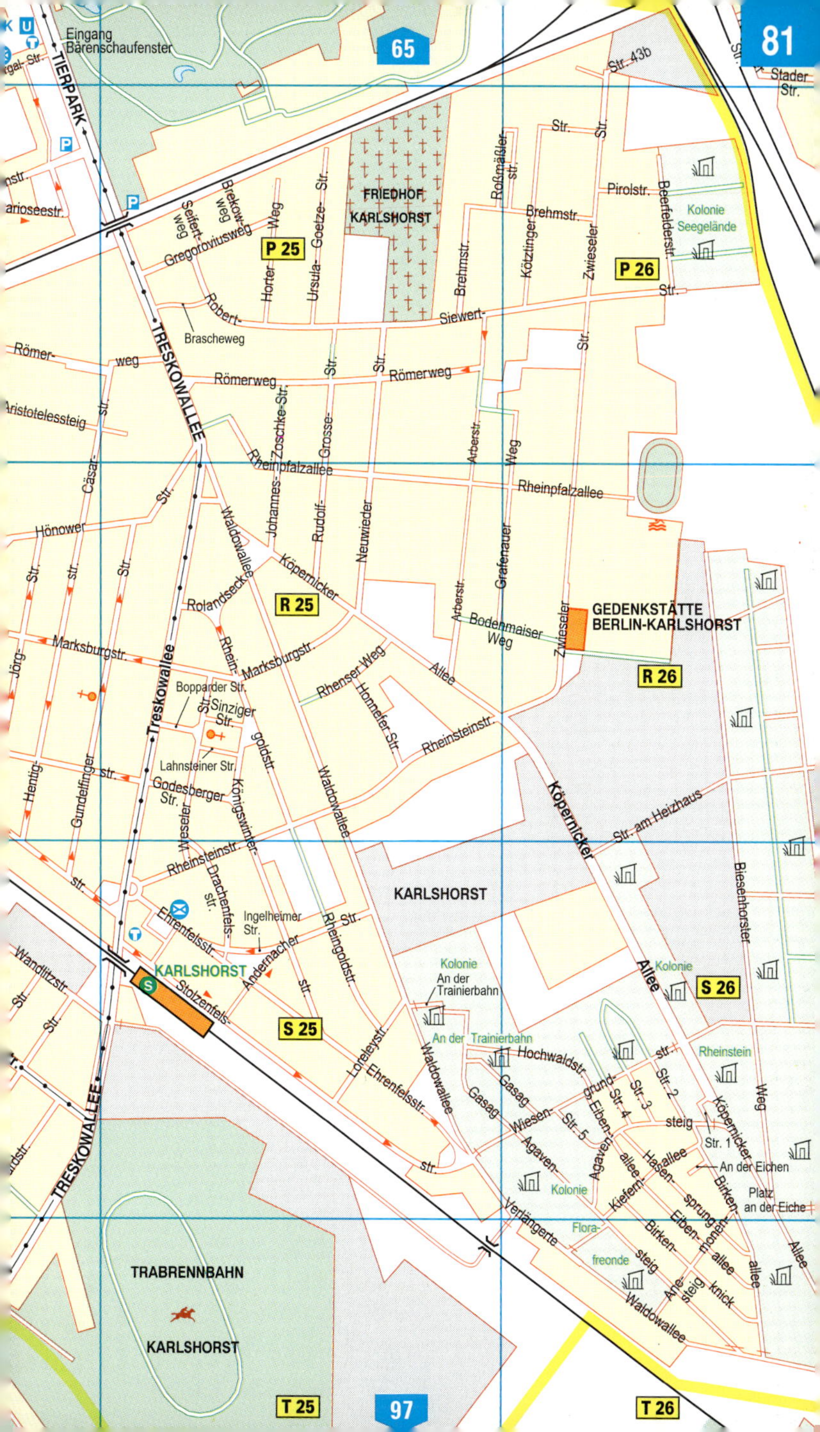
65
Eingang Bärenschaufenster
TIERPARK
Stader Str.
Str. 43b
FRIEDHOF KARLSHORST
P 25
P 26
Gregoroviusweg
Seifert-weg
Brekow-weg
Horter-Weg
Ursula-Goetze-Str.
Roßmäßler-str.
Brehmstr.
Kötztinger Str.
Zwieseler Str.
Pirolstr.
Beerfelderstr.
Kolonie Seegelände
Siewert-Str.
Robert-
Brascheweg
Römerweg
Römer-weg
Aristotelessteig
Cäsar-str.
TRESKOWALLEE
Zoschke-Str.
Grosse-Str.
Johannes-
Rudolf-
Rheinpfalzallee
Arberstr.
Grafenauer Weg
Hönower Str.
Neuwieder Str.
Köpernicker Allee
Waldowallee
Rolandseck
R 25
R 26
GEDENKSTÄTTE BERLIN-KARLSHORST
Bodenmaiser Weg
Marksburgstr.
Rhenser Weg
Honnefer Str.
Rheinsteinstr.
Jörg-
Hentig-
Gundelfinger str.
Treskowallee
Bopparder Str.
Sinziger Str.
Rhein-goldstr.
Lahnsteiner Str.
Godesberger Str.
Königswinter-str.
Weseler
Drachenfels-str.
Str. am Heizhaus
Biesenhorster Weg
KARLSHORST
Ingelheimer Str.
Ehrenfelsstr.
Andernacher Str.
Stolzenfels-
Rheingoldstr.
S 25
S 26
Kolonie An der Trainierbahn
An der Trainierbahn
Loreleystr.
Hochwaldstr.
Gasag
Wiesen-grund
Agaven-
Eiben-
Str. 2
Str. 3
Str. 4
Str. 5
Str. 1
steig
Kolonie Rheinstein
Hasen-sprung
An der Eichen
Platz an der Eiche
Birken-allee
Kiefern-allee
Eiben-allee
Birken-steig
Ahorn-knick
Ane-steig
Verlängerte Waldowallee
Flora-freunde
Wandlitzstr.
TRABRENNBAHN KARLSHORST
T 25
T 26
97

82 | 66

BERLINER FORST
GRUNEWALD

T1 | T2

Königsweg
Koenigsallee
Kol. Hundekehle
Parforceweg
Hütten-weg
Königsallee

U1 | U2
Hüttenweg

Onkel-Tom-Str.

V1 | V2
Langes Luch

W1 | W2

Quermatenweg
Sprungschanzenweg
Hüttenweg
Riemeisterstr.
Onkel-Tom-Str.
Quermatenweg
Hüssteig
Sünteisteig
Eggepfad
Diesterfeld
Ihweg
Dessauerstr.
Am Wiesebau
Am Fuchspaß
Am Hochsitz
Hegewinkel
Hochwildpfad
Triebjagd-weg
Lappjagen-weg
ARGENTINISCHE

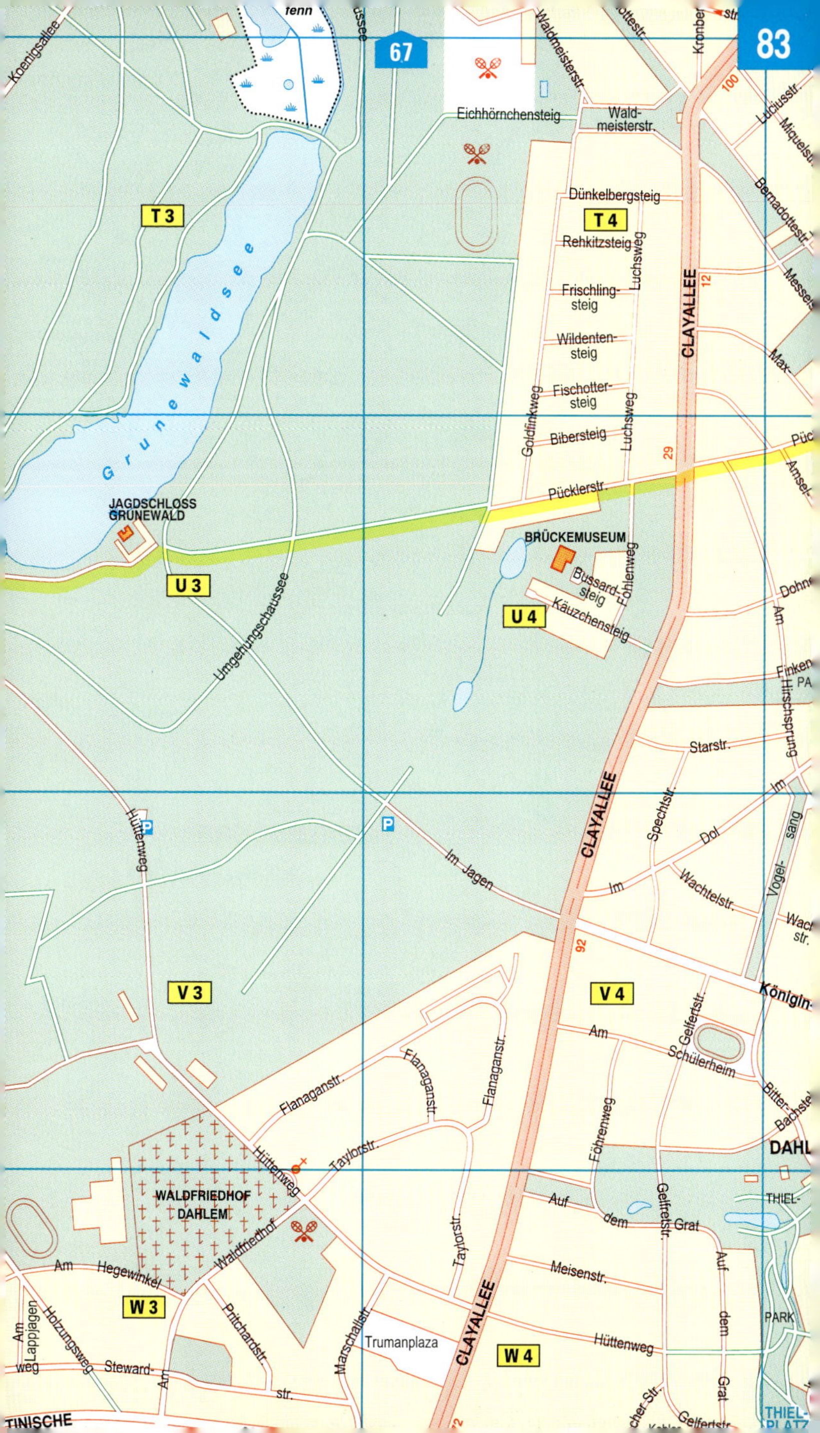
67
Koenigsallee
Eichhörnchensteig
Waldmeisterstr.
Wald-
meisterstr.
Kronber
Luciusstr.
Miquelstr.
Bernadottestr.
Messel
Max-
100
T 3
T 4
Dünkelbergsteig
Rehkitzsteig
Luchsweg
Frischling-
steig
Wildenten-
steig
Fischotter-
steig
Goldfinkweg
Bibersteig
CLAYALLEE
12
29
Grunewaldsee
JAGDSCHLOSS
GRUNEWALD
Pücklerstr.
Pück
Amsel-
BRÜCKEMUSEUM
Bussard-
steig
Föhlenweg
Käuzchensteig
U 3
U 4
Umgehungschaussee
Dohne
Am
Finken
PA
Hirschsprung
Starstr.
Spechtstr.
Im
Dol
Im
Wachtelstr.
Vogel-
sang
Wach
str.
Hüttenweg
P
Im Jagen
92
Königin-
V 3
V 4
Am
Schülerheim
Gelfertstr.
Bitter-
Bachste
Flanaganstr.
Taylorstr.
Föhrenweg
DAHL
WALDFRIEDHOF
DAHLEM
Auf
dem
Grat
THIEL-
Gelfertstr.
Waldfriedhof
Meisenstr.
Am
Hegewinkel
W 3
W 4
Am
Lappjagen
weg
Holzungsweg
Steward-
str.
Pritchardstr.
Marschallstr.
Trumanplaza
Hüttenweg
PARK
THIEL-
PLATZ
TINISCHE

68
SCHMARGENDORF
BREITE STR.
Friedrichshaller Str.
Cunostr.
FRIEDHOF SCHMARGENDORF
Misdroyer Str.
Kirch-str.
Hohmann-str.
Wangerooger Steig
Saßnitzer Str.
Krampas-platz
Doberaner Str.
Heiligendammer Str.
Borkumer Str.
Dievenow-str.
Misdroyer Str.
WARNEMÜNDER STR.
Selchow-str.
Kösener Str.
Sulzaer Str.
Schellendorff-str.
Platz S
RHEINBABEN-ALLEE
Luciusstr.
Miquelstr.
Bernadottestr.
Heyden-str.
Hammerstein-str.
Messelstr.
MESSEL-PARK
Max-Eyth-str.
T 5
T 4
Waldmeisterstr.
Dünkelbergsteig
Rehkitzsteig
Luchsweg
Frischlingsteig
Wildentensteig
Fischottersteig
Bibersteig
Goldfinkweg
Pücklerstr.
CLAYALLEE
100
12
29
92
Platz am Wilden Eber
LENTZE-ALLEE
Schweinfurthstr.
PODBIELSKIALLEE
Hellriegel-str.
Pechüler Pfad
Amsel-str.
Dohnenstieg
steig
BRÜCKEMUSEUM
Bussardsteig
Föhrenweg
Käuzchensteig
U 4
U 5
AQUINATAHAUS HOSPITAL
FINKEN-PARK
Finken-str.
Heinrich-Stahl-Weg
Am Hirschsprung
Gadebuscher Weg
Im Dol
PACELLI-ALLEE
Im MESSEL-PARK
WEST-KLINIK-DAHLEM
PODBIELSKIALLEE
Archivstr.
Peter-
Kaiser
Starstr.
Spechtstr.
Im Dol
Wachtelstr.
Vogelsang
In der Halde
Am Hirschsprung
Hohe Ähren
Falkenried
ZEHLENDORF
GEHEIMES STAATSARCHIV PREUSSISCHER KULTURBESITZ
Koserstr.
Im Winkel
MUSEUM EUROPÄISCHER KULTUREN
Grothe-weg
Drosselweg
V 5
DOMÄNE DAHLEM
V 4
Königin-Luise-Str.
Im Gehege
FRIEDHOF DAHLEM-DORF
ST.-ANNEN KIRCHE
Franz-Archivstr.
ST.-BERNHARD-KIRCHE
Am Schülerheim
Gelfertstr.
Bitterstr.
Bachstelzenweg
Kuckucksweg
DAHLEM-DORF
Fabeckstr.
Iltisstr.
Takustr.
Hechtgraben
DAHLEM
Musäusstr.
THIEL-ALLEE
Löhleinstr.
Brümmerstr.
Lansstr.
MUSEUM DAHLEM
Arnimallee
Fabeckstr.
Auf dem Grat
Gelfertstr.
THIEL-PARK
Grunewaldstr.
Meisenstr.
Hüttenweg
Schwarzen Grund
Am Anger
W 5
FREIE UNIVERSITÄT
W 4
THIELALLEE
Kiebitzweg
Im Schwarzen Grund
THIEL-PLATZ
Löhleinstr.
Brümmerstr.
Liebensteinstr.
Altensteinstr.
Fabeckstr.
U

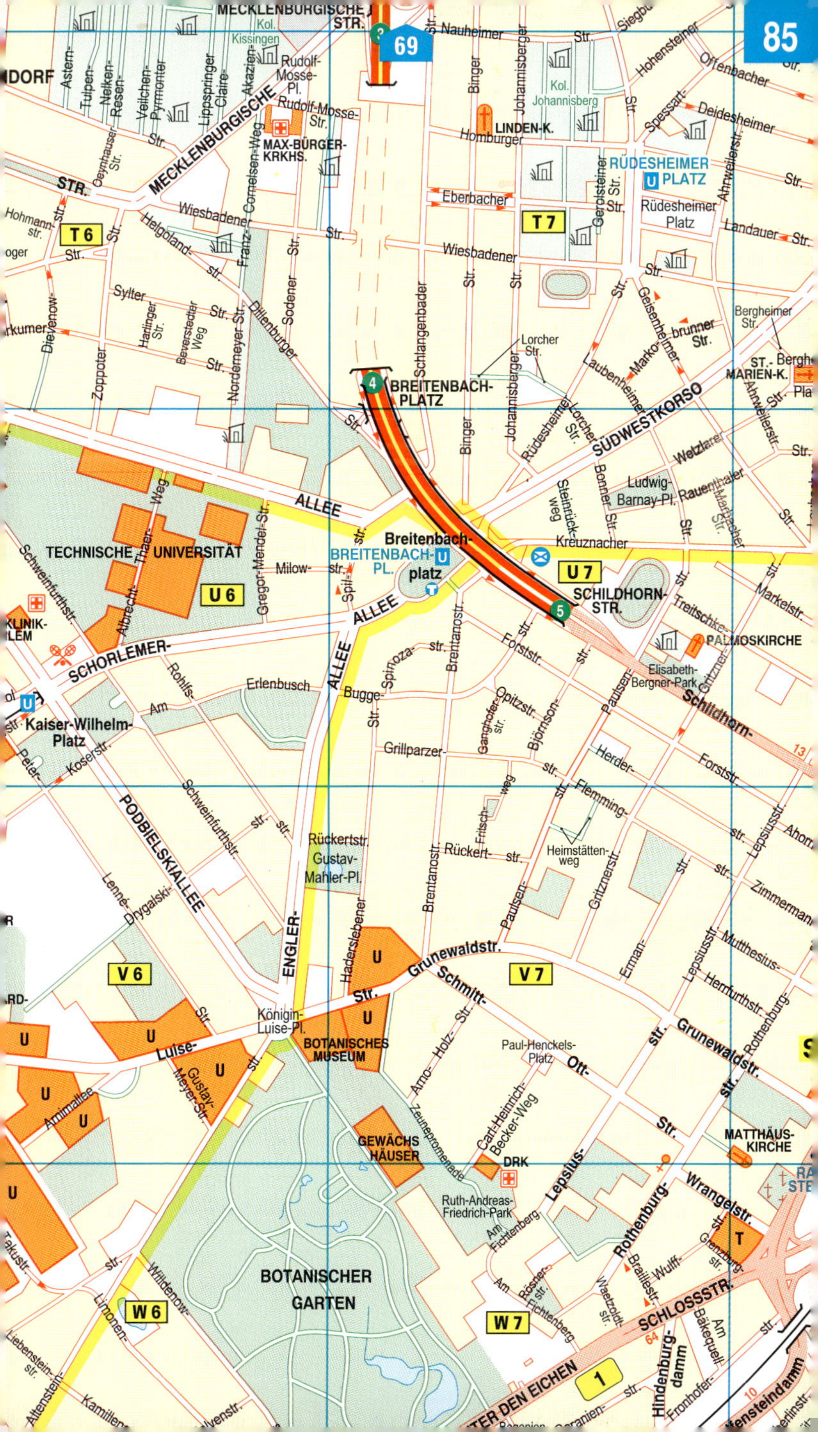
MECKLENBURGISCHE STR.
69
Nauheimer Str.
Siegburger
Hohensteiner
Offenbacher
Kol. Kissingen
Astern-
Tulpen-
Nelken-
Resen-
Veilchen-
Pyrmonter
Lippspringer
Claire-
Akazien-
Rudolf-Mosse-Pl.
Rudolf-Mosse-Str.
MAX-BÜRGER-KRKHS.
MECKLENBURGISCHE
Oeynhauser Str.
STR.
Binger
Johannisberger
Kol. Johannisberg
LINDEN-K.
Homburger
Spessart-
Deidesheimer
Ahrweilerstr.
RÜDESHEIMER PLATZ
Geisenheimer Str.
Gerolsteiner Str.
Rüdesheimer Platz
Landauer Str.
Eberbacher
T 6
T 7
Hohmann-str.
Wiesbadener
Helgoland-str.
Franz-Cornelsen-Weg
Sylter
Harlinger Str.
Beverstedter Weg
Nordernayer Str.
Dillenburger
Sodener
Dievenow-
Zoppoter
Schlangenbader
Lorcher Str.
Laubenheimer
Markobrunner Str.
Bergheimer Str.
ST.-MARIEN-K.
Ahrweilerstr.
BREITENBACH-PLATZ
Rüdesheimer
SÜDWESTKORSO
Wetzlarer
Ludwig-Barnay-Pl.
Rauenthaler
Steinrück-weg
Bonner Str.
Kreuznacher
ALLEE
TECHNISCHE UNIVERSITÄT
Thaer-Weg
Albrecht-Thaer-
Schweinfurthstr.
Gregor-Mendel-Str.
Milow-str.
Spil-
Breitenbach-platz
BREITENBACH-PL.
U 6
U 7
SCHILDHORN-STR.
Treitschke-
Markelstr.
PALMOSKIRCHE
Elisabeth-Bergner-Park
KLINIK-LEM
SCHORLEMER-
ALLEE
Spinoza-str.
Brentanostr.
Forststr.
Rohlfs-
Erlenbusch
Bugge-
Opitzstr.
Ganghofer-str.
Björnson-
Paulsen-
Gritzner-
Schildhorn-
Kaiser-Wilhelm-Platz
Am
Kosersstr.
Peter-
Grillparzer-
Herder-
Forststr.
Flemming-
Fritsch-weg
Heimstätten-weg
Rückertstr.
Gustav-Mahler-Pl.
Rückert-str.
Brentanostr.
Gritznerstr.
Lepsiusstr.
Zimmermann
PODBIELSKIALLEE
Schweinfurthstr.
Lenné-
Drygalski-
ENGLER-
Haderslebener
Grunewaldstr.
Schmitt-
Mommsen-
Paulsen-
Erman-
Lepsiusstr.
Muthesius-
Herrfurthstr.
Rothenburg-
V 6
V 7
Königin-Luise-Pl.
Luise-
Gustav-Meyer-Str.
BOTANISCHES MUSEUM
Arno-Holz-Str.
Paul-Henckels-Platz
Ott-
Grunewaldstr.
Arnimallee
Zeunepromenade
Carl-Heinrich-Becker-Weg
GEWÄCHS HÄUSER
DRK
MATTHÄUS-KIRCHE
Lepsius-
Wrangelstr.
Ruth-Andreas-Friedrich-Park
Am Fichtenberg
Rothenburg-
Brailsstr.
Wulff-
Grenzburgstr.
BOTANISCHER GARTEN
Takustr.
Limonen-
Wildenow-
W 6
W 7
Rösner-str.
Waetzoldt-str.
SCHLOSSSTR.
Am Bäkequell
Liebenstein-str.
Altenstein-
Kamillen-
UNTER DEN EICHEN
Hindenburg-damm
Fronhofer-
Steinsteindamm
Oranien-
1
13
64
10

70
T 7
T 8
U 7
U 8
U 9
V 7
V 8
W8
RÜDESHEIMER PLATZ
Rüdesheimer Platz
Kol. Johannisberg
SÜDWESTKORSO
Friedrich-Wilhelm-Platz
FRIEDRICH-WIHELM-PL.
Z.GUTEN HIRTEN
Wiesbadener Str.
Schillerplatz
ST. MARIEN-K.
Bergheimer Platz
FRIEDENAU
FRIEDENSK.
BUNDESALLEE
RHEINSTR.
Renée-Sintenis-Platz
Perelsplatz
Ludwig-Barnay-Pl.
Retzdorffpromenade
SCHILDHORN-STR.
PALMOSKIRCHE
Elisabeth-Bergner-Park
Schildhorn-str.
TREITSCHKE-PARK
WALTHER-SCHREIBER-PL.
FEUERBACH-STR.
SCHLOSSSTR.
SCHLOSSSTR.
Viktoria-park
ROSENKRANZ-BASILIKA
STEGLITZ
Hermann-Ehlers-Platz
MATTHÄUS-KIRCHE
RATHAUS STEGLITZ
RATHAUS STEGLITZ
STEGLITZ
DREIEINIGKEITS-KIRCHE
Althoffplatz
FILANDA-STR.
Neue Filandastr.
ALBRECHTSTR.
Albrechtstr.
Düppelstr.
Grunewaldstr.
Lepsiusstr.
Rothenburgstr.
Wrangelstr.
Hindenburgdamm
Birkbusch
Kreuznacher Str.
Laubacher Str.
Rheinstr.
Schmiljanstr.
Hackerstr.
Markelstr.
Forststr.
Bergstr.
Kantstr.
Südenstr.
Mittelstr.
Leydenallee
Heimstättenweg
Paul-Henckels-Platz
DRK
DEN EICHEN
1

Map 87

Streets and locations:

- Bennigsen-str.
- Perelsplatz
- Hähnel-str.
- Traeger-str.
- FRIEDHOF EISACKSTR.
- PHILIPPUSK.
- Schnackenburgstr.
- HAUPTSTR.
- CECILIEN-GÄRTEN
- Rubensstr.
- Otzenstr.
- T 10
- DOMINICUS-SPORTPL.
- RADRE...
- T 9
- R
- Breslauer Platz
- Wielandstr.
- AUTOBAHNKREUZ SCHÖNEBERG
- Priester...
- RHEINSTR.
- -dorfer Str.
- Hedwig-str.
- Semper-str.
- Sponholz-str.
- Bannmeister-str.
- Wendland-zelle
- Damm
- Moselstr.
- Wilhelm-Hauff-Str.
- FRIEDENAU
- Bahnhof-str.
- Vorarlberger
- Nordmann-zelle
- Matthäifri...
- Saar-str.
- Dickhardtstr.
- Fregestr.
- Düer-platz
- Belgas-str.
- Pöppelmannstr.
- GRAZER
- Kol. Frohsinn
- Priesterweg
- PR...
- Cranachstr.
- ST.-KONRAD-KIRCHE
- Kol. Alt-Schöneberg
- Rembrandt-str.
- Menzel-str.
- Becker-str.
- Cranach-str.
- Grazer Platz
- NATHANAEL-KIRCHE
- Riemenschneider-weg
- Kol. Spreewald
- U 9
- Knaus-str.
- Kauschstr.
- U 10
- Kol. Sonnenbad
- Körner-str.
- Lenbach-str.
- Knausplatz
- Peter-Wischer-Str.
- Peter- Wischer- Str.
- Rubensstr.
- Buren-land
- Kol.
- Feuerbachstr.
- THORWALDSEN-STR.
- AUGUSTE-
- Kol. Kaninchen-farm
- Lauenburger-str.
- Bismarck-str.
- Canova-str.
- VIKTORIA-
- Brüggemann-str.
- -bach-
- poschingen
- Sachsenwald-str.
- Lauenburger Platz
- KRANKENHAUS
- Alte Ziegenweide
- Bucher-str.
- Kissinger Str.
- Horst-str.
- Kohl-str.
- Altmark-str.
- Riemenschneider-weg
- -ofstr.
- Schönhauser Str.
- Kniephofstr.
- Göttinger Str.
- Overbeck-str.
- Roseneck
- PRIESTE...
- V 9
- Friedrichsruher Str.
- Kol. Einigkeit
- Friedrichsruher Pl.
- LUKASK.
- Bergstr.
- DAMM STR.
- V 10
- PRELLER-
- -friedrichsruher
- Bergstr.
- Vuthenow-str.
- CARL-DIEM
- PLANETARIUM
- Der Insulaner
- Kantstr.
- FRIEDHOF
- Kol.
- WEG
- Lessing-str.
- STEGLITZ BERGSTR.
- Rauhe Berge
- Semm-britzkist...
- -südenstr.
- Seler-weg
- Oehlertring
- W 9
- -Stein-str.
- Oehlert-platz
- Brinkmann-str.
- Stirnerstr.
- Walsroder Str.
- Hünensteig
- W 10
- Kottestieg
- Oehlertring
- -ECHTSTR.
- Steglitzer Damm
- Bismarck-str.
- seder-str.
- Immen-str.
- MÜNSTER-
- ST.-JOHANNES-EVANGELIST-K.
- Gurlitt-str.
- Fischer-str.

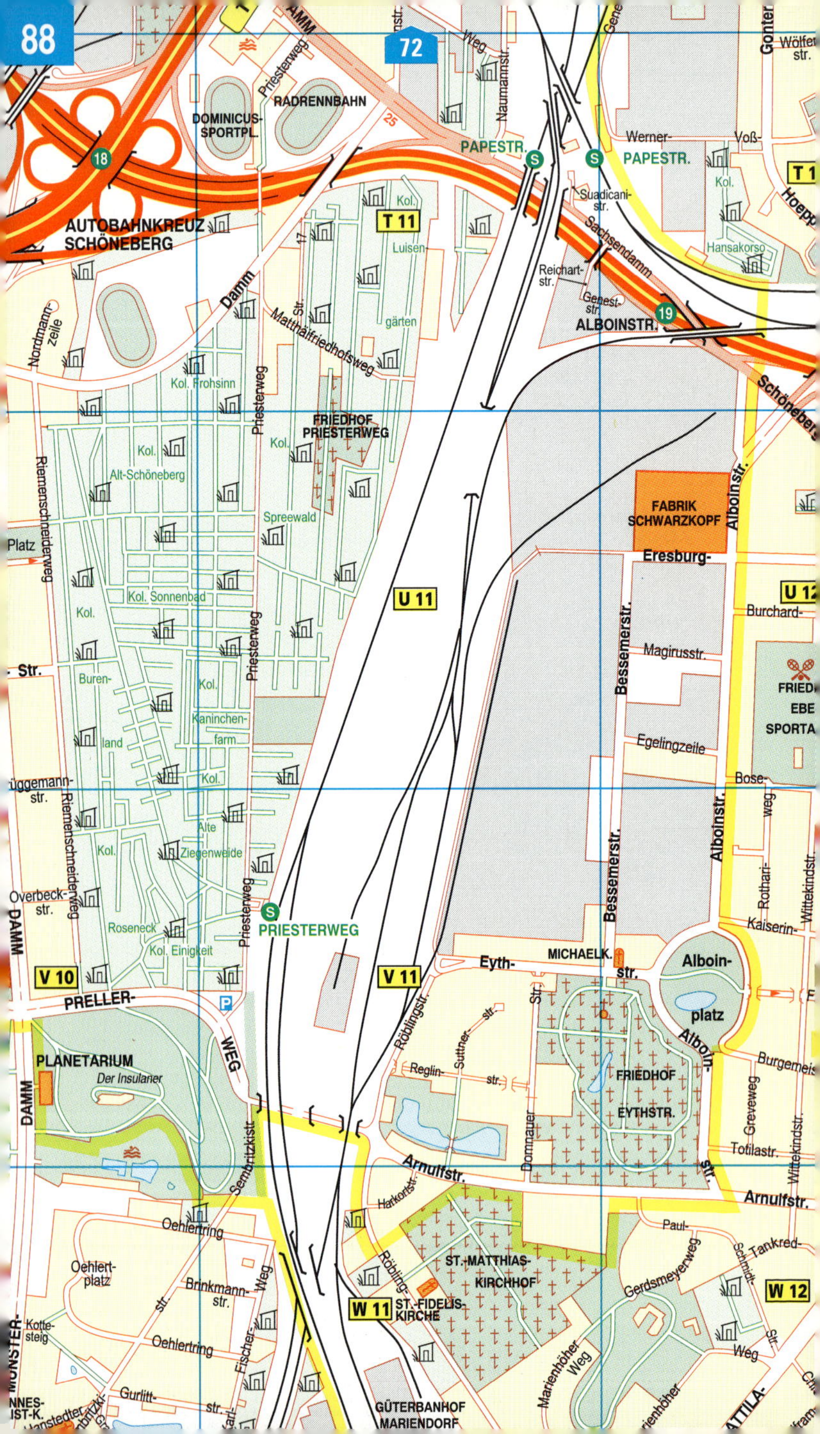
72
RADRENNBAHN
DOMINICUS-
SPORTPL.
Priesterweg
AUTOBAHNKREUZ
SCHÖNEBERG
18
25
PAPESTR.
PAPESTR.
Naumannstr.
Weg
Werner-
Voß-
Wölfert-
str.
Gonter
T 1
Hoepp
Kol.
Hansakorso
Suadicani-
str.
Sachsendamm
Reichart-
str.
Genest-
str.
ALBOINSTR.
19
Schöneberg
T 11
Kol.
Luisen-
gärten
Damm
Matthäifriedhofsweg
Str.
17
Nordmann-
zeile
Kol. Frohsinn
FRIEDHOF
PRIESTERWEG
Kol.
Kol.
Alt-Schöneberg
Spreewald
Riemenschneiderweg
Platz
Kol. Sonnenbad
Kol.
Str.
Buren-
land
Kol.
Kaninchen-
farm
Kol.
Alte
Ziegenweide
Kol.
Roseneck
Kol. Einigkeit
Priesterweg
Priesterweg
üggemann-
str.
Riemenschneiderweg
Overbeck-
str.
DAMM
V 10
PRELLER-
WEG
PRIESTERWEG
U 11
FABRIK
SCHWARZKOPF
Eresburg-
Alboinstr.
U 12
Burchard-
Bessemerstr.
Magirusstr.
FRIED
EBE
SPORTA
Egelingzeile
Bose-
weg
Alboinstr.
Bessemerstr.
Rothari-
Wittekindstr.
Kaiserin-
MICHAELK.
Eyth-
str.
Alboin-
platz
Alboin-
str.
V 11
Röblingstr.
Str.
Suttner-
str.
Reglin-
str.
FRIEDHOF
EYTHSTR.
Burgemeis
Greveweg
Totilastr.
Wittekindstr.
Domnauer
Arnulfstr.
Arnulfstr.
PLANETARIUM
Der Insulaner
DAMM
Sembritzkistr.
Harkortstr.
Oehlertring
Oehlert-
platz
Brinkmann-
str.
Weg
str.
Oehlertring
Fischer-
Kotte-
steig
MÜNSTER-
NNES-
IST-K.
Gurlitt-
str.
Röbling-
ST.-MATTHIAS-
KIRCHHOF
W 11
ST.-FIDELIS-
KIRCHE
GÜTERBAHNHOF
MARIENDORF
Paul-
Schmidt-
Tankred-
Gerdsmeyerweg
W 12
Str.
Weg
Marienhöher
Weg
ATTILA-

Map 89 — Tempelhof

Grid references: T 12, T 13, U 12, U 13, V 12, V 13, W 12, W 13

Adjacent map tiles: 73 (north), 89 (this sheet)

Districts / Named areas
- TEMPELHOF
- TEMPELHOFER DAMM
- ALT TEMPELHOF
- GÜTERBAHNHOF TEMPELHOF
- EHEM. REICHSPOSTZENTRALAMT
- FRIEDRICH-EBERT-SPORTANLAGE
- BOSEPARK
- LEHNE-PARK / ALTE DORFK.
- ALTER PARK
- FRANCKEPARK
- WENCKEBACH KRANKENHAUS
- HERZ-JESU-KIRCHE
- DORFKIRCHE
- GLAUBENSK.
- UFA FABRIK INTERNATIONALES KULTURCENTRUM
- BLOND'S ULLSTEIN HAUS
- Hafen Tempelhof
- Teltowkanal

Streets (selection)
- Wolfertstr., Gonter-, Manfred-von-Richthofen-Str., Boelcke-Str., Werner-Voß-Damm
- Hoeppnerstr., Rumey-, Echwegering, Leonhardy-, Kleine-, Thuy-, Wiesener-, Siegertweg, Kleinere-ring
- Tempelhofer Damm, Ringbahnstr., Schönebergerstr., Arenholzsteig
- Borussiastr., Sennockstr., Stolberg-, Berlinickeplatz, Podewilsstr., Neue-, Reinhardtplatz, Richtweg, Luise-Henriette-Str., Parkstr.
- Manteuffelstr., Gäßner-, Bose-, Blumenthal-, Albrecht-Str., Friedensplatz
- Götzstr., Felixstr., Germaniastr., Fuhrmannstr., Zastrastr., Kol. Feldblume, Templer Zeile
- Theodor-Francke-Str., Kaiserin-Augusta-Str., Augustastr., Wilhelmstr., Werderstr., Metzpl., Theodorstr.
- Friedrich-Wilhelm-Str., Burgemeisterstr., Renate-Privatstr., Totilastr., Friedrichstr., Attilaplatz, Karlstr., Kunigundenstr., Viktoriastr.
- Ottokarstr., Alarichstr., Konradin-, Alarichplatz, Attilagarten, Wolframstr., Stubenrauchbrücke, Ullsteinstr., Mariendorfer Damm
- Ordensmeisterstr., Lorenzo-, Colditzstr., Volkmarstr., Monopol-, Ord-

Route numbers
73, 89, 100, 20, 139, 25, 180, 96, 78

U-Bahn stations
- Tempelhof (S/U)
- Alt Tempelhof (U)
- Kaiserin-Augusta-Str. (U)
- Ullsteinstr. (U)

74
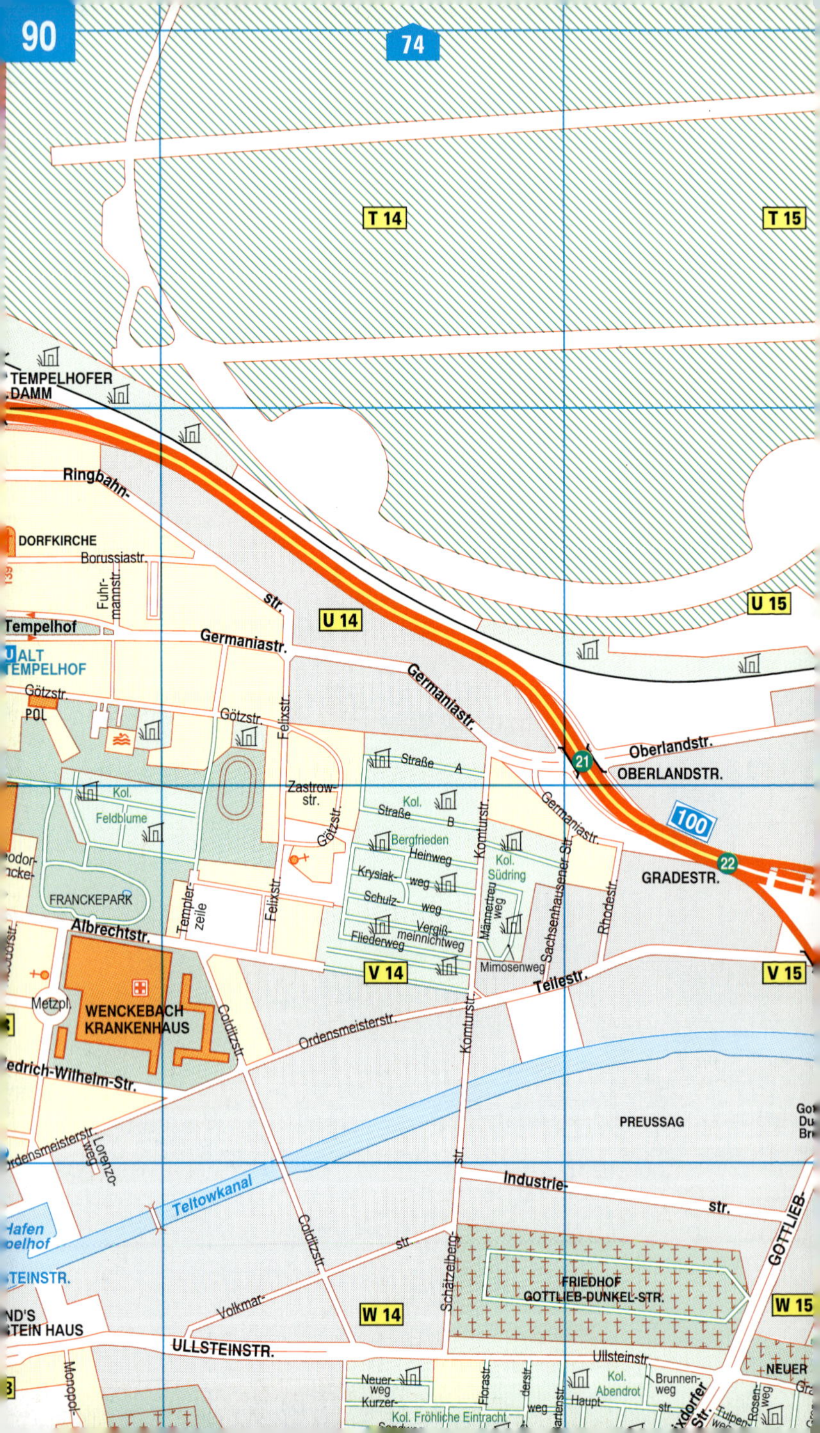
T 14
T 15
TEMPELHOFER DAMM
Ringbahn-str.
DORFKIRCHE
Borussiastr.
Fuhr-mannstr.
Tempelhof
ALT TEMPELHOF
U 14
U 15
Germaniastr.
Götzstr.
POL
Felixstr.
Oberlandstr.
OBERLANDSTR.
21
100
22
GRADESTR.
Zastrow-str.
Straße A
Kol. Straße B
Kol. Feldblume
Bergfrieden
Heinweg
Krysiak-weg
Schulz-weg
Vergiß-meinnichtweg
Fliederweg
Komturstr.
Kol. Südring
Männertreu weg
Mimosenweg
Sachsenhausener Str.
Rhodestr.
FRANCKEPARK
Templer-zeile
Albrechtstr.
V 14
V 15
Tellestr.
Metzpl.
WENCKEBACH KRANKENHAUS
Colditzstr.
Ordensmeisterstr.
Friedrich-Wilhelm-Str.
PREUSSAG
Lorenzo-weg
Teltowkanal
Industrie-str.
GOTTLIEB-
Hafen
STEINSTR.
FRIEDHOF GOTTLIEB-DUNKEL-STR.
Schätzelberg-str.
Volkmar-str.
W 14
W 15
ULLSTEINSTR.
Ullsteinstr.
Monopol-
Neuer-weg
Kurzer-
Florastr.
Haupt-
Kol. Abendrot
Brunnen-weg
Kol. Fröhliche Eintracht
Rosen-weg
Tulpen-weg
NEUER

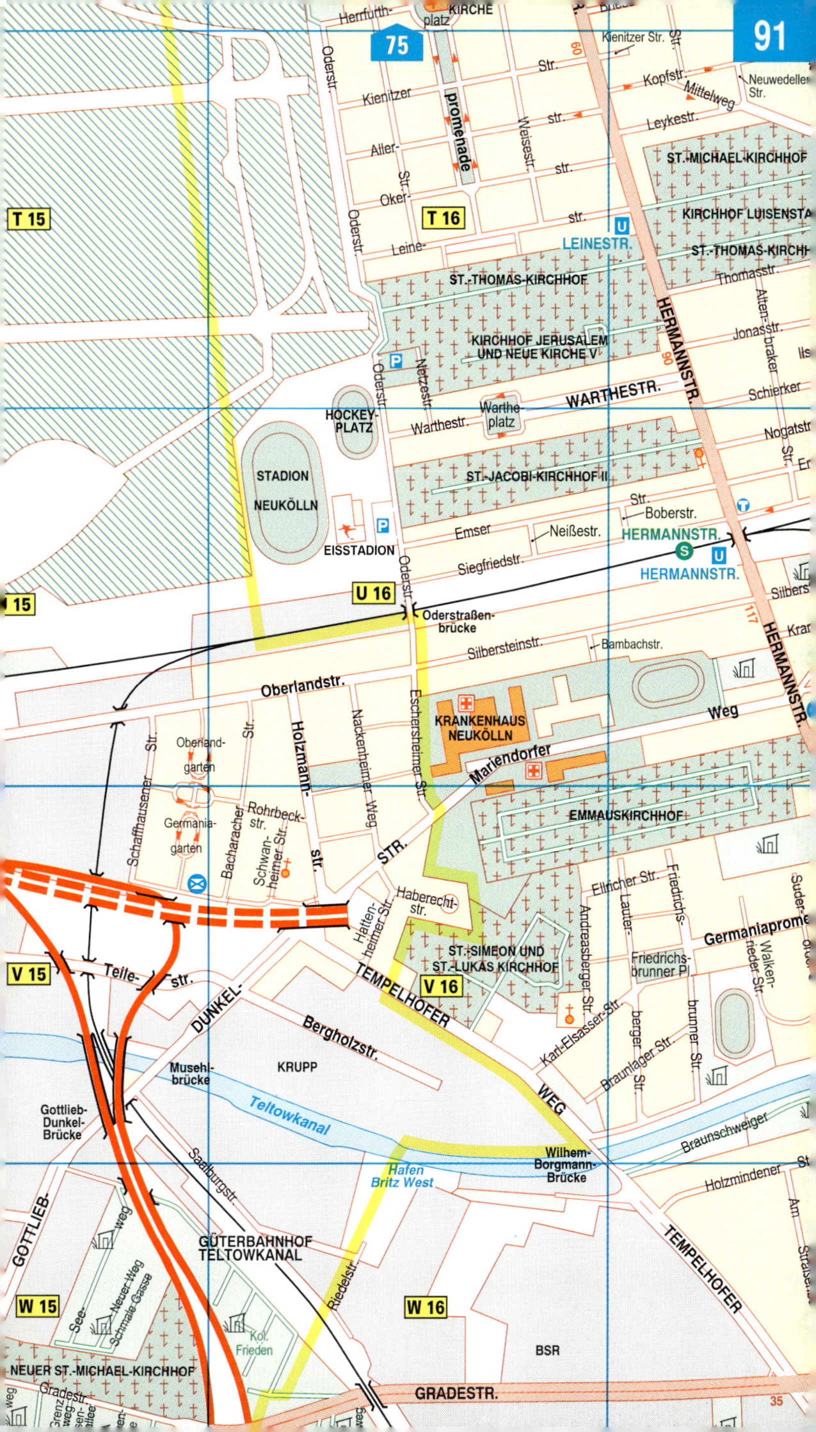
75
Herrfurth-
platz
KIRCHE
Kienitzer Str.
Neuwedeller Str.
Kopfstr.
Mittelweg
Leykestr.
Oderstr.
Kienitzer
promenade
Weisestr.
Aller-
str.
Oker-
Leine-
T 15
T 16
U
LEINESTR.
ST.-MICHAEL-KIRCHHOF
KIRCHHOF LUISENSTA
ST.-THOMAS-KIRCH
Thomasstr.
ST.-THOMAS-KIRCHHOF
KIRCHHOF JERUSALEM
UND NEUE KIRCHE V
HERMANNSTR.
Jonasstr.
Alten-braker
Schierker
Netzestr.
HOCKEY-
PLATZ
Warthe
platz
Warthestr.
WARTHESTR.
Nogatstr.
STADION
NEUKÖLLN
ST.-JACOBI-KIRCHHOF II
EISSTADION
Emser
Neißestr.
Boberstr.
HERMANNSTR.
HERMANNSTR.
Siegfriedstr.
U 16
15
Oderstraßen-
brücke
Silbersteinstr.
Bambachstr.
Oberlandstr.
KRANKENHAUS
NEUKÖLLN
Weg
Mariendorfer
Oberland-
garten
Holzmann-
str.
Nackenheimer Weg
Eschersheimer Str.
Schaffhausener Str.
Germania-
garten
Bacharacher Str.
Rohrbeck-
str.
Schwan-
heimer Str.
EMMAUSKIRCHHOF
STR.
Haberecht-
str.
Hattenheimer Str.
Ellricher Str.
Lauter-
Friedrichs-
Germaniapromen
Walken-
rieder Str.
ST.-SIMEON UND
ST.-LUKAS KIRCHHOF
V 15
V 16
Teile-
str.
DUNKEL-
TEMPELHOFER
WEG
Andreasberger Str.
Friedrichs-
brunner Pl.
Karl-Elsasser-Str.
Braunlager Str.
berger Str.
brunner Str.
Bergholzstr.
KRUPP
Musehl-
brücke
Teltowkanal
Gottlieb-
Dunkel-
Brücke
Braunschweiger
Wilhelm-
Borgmann-
Brücke
Hafen
Britz West
Holzmindener
Saalburgstr.
GOTTLIEB-
GÜTERBAHNHOF
TELTOWKANAL
TEMPELHOFER
W 15
W 16
Riedelstr.
Neuer Weg
Schmale Gasse
Kol.
Frieden
BSR
NEUER ST.-MICHAEL-KIRCHHOF
Gradestr.
GRADESTR.
60
90
117
35

76
Kienitzer Str.
Kopfstr.
Mittelweg
Neuwedeller Str.
Morusstr.
Bornsdorfer Str.
Saltykow-str.
KARL-MARX-STR.
NEUKÖLLNER OPER
Herrnhuter Weg
Uthmannstr.
Richardstr.
Gerlachsheimer Weg
Wanzlikpfad
Hertzbergstr.
Böhmische Str.
Leykestr.
Weisestr.
LESSING-HÖHE
THOMAS-HÖHE
ST.-MICHAEL-KIRCHHOF
KIRCHHOF LUISENSTADT II
ST.-THOMAS-KIRCHHOF
T 17
T 18
RIXDORF
Richardplatz
Karl-Marx-Pl.
LEINESTR.
Thomasstr.
Rübelandstr.
Jonasstr.
Wittmannsdorfer Str.
KÖRNERPARK
Schierker Str.
Schierker Platz
Nogatstr.
Kirchhofstr.
Wipperstr.
Schöneweider Str.
Kanner Str.
Braunschweiger Str.
Zeitzer Str.
Unstrutstr.
Saalestr.
KIRCHHOF JERUSALEM UND NEUE KIRCHE V
Altenbraker Str.
Ilsenhof
Ilsestr.
Selkestr.
WARTHESTR.
Warthe-platz
Emser Str.
Siegfriedstr.
NEUKÖLLN
JACOBI-KIRCHHOF II
GÜTERBAHNHOF NEUKÖLLN
Lahnstr.
NEUK
Boberstr.
Neißestr.
HERMANNSTR.
U 17
Eduard-Müller-Platz
Ringbahnstr.
Silbersteinstr.
Walterstr.
Naumburger Str.
U 18
Kranoldstr.
Kranoldplatz
Reinholdstr.
Edmundstr.
Bruno-Bauer-Str.
Bendastr.
Hertastr.
Bambachstr.
Delbrückstr.
Weg
Glasower Str.
GRENZALLEE
Julius-str.
Britzkestr.
Mariendorfer Weg
EMMAUSKIRCHHOF
BRITZER DAMM
Weder-str.
Bürger-str.
Mackenroder Weg
Priesterweg
Rungiusstr.
BUSCHKRUGALLEE
Ellricher Str.
Lauterberger Str.
Friedrichsbrunner Str.
Friedrichsbrunner Pl.
Andreasberger Str.
Germaniapromenade
Walkenrieder Str.
Suderoder Str.
Jahnstr.
V 17
V 18
FRIEDHOF BUSCHKRUGALLEE
MEON UND S.KIRCHHOF
Karl-Elsasser-Str.
Braunlager Str.
Rungius-Brücke
Britzer Brücke
BLUB
Braunschweiger Ufer
WEG
Wilhem-Borgmann-Brücke
POL
Straße 614
Körnerstr.
Holzmindener Str.
Wussowstr.
Franz-Str.
Hippelstr.
Kienheideweg
Am Michbruch
Pintschallee
Buschrosensteig
Buschrosenplatz
Hannemannstr.
TEMPELHOFER WEG
Am Straßenbahnhof
W 17
W 18
Riesestr.
Kolonie Blaschkotal
BSR
BRITZ
GRADESTR.
BLASCHKOALLEE
Pätzer Str.
Onkel-Bräsig-Str.
Britz

93

77

T 19
Sonnenbrücke

SONNENALLEE
Siegfried-Aufhäuser-Platz

T 20

SONNENALLEE

DAMMWEG

KÖLLNISCHE HEIDE

Krebsgang

Neuköllnische Brücke

LAHNSTR.

NEUKÖLLNISCHE ALLEE

Kol. Steinreich

Venusplatz

VON-DER-SCHULENBURG-PARK

NEUKÖLLN

Oberhafen

Unterhafen

U 19

Delphinstr.
Siriusstr.
Planetenstr.

Neuköllnische

Kol. Volksgarden

U 20

Grenzalleebrücke

GRENZALLEE

Berghsstr.
Willstätter Str.

Allee

Jupiterstr.

ZALLEE

Neuköllner Schiffahrtskanal

Straße 12

Haberstr.

Schmalenbach

NEUKÖLLNISCH

ALLEE

Woermannkehre

Berghsstr.

Nobelstr.

Nobelstr.

Sieversufer

Britzer Hafensteg

Sieversufer

Hafen Britz Ost

V 19

Britzer Zweigkanal

V 20

Buschkrugbrücke

Delfter Ufer

179

Kol. Harmonie
Str. 17
Kirschallee

Haarlemer Str.

Kol. Holunderbusch

Str. 21

Zaandamer Str.

Scheveninger Str.

Kol. Kuckucksheim

Teltowkanal

enheideweg
Am Mickelbruch
str.

Marientaler Str.

Leidener Str.

Haarlemer Str.

W 19
Kolonie Buschkrug

Str. 20

Kol. Lercenhöh
Straße 4

W 20

PARK AM BUSCHKRUG

BUSCHKRUGALLEE

Tilburger Str.

Spathstr.

ALLEE

ASCHKO

94

TREPTOW / BAUMSCHULENWEG

Grid references: T 20, T 21, U 20, U 21, V 20, V 21, W 20, W 21

Streets and places:

- Aronsstr.
- Nernsweg
- Kol. Treue Seele
- Kol. Freizeit
- Kol. Einsamkeit
- Kol. Vogelsang
- Dammweg
- Holzstr.
- Mississipi Str.
- Erich-Lodemann-Str.
- Eichbuschallee
- Landstr.
- Platanenweg
- Kiefholzstr.
- Kol. zur Linde
- Schöntaler Weg
- Mosisc...
- Sonnenallee
- Kol. Steinreich
- Zwillingestr.
- Delphinstr.
- Neuköllnische Allee
- Planetenstr.
- Einhornstr.
- Steinbockstr.
- Widderstr.
- Siriusstr.
- Venusplatz
- Krebsgang
- Planetenstr.
- Wegastr.
- Ribezahl...
- Drosselbartstr.
- Gretelstr.
- Hänselstr.
- Heidekampweg
- Kiefholzstr.
- KÖLLNISCHE HEIDE
- VON-DER-SCHULENBURG-PARK
- Kol. Volksgarden
- Jupiterstr.
- Heinrich-Schlusnus-Str.
- Leo-Slezak-Str.
- Michael-...
- Peter-Anders-Str.
- Joseph-Schmidt-Str.
- Fritzi-Massary-Str.
- Bonner Ring
- Heidekampgraben
- SONNENALLEE
- BAUMSCHULENWEG
- Rinkartstr.
- ST.-ANNA-KIRCHE
- Bodelschwinghstr.
- Möricke...
- Frauenlobstr.
- Wohlgemuthstr.
- Schraderstr.
- Heidekampweg
- Dornbrunner...
- Hallbergerzeile
- Südostallee
- Schmalenbachstr.
- Boschstr.
- Haberweg
- Nobelstr.
- Kol. Mariental 2
- Forsthausallee
- Kol. Mariengrund
- Baumschulenbrücke
- Kol. Teltowkanal I
- ...weigkanal
- Str. 17
- Str. 19
- Str. 21
- Str. 20
- Str. 11
- Kol. Holunder-Busch
- Kol. Harmonie
- Kirschallee
- Kol. Lercenhöhe
- Birtler...
- Spätstr.
- Baumschulenstr.
- Kol. Waldesgrund
- Kol. Süpol
- ARBORETUM
- Königsheideweg
- BAUMSCHULE
- Straße 4
- Snäthstr.
- Alpen...
- Königshfst.

Map 95

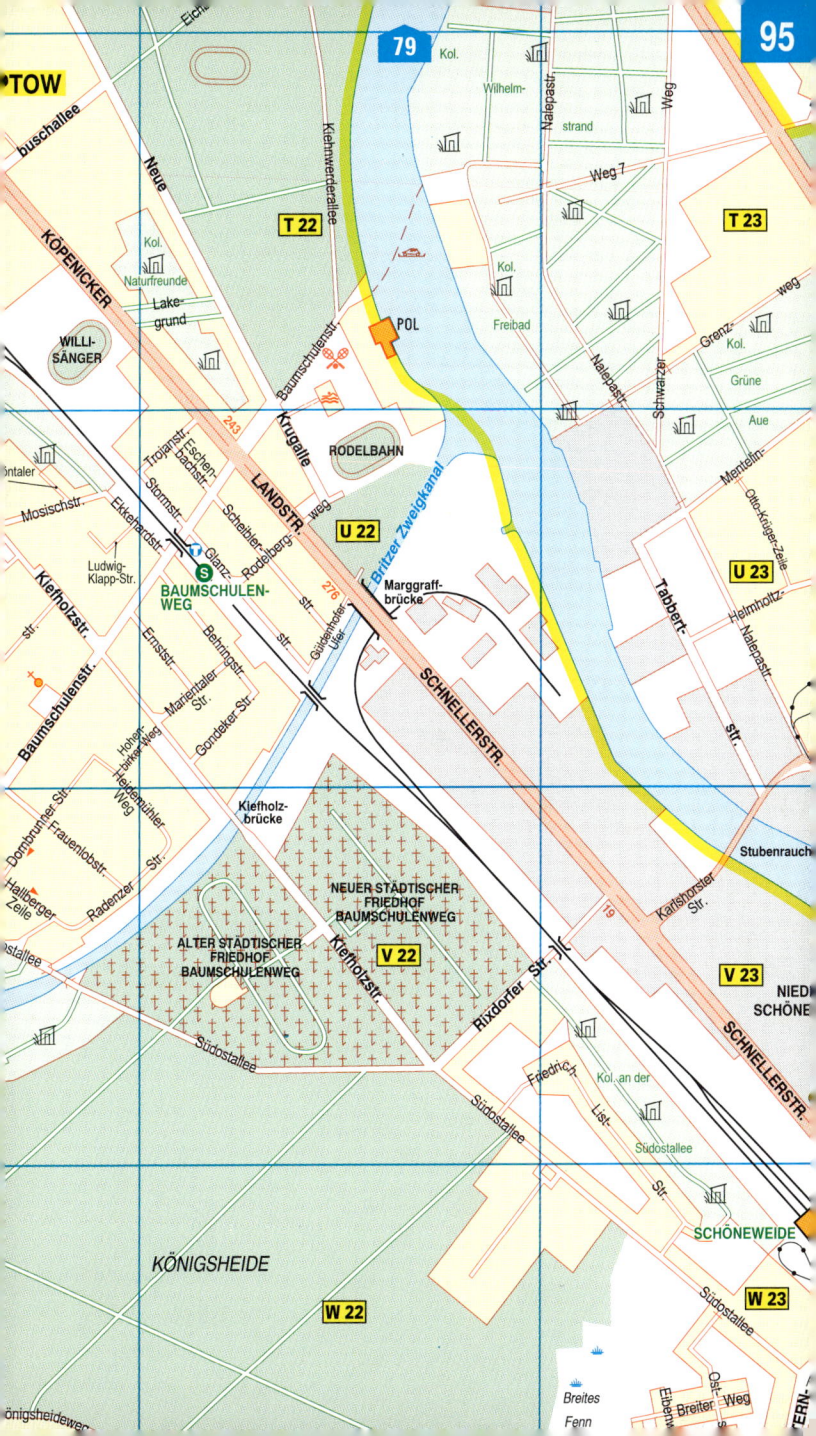

Grid references: T 22, T 23, U 22, U 23, V 22, V 23, W 22, W 23

Labels (top to bottom, left to right):

- TOW
- buschallee
- Eich...
- 79
- Kol.
- Wilhelmstrand
- Neue
- Nieder...
- Weg 7
- KÖPENICKER
- Kol. Naturfreunde
- Lakegrund
- Klehnwerderallee
- WILLI-SÄNGER
- Kol.
- Freibad
- Nalepastr.
- Grenzweg
- Kol.
- Grüne Aue
- Baumschulenstr.
- POL
- Schwarzer Weg
- Mentelin-
- Otto-Krüger-Zeile
- ...ontaler
- Mosisstr.
- Ekkehardstr.
- Trojanstr. Eschenbachstr.
- Sternstr.
- Scheibler-
- Roddbergstr.
- Krugallee
- LAND-STR.
- 243
- RODELBAHN
- Britzer Zweigkanal
- Ludwig-Klapp-Str.
- Glanz-str.
- BAUMSCHULENWEG
- 276
- Marggraff-brücke
- Tabbert-
- Helmholtzstr.
- Nalepastr.
- Kiefholzstr.
- Ernststr.
- Behringstr.
- Gondeker Str.
- Güterhofer Ufer
- SCHNELLERSTR.
- Marienfelder Str.
- Hoher Heidebühler Weg
- Kiefholz-brücke
- Baumschulenstr.
- Dornbrunner Str.
- Frauenlobstr.
- Hallberger Zelle
- Radenzer Str.
- NEUER STÄDTISCHER FRIEDHOF BAUMSCHULENWEG
- ALTER STÄDTISCHER FRIEDHOF BAUMSCHULENWEG
- Kiefholzstr.
- V 22
- Stubenrauch-
- Karlshorster Str.
- 96
- NIEDER SCHÖNE
- ...allee
- Südostallee
- Rixdorfer Str.
- Friedrich-
- Kol. an der Südostallee
- -str.
- SCHÖNEWEIDE
- KÖNIGSHEIDE
- Südostallee
- ...önigsheideweg
- Breites Fenn
- Elbenweg
- Breiter Weg
- Ost-
- ERN-

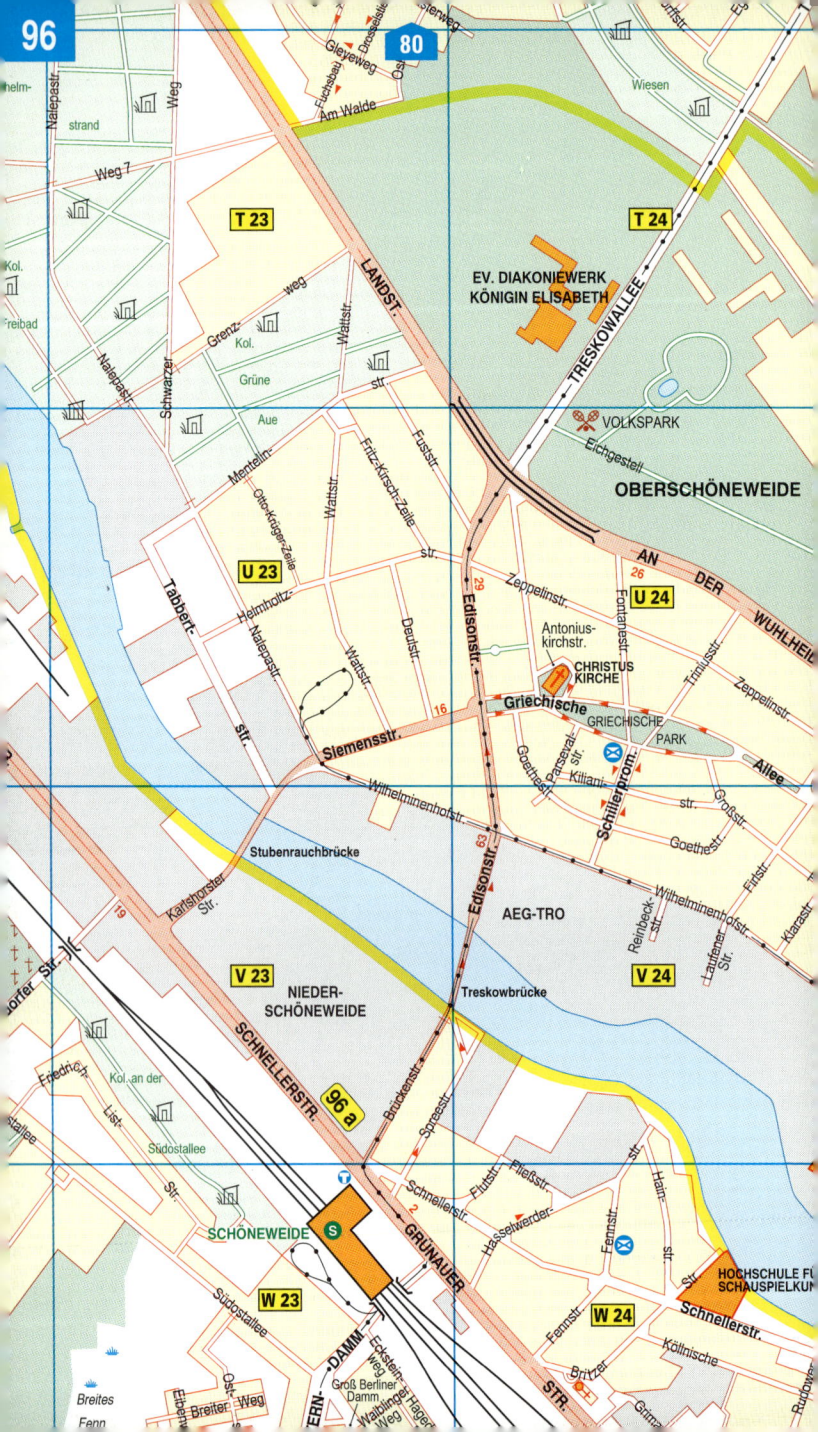

96

80

T 23 | **T 24**

EV. DIAKONIEWERK
KÖNIGIN ELISABETH

VOLKSPARK

OBERSCHÖNEWEIDE

AN DER WUHLHEIDE

U 23 | **U 24**

Zeppelinstr.
Antonius-
kirchstr.
CHRISTUS
KIRCHE
Griechische GRIECHISCHE
PARK
Siemensstr. Allee

Wilhelminenhofstr.

Stubenrauchbrücke

AEG-TRO

Wilhelminenhofstr.

V 23 | **V 24**

NIEDER-
SCHÖNEWEIDE

Treskowbrücke

SCHNELLERSTR.

96 a

SCHÖNEWEIDE

HOCHSCHULE F.
SCHAUSPIELKUNST

W 23 | **W 24**

GRÜNAUER STR.

Schnellerstr.

Breites
Fenn

81 **97**

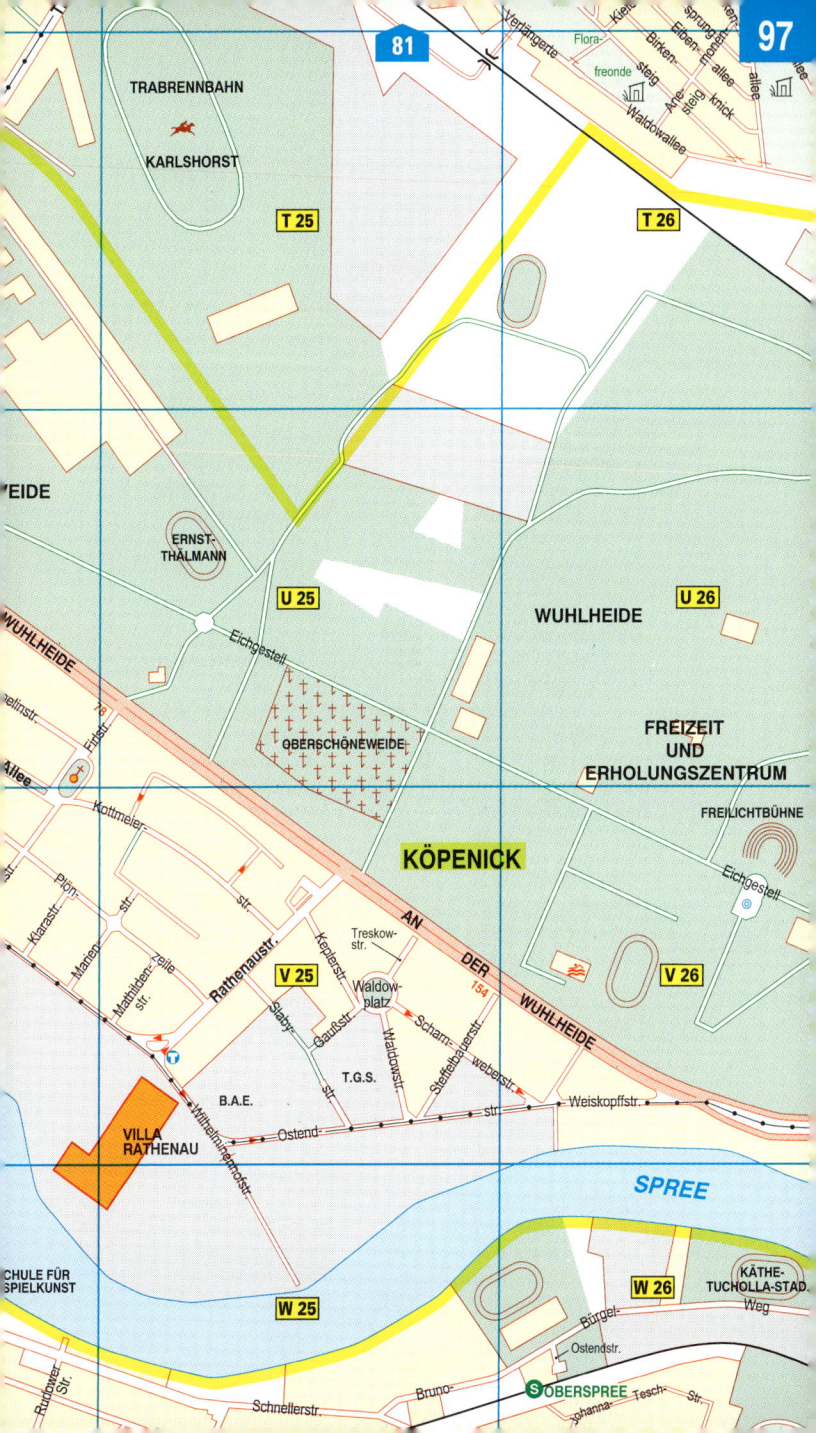

Verlängerte
Flora- Kiets- sprung-
freunde Birken- Eichen- allee
steg allee Eiden-knick
Waldowallee

TRABRENNBAHN KARLSHORST

T 25 **T 26**

ERNST-
THÄLMANN

U 25 WUHLHEIDE **U 26**

Eichgestell

WUHLHEIDE

OBERSCHÖNEWEIDE

FREIZEIT
UND
ERHOLUNGSZENTRUM

Kottmeier FREILICHTBÜHNE
str.
Eichgestell
KÖPENICK

Klarastr. Marten- Plön- Fritsstr. Treskow-
str. str. Rathenaustr. str.
Mathilden- **V 25** Waldow- **V 26**
str. Saby- platz 154
Gautstr. Waldow- Scharn- Steffen-
str. hauer- hauer-
B.A.E. T.G.S. str. weber-str.
VILLA Ostend- Weiskopfstr.
RATHENAU Wilhelminenhofstr. str.

SPREE

SCHULE FÜR **W 26** KÄTHE-
SPIELKUNST TUCHOLLA-STAD.
W 25 Bürgel-Weg
Rudower Ostendstr.
Str. Schnellerstr. Bruno- **OBERSPREE** Tesch-
Johanna str.

ZEICHENERKLÄRUNG

Verkehrswege
- Autobahn und Nr. der Ausfahrt
- Schnellstraße
- Straße mit getrennten Fahrbahnen
- Hauptverkehrsstraßen
- Straße im Bau
  (ggf. voraussichtliches Datum der Verkehrsfreigabe)
- Fußgängerzone
- Verkehrsberuhigte Zone
- Straße gesperrt oder nicht befahrbar
- Einbahnstraße
- Treppenstraße - Steg
- Gewölbedurchgang - Tunnel

Gebäude
- Bemerkenswertes Gebäude
- Öffentliche Gebäude
- Kirche - Kapelle
- Evangelische Kirche - Synagoge - Moschee
- Polizeirevier - Theater
- Informationsstelle - Postamt
- Rathaus - Krankenhaus, gr. Klinik
- Einkaufszentrum - Markthalle
- Gewerbegebiet

Verkehrsmittel
- Bahnlinie - Straßenbahn
- Metrostation - Größerer Parkplatz
- Autobusbahnhof - Taxistation

Sport, Freizeit
- Stadion - Turn-, Sporthalle
- Schwimmbad - Eisbahn
- Pferderennbahn - Tennisplatz

Verschiedene Zeichen
- Denkmal - Brunnen
- Friedhof - Kolonie
- Aussichtspunkt - Rundblick
- Hausnummer
- Straßenreferenz-Nr. (s. Straßenverzeichnis Nr. 33)
- Naturschutzgebiet - Verwaltungsgrenzen
- Nr. des Planquadrats

LÉGENDE

Voirie
- Autoroute et sortie numérotée
- Double chaussée de type autoroutier
- Chaussées séparées
- Principaux itinéraires
- Voie en construction
  (le cas échéant : date de mise en service prévue)
- Voie piétonne
- Zone à circulation réglementée
- Rue interdite ou impraticable
- Rue à sens unique
- Escalier - Passerelle
- Passage sous voûte - Tunnel

Bâtiments
- Édifice remarquable
- Principaux bâtiments publics
- Église - Chapelle
- Temple - Synagogue - Mosquée
- Police - Théâtre
- Office de tourisme - Bureau de poste
- Hôtel de ville - Hôpital, principale clinique
- Centre commercial - Marché couvert
- Zone industrielle

Transports
- Voie ferrée - Tramway
- Station de Métro - Principaux parkings
- Gare routière - Station de taxi

Sports et Loisirs
- Stade - Gymnase
- Piscine - Patinoire
- Hippodrome - Tennis

Signes divers
- Monument - Fontaine
- Cimetière - Jardins familiaux
- Point de vue - Panorama
- Numéro d'immeuble
- Voie dénommée dans le répertoire n° 33
- Réserve naturelle - Limites administratives
- Repère du carroyage

KEY | VERKLARING VAN DE TEKENS

Roads | Wegen

Motorway with numbered junctions	Autosnelweg en afritnummers
Dual carriageway with motorway characteristics	Gescheidenrijbanen van het type autosnelweg
Dual carriageway	Gescheiden rijbanen
Main traffic artery	Hoofdstraten
Street under construction (when available: scheduled opening date)	Weg in aanleg (indien van toepassing: datum openstelling)
Pedestrian street	Voetgangersgebied
Area subject to restrictions	Beperkt opengestelde zone
No entry or unsuitable for traffic	Verboden weg of voetgangersgebied
One-way street	Eenrichtingsverkeer
Stepped street - Footbridge	Trapsgewijs aangelegde straat - Voetgangersbrug
Arch - Tunnel	Onderdoorgang - Tunnel

Buildings | Gebouwen

Interesting building	Bijzonder gebouw
Main public buildings	Belangrijkste openbare gebouwen
Church - Chapel	Kerk - Kapel
Protestant church - Synagogue - Mosque	Protestantse kerk - Synagoge - Moskee
Police - Theatre	Politie - Schouwburg
Tourist information centre - Post office	Informatie voor toeristen - Postkantoor
Town Hall - Hospital, important clinic	Stadhuis - Ziekenhuis, belangrijkste kliniek
Shopping centre - Indoor market	Winkelcentrum - Overdekte markt
Industrial estate	Industriezone

Transport | Transport

Railway - Tramway	Spoorweg - Tramway
Metro station - Main car parks	Metrostation - Belangrijkste parkeerterreinen
Bus station - Taxi rank	Busstation - Taxistandplaatsen

Sports and Recreation | Sport en vrije tijd

Stadium - Gymnasium	Stadion - Sporthal
Swimming pool - Skating rink	Zwembad - IJsbaan
Racecourse - Tennis courts	Renbaan - Tennis

Other symbols | Overige tekens

Monument - Fountain	Gedenkteken - Fontein
Cemetery - Family allotments	Begraafplaats - Volkstuinen
Viewpoint - Panoramic view	Uitzichtpunt - Panorama
House number in street	Huisnummer
Street listed in index no 33	Straat opgenomen in register nr. 33
Nature reserve - Administrative boundaries	Natuurreservaat - Administratieve grenzen
Map grid references	Letters die het graadnet aanduiden

LEGENDA / SIGNOS CONVENCIONALES

Viabilità / Vías de circulación

Autostrada e svincolo numerato	Autopista y número de salida
Doppia carreggiata di tipo autostradale	Autovía
Carreggiate separate	Calle con calzadas separadas
Principali itinerari	Arterias principales
Strada in costruzione (data di apertura prevista, all'occorrenza)	Calle en construcción (en su caso: fecha prévista de entrada en servicio)
Strada pedonale	Calle peatonal
Zone a traffico limitato	Zona de uso restringido
Strada ad accesso vietato o impraticabile	Circulación prohibida, impracticable
Strada a senso unico	Calle de sentido único
Scalinata - Passerella	Escalera - Pasarela
Sottopassaggio - Galleria	Pasaje cubierto - Túnel

Edifici / Edificios

Edificio di un certo interesse	Edificio relevante
Principali edifici pubblici	Principales edificios públicos
Chiesa - Cappella	Iglesia - Capilla
Tempio - Sinagoga - Moschea	Culto protestante - Sinagoga - Mezquita
Polizia - Teatro	Policía - Teatro
Ufficio Turistico - Ufficio postale	Oficina de Información de Turismo - Oficina de Correos
Municipio - Ospedale, principale clinica	Ayuntamiento - Hospital, principal clínica
Centro commerciale - Mercato coperto	Centro comercial - Mercado cubierto
Area industriale	Polígono industrial

Trasporti / Transportes

Ferrovia - Tramvia	Ferrocarril - Tranvía
Stazione della Metro - Principali parcheggi	Estación de Metro - Aparcamientos
Stazione per autobus - Posteggio di taxi	Estación de autobuses - Paradas de taxis

Sport e Tempo libero / Deportes y ocio

Stadio - Palestra	Estadio - Gimnasio
Piscina - Pista di pattinaggio	Piscina - Pista de patinaje
Ippodromo - Tennis	Hipódromo - Tenis

Simboli vari / Ostros signos

Monumento - Fontana	Monumento - Fuente
Cimitero - Orto	Cementerio - Jardines privados
Vista - Panorama	Vista parcial - panorámica
Numero civico	Número del edificio
Strada citata nell'indice delle vie n° 33	Calle citada en el índice n° 33
Riserva naturale - Limiti amministrativi	Reserva natural - Límites administrativos
Riferimento alla pianta	Clave de la cuadrícula

Straßenname		Straatnaam
Nom de la rue	Kantstr.	*Nome della via*
Street		Nombre de la calle

Koordinatenangabe auf dem Plan		Verwijzing naar het vak op de plattegrond
Renvoi au carroyage sur le plan	M6, M9	Rinvio alle coordinate sulla pianta
Map grid reference		Coordenadas en el plano

Straße, die im Plan durch eine Nummer bezeichnet ist (Siehe Register S. 149)		Genummerde straat op de plattegrond (zie de aparte lijst blz. 149)
Rue indiquée par un numéro sur le plan (Voir index p. 149)	= 14	Strade contraddistinte da un numero sulla pianta (Vedere indice p. 149)
Street indicated by a number on the plan (See index p. 149)		*Calle localizada por un número en el plano (Ver índice p. 149)*

A

Name	Stadtplan Nr.	Planquadrat
Aachener Str.	70	**S7-S8**
Aalesunderstr.	26	**E15**
Abbestr.	54	**L8-K8**
Achtermannstr.	11	**B16-A17**
Ackerstr.	25	**G13-J14**
Adalbertstr.	59	**N16-M16**
Adenauerplatz	53	**N7**
Admiralbrücke	75	**P15-P16**
Admiralstr.	59	**P16-N16**
Adolf-Scheidt-Platz	73	**S12-S13**
Adolfstr. (Stegl)	86	**W8**
Adolfstr. (Wed)	24	**F12**
Aegirstr.	9	**D12**
Afrikanische Str.	6	**D9-F10**
Agavensteig	81	**S26-T26**
Agricolastr.	38	**K9**
Ahlbecker Str.	27	**F16-G16**
Ahornallee (Char)	51	**L4-K4**
Ahornallee (Tierg)	40	**K11-L11**
Ahornsteig	56	**L11-L12**
Ahornstr. (Schö)	55	**N10**
Ahornstr. (Stegl)	86	**V8**
Ahornweg	17	**B25-A25**
Ahrensfelder Chaussee	17	**C26**
Ahrenshooper Str.	15	**C22-C23**
Ahrweilerstr.	86	**T8-U8**
Aidastr.	12	**C17**
Akazienallee	35	**K3-K4**
Akazienstr.	72	**R10-R11**
Akazienweg	17	**B25-A25**
Alarichplatz	89	**W12**
Alarichstr.	89	**W12**
Albert-Hößler-Str.	63	**M21-L21**
Albert-Schweitzer-Platz	75	**R16**
Albertinenstr.	29	**F19-E19**
Albertstr.	72	**R10-S11**
Albestr.	86	**T8-T9**
Alboinplatz	88	**V12**
Alboinstr.	88	**W12-U12**
Albrecht-Achilles-Str.	53	**P6-N6**
Albrecht-Thaer-Weg	85	**U6**
Albrechtstr. (Mitte)	41	**J13-K13**
Albrechtstr. (Stegl)	86	**V8-W9**
Albrechtstr. (Temp)	89	**V12-V14**
Alemannenallee	51	**M3**
Alexanderplatz	43	**K15-K16**
Alexanderstr.	43	**K16-L16**
Alexanderufer	41	**J12**
Alexandrinenstr.	58	**N14-M15**
Alfred-Döblin-Platz	59	**M15-M16**
Alfred-Jung-Str.	46	**J20-K21**
Alfred-Kowalke-Str.	64	**M24**
Alfredstr.	63	**L22**
Allee der Kosmonauten	48	**K23-J26**
Allée du Stade	21	**E7-F7**
Allée Saint Exupéry	5	**C6**
Allendolferweg	48	**H24**
Allerstr.	91	**T16**
Almstadtstr.	42	**J15**
Alpenrosenweg	94	**W21**
Alpnacher Weg	13	**C18**
Alsenstr.	86	**V8-U9**
Alt Biesdorf	65	**M26**
Alt Tempelhof	89	**U13**
Alt Treptow	78	**R21**
Alt-Britz	92	**W18**
Alt-Friedrichsfelde	64	**L23-M26**
Alt-Lietzow	37	**K7**
Alt-Moabit	38	**J8-K12**
Alt-Reinickendorf	7	**B10-B11**
Alt-Stralau	78	**P20**
Alte Allee	67	**P3**
Alte Jacobstr.	58	**N14-L15**
Alte Potsdamer Str.	57	**M12**
Alte Rhinstr.	48	**H24**
Alte Schönhauser Str.	42	**J15**
Altenbrakerstr.	92	**T17-U17**
Altenescher Weg	29	**G19**
Altenhofer Str.	46	**H21**
Altensteinstr.	84	**W6-V5**
Alter Park	89	**V13-U13**
Althoffplatz	86	**V9**
Althoffstr.	86	**V8-V9**
Altmarktstr.	87	**V10**
Altonaer Str.	39	**K9-L10**
Alvenslebenstr.	72	**P11**
Am Anger	84	**W5**
Am Bäkequell	85	**W7**
Am Bahnhof Grunewald	67	**R3**
Am Bahnhof Westend	36	**K5**
Am Berl	15	**B22-B23**
Am Berlin Musem	58	**N14**
Am Breiten Luch	16	**C23-D24**
Am Bürgerpark	9	**B13-C14**
Am Comeniusplatz	61	**L18**
Am Containerbahnhof	62	**L21**
Am der Mäckeritzbrücke	19	**E3-F4**
Am Doggelhof	6	**C8**
Am Dornbusch	51	**N4**
Am Erlenbusch	85	**U6**
Am Falkplatz	26	**F15**
Am Faulen See	31	**D22-F22**
Am Festungsgraben = 8	42	**K14**
Am Fichtenberg	85	**W7**
Am Fliederbuch	51	**P3-N4**
Am Friedrichshain	43	**J16-J17**
Am Fuchspaß	82	**W2**
Am Graben	13	**B19-B20**
Am Günterbahnhof	68	**P5**
Am Hegenwinkel	82	**W2-W3**
Am Heidebusch	21	**G6**
Am Heimenstein	13	**B20**
Am Hirschsprung	84	**V5**
Am Iderfenngraben	9	**A13**
Am Johannistisch	74	**P14**
Am Karlsbad	56	**M12-N12**

103

Name	Stadtplan Nr.	Planquadrat
Am Köllnischen Park	59	**L16**
Am Kupfergraben	41	**K14**
Am Lappjagen	83	**W3**
Am Laubwald	19	**F3**
Am Lustgarten	42	**K14**
Am Mickelbruch	92	**W18**
Am Mühlenberg	71	**R9**
Am Nordbahnhof	41	**H13**
Am Nordhafen	24	**G11**
Am Nußbaum	42	**K15**
Am Oberbaum	60	**N18**
Am Oberhafen	93	**U18**
Am Ostbahnhof	60	**L17-M17**
Am Plänterwald	78	**S20-S21**
Am Rathaus	71	**R10**
Am Rudolfplatz	61	**N19**
Am Schafersee	8	**D11**
Am Schillertheater	54	**L8**
Am Schloßpark	10	**A15-B15**
Am Schloßpark	10	**B15**
Am Schmeding	49	**H26-G26**
Am Schülerheim	83	**V4**
Am Speicher	78	**P20**
Am Spreebord	37	**K7**
Am Stadtpark	46	**K21**
Am Stand	8	**B11**
Am Steinberg	28	**E17-D18**
Am Straßenbahnhof	92	**W17**
Am Tempelhofer Berg	73	**R13**
Am Tierpark	64	**M24-P25**
Am Treptower Park	77	**P19-S20**
Am Vogelherd	51	**P3-N3**
Am Volkspark	70	**R8-S9**
Am Walde	96	**T23**
Am Waldfriedhof	83	**W3**
Am Wasserturm	12	**C17**
Am Wasserwerk	47	**H22-J22**
Am Weidendamm	41	**K13-K14**
Am Weihenhorst	80	**S23**
Am Wieselbau	82	**W2**
Am Wriezener Bahnhof	60	**L17-L18**
Am Zeughaus = 11	42	**K14**
Am Zirkus	41	**K13**
Amalienpark	11	**B15**
Amalienstr.	13	**D18-E19**
Ambrustweg	8	**B11-B12**
Amendestr.	8	**C11-B12**
Amerische Str.	24	**E11**
Amrumer Str.	23	**F10-G10**
Amselstr.	84	**U5**
Amsterdamer Str.	24	**F11-E11**
Amtsgerichtsplatz	52	**M6**
An den Treptowers	77	**P19**
An der Apostolkirche	56	**N11**
An der Brauerei	44	**J18**
An der Eichen	81	**S26**
An der Fließwiese	34	**K1-J1**
An der Industriebahn	13	**D19**
An der Kolonnade	57	**L13**
An der Koppel	7	**B9**
An der Michaelbrücke	59	**L16**
An der Schillingbrücke	60	**M17**
An der Spandauer Brücke	42	**K15**
An der Trainierbahn	81	**S25**
An der Urania	55	**N10**
An der Wuhlheide	96	**U24-V26**
Andernacher Str.	81	**S25**
Anderplatz	34	**K1**
Andersenstr.	26	**E15**
Andreas-Hofer-Platz	10	**D15**
Andreasberger Str.	91	**V16**
Andreasstr.	60	**L17-K17**
Anemonensteig	97	**T26**
Anemonenweg	12	**A17**
Angermünder Str.	42	**J15**
Anhalter Str.	57	**M13**
Anklamer Str.	41	**H14**
Anna-Ebermann-Str.	32	**E23-E24**
Annemariestr.	31	**F22-E22**
Annenstr.	59	**L15-M16**
Ansbacher Str.	55	**P9-M10**
Anton-Saefkow-Platz	46	**J20**
Anton-Saefkow-Str.	28	**G17-H18**
Antonienstr.	5	**C7-B7**
Antoniuskirchstr.	96	**U24**
Antonplatz	29	**F18**
Antonstr.	24	**F11**
Antwerpener Str.	23	**F10**
Anzengruberstr.	76	**S17-S18**
Apeldoorner Str.	71	**S9**
Apostel-Paulus-Str.	71	**R10**
Arberstr.	81	**R25-P25**
Arboretum	94	**W20-W21**
Archenholdstr.	64	**N23-M23**
Archibaldweg	63	**N21-M22**
Archivstr.	84	**V5-U6**
Arcostr.	37	**K7**
Arendsweg	31	**G23-H23**
Arenholzsteig	89	**U12**
Argentinische Allee	82	**W2-W4**
Aristotelessteig	80	**P24**
Arkonaplatz	26	**G14-G15**
Arkonastr.	11	**C16**
Arminiusstr.	39	**J9**
Arnallee	84	**W5-V6**
Arnimplatz	26	**E15**
Arnimstr.	32	**D24-E24**
Arno-Holz-Str.	85	**V7**
Arnold-Schönberg-Platz	29	**F19**
Arnold-Zweig-Str.	11	**D16**
Arnswalder Platz	44	**H17**
Arnulfstr.	88	**V11-W12**
Aronsstr.	93	**T19-S20**
Aroser Allee	7	**B10-D11**
Arthur-Weisbrodt-Str.	45	**J19**
Arysallee	50	**L2**
Aschaffenburger Str.	71	**P9-R9**
Ascheberger Weg	3	**B4-B5**
Asgardstr.	12	**A17**
Askanischer Platz	57	**M13**
Aßmannshauser Str.	69	**S7-T7**
Attenburger Allee	35	**K3**

Name	Stadtplan Nr.	Planquadrat
Attendomer Weg	4	**B5**
Attila Str.	88	**W12**
Attilagarten	89	**W12**
Attilaplatz	89	**W12**
Atzpodienstr.	63	**L22-K22**
Auerbacher Str.	67	**R3**
Auerstr.	44	**K18**
Auf dem Grat	83	**W4**
Augsburger Str.	54	**N9**
Augustastr.	31	**F21-E21**
Auguste-Viktoria-Allee	5	**B7-C9**
Auguste-Viktoria-Str.	68	**S5-P5**
Auguststr.	41	**J13-J15**
Avenue Jean-Mermoz	5	**C6**
Axel-Springer-Str.	58	**M14**
Axenstr.	13	**B19-C19**

B

Name	Stadtplan Nr.	Planquadrat
Babelsberger Str.	71	**R9-S9**
Bacharacher Str.	91	**V16-U16**
Bachestr.	86	**T8**
Bachstelzenweg	84	**V5**
Bachstr.	55	**L9-K9**
Badenallee	51	**L3-M3**
Badener Ring	73	**S12-S13**
Badensche Str.	70	**R8-R10**
Badstr.	25	**E12-F13**
Bänschstr.	45	**K19-K20**
Baerwaldbrücke	74	**P15**
Baerwaldstr.	74	**R14-P15**
Bäumerplan	73	**T12-S12**
Bahnhofstr. (Hohen)	31	**F22-G23**
Bahnhofstr. (Schö)	87	**T9**
Bahrfeldstr.	78	**P20**
Baikalstr.	64	**N23**
Balatonstr.	64	**N23-N23**
Ballenstedter Str.	69	**P7**
Ballinstr.	93	**U18-V18**
Bambachstr.	91	**U16**
Bamberger Str.	71	**R9-N9**
Bandelstr.	39	**J10**
Barbarossaplatz	71	**P10**
Barbarossastr.	71	**P9-P11**
Barfusstr.	23	**E10-D11**
Barnimstr.	43	**J16**
Barstr.	69	**S7-P7**
Bartastr.	93	**T18**
Bartelstr.	43	**J15**
Barther Str.	15	**C22-C23**
Bartningallee	39	**K10**
Baruther Str.	74	**P13-P14**
Basdorfer Str.	33	**F26**
Baseler Str.	7	**C10-D11**
Bastianstr.	25	**F13-E13**
Bauhofstr.	42	**K14**
Baumbachstr.	27	**E16**
Baumeisterstr.	87	**T9-T10**
Baumschulenbrücke	94	**V21**
Baumschulenstr.	94	**W20-T22**
Bautzener Platz	72	**R12**
Bautzener Str.	72	**R12-P12**
Bayerische Str.	53	**P7-N7**
Bayerischer Platz	71	**R9**
Bayernallee	50	**L3**
Bayernring	73	**S12-S13**
Bayreuther Str.	55	**N10-M10**
Bebelplatz	58	**L14**
Becherweg	7	**B10**
Bechstedter Weg	69	**R6**
Beckerstr.	87	**U9-U10**
Beckumer Str.	4	**A5**
Beerfelderstr.	81	**P26**
Beermannstr.	77	**P19-R19**
Beethovenstr.	65	**L26**
Begonienplatz	85	**W7**
Behaimstr. (Char)	53	**L6-L7**
Behaimstr. (Weiß)	28	**F18-E18**
Behmstrassen Brücke	26	**E14**
Behmstr.	25	**F13-E15**
Behrenstr.	57	**L12-L14**
Behringstr.	95	**U22**
Beibricher Str.	75	**S16**
Beilsteiner Str.	49	**L25-H25**
Beisentaler Str.	9	**D13-E13**
Belfaster Str.	7	**D9**
Belforter Str.	43	**H16**
Belgasstr.	87	**U10**
Bellermannstr.	25	**E13**
Bellevueallee	56	**L11-L12**
Bellevueufer	39	**K10**
Belowstr.	6	**C8**
Belziger Str.	71	**R10-R11**
Bendastr.	92	**U17**
Bendlerbrücke	56	**M11**
Benfelder Str.	30	**F20**
Benjamin-Vogelsdorff-Str.	10	**C15**
Bennigsenstr.	71	**S9-T9**
Bennostr.	32	**E24**
Bentschener Weg	65	**L26**
Berchtesgadener Str.	71	**P10-R10**
Berenhorststr.	6	**C8**
Bergaustr.	94	**T21**
Bergener Str.	26	**E15**
Bergfriedstr.	59	**N15**
Bergheimer Platz	86	**T8**
Bergheimer Str.	86	**T8**
Bergholzstr.	91	**V16**

Name	Stadtplan Nr.	Planquadrat
Bergiusstr.	93	U19-V19
Bergmannstr.	74	P13-R15
Bergstr. (Mitte)	41	H13-J14
Bergstr. (Stegl)	86	V8-V10
Berkaer Platz	68	S5
Berkaer Str.	68	S5-T5
Berkenbrücker Steig	30	G21-H21
Berlichingenstr.	38	H8-J8
Berliner Allee	29	F18-C20
Berliner Str. (Pank)	11	C15-E15
Berliner Str. (Rei)	4	A5-B6
Berliner Str. (Weiß)	12	D17-C18
Berliner Str. (Wilm)	69	R7-R9
Berlinickeplatz	89	U12
Berlinickestr.	86	W8
Bernadottestr.	67	S4-U6
Bernauer Str. (Rei)	18	E2-B6
Bernauer Str. (Wed)	41	H13-G15
Bernburger Str.	57	M12-M13
Bernhard-Lichtenberg-Str. (Char)	37	H6-G6
Bernhard-Lichtenberg-Str. (Prenzl. Bg)	44	H17
Bernhard-Wieck-Promenade	67	S4
Bernhardstr.	70	S9
Bernhardt-Bästlein-Str.	46	H21-J21
Bernkasteler Str.	30	E20-D21
Berolinastr.	43	K16
Bersarinplatz	45	K19
Bertastr.	31	E21-F21
Berthelsdorfer Str.	76	S18
Berthold-Schwarz-Str.	18	G1
Bertold-Brecht-Platz	41	K13
Bertricher Weg	14	D21
Besselstr.	58	M14
Bessemerstr.	88	V12-U12
Bessingzeile	56	M12-N12
Bethaniendamm	59	M16-M17
Bethlehemkirchplatz	57	M13
Bettinastr.	67	R3
Betzdorfer Pfad	4	B5
Beusselbrücke	38	H8
Beusselstr.	22	G8-J8
Beuthstr.	58	M14
Bevernstr.	61	N18
Beverstedter Weg	85	T6
Beymestr.	86	W9
Bibersteig	83	U4
Biedenkopfer Str.	4	A5
Biedermannweg	34	J1-K1
Bielefelder Str.	69	R7-P7
Bielerstr.	7	C10
Biesenbrower Str.	16	C24-C25
Biesenhorster Weg	81	R26-S26
Biesenthaler Str.	31	G23-H23
Biesterfelder Str.	31	F23-E23
Bietzkestr.	64	M23
Billerbecker Weg	3	B4-B5
Bilsestr.	67	S4
Binger Str.	85	U7-S7
Binzstr.	11	D15-C16
Birger-Forell-Platz	70	S8
Birkbuschstr.	86	W8
Birkenallee	81	S26-T26
Birkenknick	81	S26-T26
Birkenplatz	66	R2
Birkenstr.	39	H9-J10
Birkholzer Weg	16	A24-A25
Bismarckallee	68	R4-P5
Bismarckplatz	68	P5
Bismarckstr. (Char)	53	L6-L8
Bismarckstr. (Stegl)	87	U9-W9
Bitburger Str.	14	C21-D22
Bitscher Str.	83	W4
Bitterfelder Str.	33	E25-E26
Bitterstr.	84	V5-W5
Bizetstr.	29	F18-F20
Björnsonstr. (Prenzl. Bg)	26	E14-E15
Björnsonstr. (Stegl)	85	U7
Bläulingsweg	67	P3
Blankenbergstr.	86	U8
Blankenburger Str. (Pank)	10	A15
Blankenburger Str. (Weiß)	12	C18-A18
Blankestr.	6	D9-C9
Blaschkoallee	92	W17-W18
Blaurackenweg	80	S23-T23
Blechenstr.	29	E19
Bleckmannweg	62	L21
Bleibtreustr.	54	N8-M8
Bleicheroder Str.	11	B16
Blissestr.	70	S8-R8
Blochplatz	25	F13
Blockdammweg	80	S23-R24
Blücherplatz	58	N14
Blücherstr.	74	P14-P15
Blüthgenstr.	69	P7
Blumenstr.	43	K17
Blumenthalstr. (Pank)	9	A13
Blumenthalstr. (Schö)	56	N11-N12
Blumenthalstr. (Temp)	89	V13
Blunckstr.	7	A9
Boberstr.	92	U17
Bocholter Weg	3	B3-B4
Bochumer Str.	39	J9-K9
Boddinplatz	76	S17
Boddinstr.	76	S16-S17
Bodelschwinghstr.	94	U21
Bodenmaiser Weg	81	R25-R26
Bodestr.	42	K14
Böckhstr.	75	P16
Böcklerpark	58	N15
Böcklerstr.	59	N15-P15
Böcklinstr.	62	M20
Bödikersteig	35	H4
Bödikerstr.	61	N19-N20
Böhmische Str.	93	T18
Boelckestr.	73	R12-T12
Börnestr.	29	F18-E18
Böttgerstr.	25	F13
Bötzowstr.	44	J17-H18
Bolivarallee	35	K3
Bonhoefferufer	37	J6-K6

Name	Stadtplan Nr.	Planquadrat
Bonner Str.	85	U7
Bootsbauerstr.	78	P20-N20
Bootshausweg	18	E1-D1
Bopparder Str.	81	R25
Boppstr.	75	P16
Borggrevestr.	7	B9
Borkener Weg	3	B4
Borkumer Str.	84	T6
Borkumstr.	11	C15-C16
Bornemannstr.	24	E12-F12
Borner Str.	15	C22
Bornholmer Str.	26	E14-E15
Bornimer Str.	52	N5-P5
Bornitzstr.	46	K21-K22
Bornsdorfem Str.	76	S17-T17
Bornstedter Str.	52	N5
Bornstr.	86	U8
Borodinstr.	29	F19
Borsigdamm	3	A4
Borsigstr.	41	H13-J14
Borussiastr.	89	U12-U14
Boschweg	94	U20-V20
Bosepark	89	U12-U13
Bosestr.	88	U12-V13
Bossestr.	61	N19
Botanischer Garten	85	V6-W7
Bottoper Weg	4	B5
Bouchéstr.	76	R18-P19
Boxhagener Platz	61	L19
Boxhagener Str.	61	L19-M20
Boyenallee	51	M3
Boyenstr.	40	H12-G12
Bozener Str.	71	R9
Brabanter Platz	69	S7
Brabanter Str.	69	S7
Brachvogelstr.	58	N14-P14
Brahestr.	37	J6
Brahmsstr.	67	S4
Braillestr.	85	W7
Brandenburdische Str.	69	N7-R8
Brandesstr.	58	N14
Branitzer Platz	51	L4
Brascheweg	81	P25
Brauhausstr.	27	E17
Brauhofstr.	37	K6-K7
Braunlager Str.	91	V16-V17
Braunschweiger Str.	92	T18-T19
Braunschweiger Ufer	92	V17
Breckenfelder Pfad	3	B4
Bredowstr.	39	H9-J9
Bredtschneiderstr.	52	M4-M5
Bregenzer Str.	53	N7
Brehmestr.	10	C14-D14
Brehmstr.	81	P25-P26
Breite Str. (Mitte)	58	L14-L15
Breite Str. (Stegl)	86	W8
Breite Str. (Wilm)	84	T5-T6
Breitenbachplatz	85	U7
Breitenbachstr.	5	A7
Breiter Weg	96	W23
Breitestr.	10	C14-B15
Breitkopfstr.	8	B11-C12
Breitscheidplatz	55	M9
Brekowweg	81	P25
Bremer Str.	39	J9-H9
Bremer Weg	56	L10-L12
Brennerstr.	10	D15
Brentanostr.	85	V7-U7
Breslauer Platz	87	T9
Brienner Str.	69	R7
Brienzer Str.	8	D11
Briesestr.	75	S16-S17
Brinkmannstr.	88	W10-W11
Bristolstr.	7	D10
Britler Allee	94	W20-V20
Britzer Brücke	92	V17
Britzer Damm	92	V17-W17
Britzer Hafensteg	93	V19
Britzer Str.	96	W24
Britzkestr.	92	V17-U18
Brixener Str.	10	D15
Brixplatz	34	K2-K3
Brockenstr.	77	S18-R18
Brodenbacher Weg	14	D20-D21
Brombeerweg	34	K1
Brommystr.	60	M17
Bruchgrabenweg	65	M26
Brüchsenweg	8	B12
Brückenstr. (Mitte)	59	L16
Brückenstr. (Trept)	96	V23
Brüder-Grimm-Gasse = 4	57	M12
Brüderstr.	58	L14-L15
Brüggemannstr.	87	U10
Brümmerstr.	84	W5-V5
Brünnhildestr.	70	T9-S9
Brüsseler Str.	23	F10
Brunhildstr.	72	R11
Brunnenplatz	25	F12
Brunnenstr.	25	F13-J14
Bruno-Bauer-Str.	92	U17
Bruno-Baum-Str.	49	H26-G26
Bruno-Bürgel-Weg	97	W25-W26
Bruschsaler Str.	70	S9
Brusebergstr.	7	B10-C10
Brusendorfer Str.	93	T19
Buchberger Str.	62	M21-L22
Buchenallee	56	L11-K11
Buchholzer Str. (Pank)	10	A15
Buchholzer Str. (Prenzl. Bg)	27	F15-F16
Buchholzweg	22	F8
Buchstr.	23	G10
Budapester Str.	55	M9-M10
Buddestr.	9	B13
Budsiner Str.	65	M26
Büdnerring	8	B12
Bühringstr.	28	D17-E18
Bülowstr.	56	N11-P12
Bürgerheimstr.	63	L22
Bürgerpark	10	C14
Bürgerstr. (Neuk)	92	V17-V18
Bürgerstr. (Rei)	9	C13
Bürknersfelder Str.	32	G24-G25

Name	Stadtplan Nr.	Planquadrat
Bürknerstr.	75	P16-P17
Büschingstr.	43	J16-J17
Büsingstr.	86	U8
Bugenhagenstr.	39	J9-J10
Buggenhagenstr.	45	J19-J20
Buggestr.	85	U7
Bulgarische Str.	78	S20-R21
Bundenbacher Weg	29	E19-D19
Bundesallee	70	S8-U8
Bundesplatz	70	S8
Bundesratufer	39	K9
Bundesring	73	S13
Bunsenstr.	41	K13
Buolstr.	19	F3
Burchardstr.	88	U12
Burgemeisterstr.	89	V12-V13
Burggrafenstr.	55	M10
Burgherrenstr.	73	R13
Burgsdorfstr.	24	G11
Burgstr.	42	K14
Burgunder Str.	86	T8
Burscheider Weg	18	F1
Buschallee	30	E20-E21
Buschkrugallee	92	U18-W19
Buschkrugbrücke	93	V18
Buschrosenplatz	92	W18
Buschrosensteig	92	W17-W18
Bussaurdsteig	83	U4
Buttmannstr.	25	E12-E13
Byronweg	50	M1

C

Name	Stadtplan Nr.	Planquadrat
Cäsarstr.	81	R24-P25
Calvinstr.	39	K10-J10
Cambridger Str.	7	D9
Canovastr.	87	U10
Cantianstr.	27	F15-G15
Caprivibrücke	37	K7
Carionweg	69	R6-P6
Carl-Heinrich-Becker-Weg	85	W7-V7
Carl-Herz-Ufer	74	P14-P15
Carl-Ludwig-Schleich-Promenade	68	R5
Carl-von-Ossietzky-Park	39	K11
Carmerplatz	86	W8
Carmerstr.	54	M8
Caseler Str.	29	E20
Caspar-Theyß-Str.	68	P5-P6
Cauerstr.	54	L7-K8
Ceciliengärten	87	T9-T10
Chamierstr.	30	F21
Chamissoplatz	74	R14
Charitestr.	41	K13
Charlottenbrunner Str.	68	R5-R6
Charlottenburger Chaussee	34	J1-J2
Charlottenburger Str.	28	E17-F19
Charlottenburger Ufer	37	K6-K7
Charlottenstr. (Libg)	64	M24
Charlottenstr. (Mitte)	41	K13-M14
Chausseestr.	25	G12-J13
Cheruskerstr.	72	S11-R11
Chlodwigstr.	89	W12
Chodowieckistr.	27	G16-H17
Chopinstr.	29	F19-F20
Choriner Str.	42	H15-G15
Christburger Str.	43	H16-H17
Christianstr.	32	E24
Christinenstr.	42	J15-H15
Christophstr.	32	E24
Christstr.	52	L5-K6
Chrysanthemenstr.	45	H19
Cicerostr.	69	R6-N6
Claire-Waldoff-Promenade	40	J11
Claire-Waldoff-Str.	41	J13
Claudiusstr.	39	K10
Clausewitzstr.	53	N7
Clayallee	83	W4-T4
Coesfelder Weg	4	B4-B5
Cohnstr.	28	F18
Colbestr.	61	L19-L20
Colditzstr.	90	V14-W14
Columbiadamm	74	R13-S16
Comeniusplatz	61	L18
Conrad-Blenkle-Str.	44	H18-J18
Conradstr.	5	A6
Coppistr.	62	M21
Cordesstr.	51	N4-P4
Corinthstr.	61	N19-N20
Corker Str.	7	D10
Corneliusbrücke	55	M10
Corneliusstr.	55	M10
Cosimaplatz	86	T9
Coswiger Str.	49	J25
Cotheniusstr.	45	J18
Cottastr.	10	C14-B14
Coubertinplatz	50	L1
Courbièrestr.	55	N10
Cranachstr.	87	U9-U10
Crelle Str.	72	R11-P12

Name	Stadtplan Nr.	Planquadrat
Criegernweg	65	**N24**
Crivitzer Str.	16	**B23-C24**
Crusemarkstr.	11	**B15**
Crusiusstr.	36	**K5-L5**
Cunostr.	68	**T6-R6**
Cuvrystr.	60	**P18-N18**
Cuxhavener Str.	39	**K9**
Cyanerstr.	45	**H19**
Czarnikauer Str.	26	**E15**
Czeminskistr.	72	**R11**

D

Name	Stadtplan Nr.	Planquadrat
Dachsberg	67	**S4**
Dänenstr.	26	**F15**
Dahlmannstr.	53	**N6-M6**
Dahmeweg	49	**H25-G25**
Dahnstr.	6	**C9**
Dahrendorfzeile	36	**H5**
Damarastr.	6	**D9-E9**
Damaschkestr.	53	**N6**
Damerowstr.	11	**B16-A17**
Dammweg	94	**T20-R22**
Danckelmannstr.	52	**K5-L5**
Dankwartstr.	64	**L23**
Danneckerstr.	61	**M19-N19**
Danziger Str.	27	**G15-J18**
Darnstädter Str.	54	**N7-N8**
Darßer Str.	13	**C20-D22**
Darwinstr.	37	**K7**
Dasburger Weg	15	**D22**
Dattelner Weg	3	**B4**
Dauerwaldweg	67	**P3**
Davoser Str.	68	**S5**
Debenzer Str.	65	**N26**
Dechertstr.	11	**A16**
Defreggerstr.	78	**R20**
Degnerstr.	31	**F22-E23**
Deidesheimer Str.	86	**T7-T8**
Deisterpfad	82	**W2**
Deitmerstr.	86	**V8**
Delbrückstr. (Libg)	63	**N22-N23**
Delbrückstr. (Neuk)	92	**U17-U18**
Delbrückstr. (Wilm)	68	**R4-S5**
Delfter Ufer	93	**V18**
Delphinstr.	93	**U19-U20**
Delpzeile	21	**G6**
Demminer Str. (Hohen)	16	**C23-B24**
Demminer Str. (Wed)	26	**G14**
Dennewitzplatz	72	**P11-N12**
Dennewitzstr.	56	**N12**
Derfflingerstr.	56	**N11-M11**
Dernburgstr.	52	**M5-N5**
Dessauer Str.	57	**N12-M13**
Dessinstr.	5	**B6**
Detlevstr.	33	**E24**
Detmolder Str.	70	**S7-S8**
Dettelbacher Weg	11	**B16-C16**
Deulstr.	96	**U23**
Deutsche Str.	8	**C11**
Deutschmeisterstr.	62	**L21**
DGZ-Ring	12	**D18-E18**
Dickensweg	50	**M1**
Dickhardtstr.	87	**U9-T9**
Diedenhofer Str.	43	**H16**
Dieffenbachstr.	75	**P15-P16**
Dierhagener Str.	15	**C22**
Dieselstr.	77	**S19-S20**
Diestelmeyerstr.	44	**K18**
Diesterwegstr.	27	**G16-G17**
Dietlindestr.	64	**L23-K23**
Dietrich-Bonhoeffer-Str.	44	**H17**
Dietrichplatz	32	**E24**
Dietrichstr.	32	**E24**
Dietzgenstr.	10	**A15**
Dievenowstr.	84	**T6**
Dihlmannstr.	19	**G3-F3**
Dillenburger Str.	85	**T6-U7**
Dingelstädter Str.	32	**G24-H24**
Dircksenstr.	43	**K15-L16**
Dirschauer Str.	61	**M19**
Doberaner Str. (Hohen)	15	**B22-C22**
Doberaner Str. (Wilm)	84	**T5**
Döberitzerstr.	40	**J12**
Döhrendahlstr.	31	**F23**
Dönhoffstr.	80	**R24-S25**
Döringstr.	61	**M19**
Dohnagestell	22	**F8-G9**
Dohnensteig	84	**U5**
Dolgenseestr.	80	**P23**
Dolomitenstr.	10	**D14-D15**
Dolziger Str.	45	**K19-K20**
Domeweg	21	**F7-F8**
Dominicusstr.	71	**R10-S10**
Domnauer Str.	88	**W11-V11**
Dompfaffenweg	49	**H26**
Donarstr.	12	**B17-B18**
Donaustr.	76	**R17-S18**
Dorfstr. (Hohen-Falkenberg)	17	**C25-C26**
Dorfstr. (Hohen-Malchow)	14	**B21-A21**
Dorfstr. (Hohen-Wartenberg)	16	**B24**
Dornbrunner Str.	94	**V21-U21**
Dorotheastr.	80	**R24-R25**
Dorotheenstr.	41	**K12-K14**
Dortmunder Str.	39	**K9**
Dossestr.	62	**M20-L20**
Dottistr.	62	**L21**

109

Name	Stadtplan Nr.	Planquadrat
Douglasstr.	67	**R3**
Dovebrücke	38	**K8**
Dovestr.	38	**K8**
Drachenfelsstr.	81	**S25**
Drakestr.	55	**M10**
Dresdener Str.	59	**M15-N16**
Dresselstr.	52	**M5**
Dreysestr.	39	**J10**
Driesener Str.	26	**F15-E15**
Drontheimer Str.	9	**D12-E12**
Drosselbartstr.	94	**U20**
Drosselweg	84	**V5**
Drossener Str.	15	**D22-D23**
Drostestr.	5	**A6**
Droysenstr.	53	**N6**
Droystr.	93	**T18**
Drübecker Weg	77	**S19**
Drygalskistr.	85	**V6**
Dualastr.	23	**F9**
Dubliner Str.	23	**E9-D10**
Dudenstr.	73	**R12-R13**
Dülmener Pfad	3	**B4**
Düppelstr.	86	**V8**
Dürerplatz	87	**U9-U10**
Düsseldorfer Str.	53	**N7-P8**
Duisburger Str.	53	**N7**
Dunckerstr.	27	**G16-E17**
Dünkelbergsteig	83	**T4**
Durlacher Str.	70	**S9**
Dusekestr.	10	**C15**

E

Name	Stadtplan Nr.	Planquadrat
Ebelingstr.	45	**K18-J19**
Eberbacher Str.	85	**T7**
Ebereschenallee	35	**K3-L4**
Eberhardstr.	46	**K20**
Eberstr.	71	**S10-R11**
Eberswalder Str.	26	**G15**
Ebertbrücke	41	**K14**
Ebertstr.	57	**L12**
Ebertystr.	45	**J18-K19**
Echwegering	89	**T12-T13**
Eckernförder Platz	23	**G9**
Eckerstr.	45	**K18**
Ecksteinweg	96	**W23**
Ederstr.	93	**T19**
Edgarstr.	32	**E24**
Edinburger Str.	7	**D10-E10**
Edisonstr.	96	**V24-U24**
Edmundstr.	92	**U18**
Eduard-Müller-Platz	92	**U17**
Eduardstr.	63	**M22**
Egelingzeile	88	**U12**
Egelisstr.	4	**A5**
Egerstr.	68	**S5**
Eggepfad	82	**W2**
Eggersdorfer Str.	64	**M23**
Eginhardstr.	80	**S24**
Egmontstr.	64	**L23**
Egon-Erwin-Kisch-Str.	16	**B23-C24**
Ehrenbergstr.	61	**N18-M19**
Ehrenfelsstr.	81	**S25**
Ehrlichstr.	80	**R23-S24**
Ehrwalder Str.	71	**R9**
Eiben alle	81	**S26-T26**
Eibenweg	96	**W23**
Eichborndamm	5	**C7-A8**
Eichbuschallee	78	**T21-S22**
Eichenallee (Char)	35	**K3-L4**
Eichenallee (Tierg)	40	**K11-L12**
Eichendorffstr.	41	**H13-J13**
Eichgestell	77	**P19-N19**
Eichgestell	96	**U24-V26**
Eichhörnchensteig	83	**T4**
Eichhornstr.	57	**M12**
Eichkampstr.	66	**R3-N4**
Eichkatzweg	67	**P3**
Eigersburger Str.	68	**S5**
Eigerstr.	12	**C18**
Eilveser Str.	28	**E18**
Einbecker Str.	64	**M23**
Einemstr.	55	**M10-N11**
Einhornstr.	94	**T20**
Einsteinstr.	28	**G18-G19**
Einsteinufer	38	**K8-L9**
Eintrachstr.	11	**B15**
Eisackstr.	71	**S10-T10**
Eisbärenweg	8	**C11**
Eisenacher Str.	55	**N10-R10**
Eisenbahnstr.	60	**N17-M17**
Eisenbrücke	77	**P19-P20**
Eisensteg	77	**R18**
Eisenzahnstr.	69	**R6-N7**
Eislebener Str.	54	**N9**
Eitelstr.	63	**N22-M22**
Ekkehardstr.	95	**U21-U22**
Elberfeder Str.	39	**K9-J9**
Elbestr.	76	**S17-R18**
Elbingeroder Weg	76	**R18**
Eldenaer Str.	45	**K19-K20**
Elfriede-Tygör-Str.	64	**N24-M24**
Elfriedestr.	31	**F22**
Elisabeth-Bergner-Park	85	**U7**
Elisabeth-Christinen-Str.	11	**A16**
Elisabethkirchstr.	41	**H14**
Elisabethweg	10	**B15**

Name	Stadtplan Nr.	Planquadrat
Elisenstr.	86	W9
Ella-Kay-Str.	27	G17
Elli-Voigt-Str.	46	J21-H21
Ellricher Str.	91	V16-V17
Elsa-Brändström-Str.	11	D15-D17
Elsastr. (Hohen)	31	E21-F22
Elsastr. (Schö)	86	T9
Else-Jahn-Str.	30	E20
Else-Lasker-Schüler-Str.	56	N11
Elsenstr.	77	R18-P19
Elßholzstr.	72	P11
Elsterplatz	68	S5
Elsterstr.	93	T18
Eltzbachweg	49	K25
Emanuelstr.	63	N22
Emdenerstr.	39	J9-H9
Emmentaler Str.	8	C10-B12
Emser Platz	70	P8
Emser Str. (Neuk)	91	U16-U18
Emser Str. (Wilm)	70	P8-N8
Enckestr.	58	M14-N14
Enckevortweg	65	N24
Engeldamm	59	M16-M17
Engelmannweg	6	C8-B8
Englerallee	85	V6-U7
Englischestr.	54	L9
Entlastungsstr.	40	K12-M12
Eosanderstr.	37	K6
Epensteinplatz	9	C12
Epensteinstr.	9	C12
Epiphaienweg	52	L5
Erasmusstr.	38	J8
Erbacher Str.	67	P4
Erdastr.	12	B18
Erdener Str.	67	P4
Erdmannstr.	72	R11
Eremitenstr.	11	C17
Eresburgstr.	88	U12
Erfurter Str.	71	S9-S10
Erich-Boltze-Str.	44	H18
Erich-Kurz-Str.	64	N24
Erich-Kuttner-Str.	45	J19-J20
Erich-Lodemann-Str.	78	S20-T21
Erich-Steinfurth-Str.	60	L17
Erich-Weinert-Str.	27	E16-G18
Erieseering	80	P24
Erkelenzdamm	59	P15-N16
Erkstr.	76	S17-S18
Erlanger Str.	76	S17
Ermanstr.	85	V7
Erndtebrücker Weg	4	B5
Ernslebener Weg	69	S7-R7
Ernst-Barlach-Str.	16	B23
Ernst-Fürstenberg-Str.	44	H18-J18
Ernst-Reinke-Str.	45	J19
Ernst-Reuter-Platz	54	L8
Ernst-Thälmann-Park	28	G17
Ernstroder Weg	65	M26
Ernststr.	95	U21-U22
Eschenallee	51	L3-K4
Eschenbachstr.	95	U22
Eschengraben	27	E16-D16
Eschenstr.	86	T8
Escherhauser Weg	82	W2
Eschersheimer Str.	91	U16-V16
Esmarchstr.	44	H17
Esperantoplatz	93	T19
Esplanade	10	D14-D15
Essener Str.	39	K9-J10
Ettaler Str.	55	N9
Ettersburger Weg	28	E18
Etzelstr.	9	A13
Eugen-Roth-Weg	49	K26
Eugen-Schönhaar-Str.	44	H17-G17
Eulerstr.	25	E13-E14
Evastr.	86	T9
Exerzierstr.	25	E12
Eyke-von-Repkow-Platz	39	K9
Eylauer Str.	73	R12
Eythstr.	88	V11-V12
E.T.A.-Hoffmann-Promenade	58	N14

F

Name	Stadtplan Nr.	Planquadrat
Fabeckstr.	84	V5-W6
Fabriciusstr.	37	J6
Fafnerstr.	12	A18
Falckensteinstr.	60	N18
Falkenberger Chaussee	16	D23-C25
Falkenberger Str.	30	E20-E21
Falkenried	84	V5-U5
Falkplatz	26	F14-F15
Falterweg	67	P3
Fanningerstr.	63	L22-L23
Fanny-Hensel-Weg	57	M13
Fanny-Zobel-Str.	77	P19
Fasanenplatz	54	N8
Fasanenstr.	54	P8-L9
Fasanerieallee	55	L10
Fasoltstr.	12	B18
Faucherweg	18	G1
Fechnerstr.	70	R8
Fehlerstr.	70	S8
Fehmarner Str.	23	G10
Fehrbelliner Platz	69	P7
Fehrbelliner Str.	41	H14-H15
Feilnerstr.	58	M14
Feldsteg	9	A12
Feldstr.	41	H13-G13
Feldtmannstr.	14	D20-D22

111

Name	Stadtplan Nr.	Planquadrat
Feldzeugmeisterstr. (Span)	18	G1-F2
Feldzeugmeisterstr. (Tierg)	39	H10
Felixstr.	90	V14-U14
Fennbrücke	24	G11
Fennpfuhlpark	46	J20-J21
Fennpfuhlweg	16	B24
Fennstr.	24	G11-G12
Fennstr.	96	W24
Ferdinand-Schultze-Str.	31	F23-H24
Feuerbachstr.	86	U8-U9
Feurigstr.	71	S10-R11
Fichtestr.	75	P15-R15
Fidicinstr.	73	R13-R14
Figarostr.	11	C17
Filandastr.	86	W9-V9
Finkenpark	84	U5
Finkenstr.	84	U5
Finnentroper Weg	4	B5
Finnländische Str.	26	E14
Finowstr. (Friedrhn)	62	L20
Finowstr. (Neuk)	75	S18-R18
Firlstr.	96	V24-U25
Fischerinsel	58	L15
Fischerstr.	63	N21-N22
Fischhauser Weg	9	C13
Fischottersteig	83	T4
Fischzug	78	P20
Flanaganstr.	83	V3-V4
Flatowallee	50	L1-M1
Flemingstr.	40	K11
Flemmingstr.	85	U7-V7
Flensburger Str.	39	K10
Fließstr.	96	V24-W24
Flinsberger Platz	68	R5
Flötnerweg	7	A9
Flohrstr.	5	B6
Florapromenade	10	C15-D15
Florastr. (Rei)	10	C14-C15
Florastr. (Stegl)	86	V8
Flotowstr.	39	K9-L9
Flottenstr.	7	A10-B12
Flottwellstr.	56	N12
Flughafenstr.	75	S16-S17
Flutstr.	96	W24
Föhrer Brücke	23	G10
Föhrer Str.	23	G10
Fohlenweg	83	U4
Föhrenweg	83	V4
Fontaneplatz = 3	57	M12
Fontanepromenade	74	R15-P15
Fontanestr. (Köp)	96	U24
Fontanestr. (Neuk)	75	S16
Fontanestr. (Wilm)	67	R3
Forcheimer Str.	11	C16
Forckenbeckplatz	45	K19
Forckenbeckstr.	68	S5-S7
Fordoner Str.	9	D13
Forster Str.	76	P17
Forsthausallee	94	V20-V21
Forststr.	85	U7-V8
Foxweg	5	B7
Fraenkelufer	75	P15-P16
Framstr.	76	R17
Franckepark	89	V13
Frankenallee	51	M3-M4
Frankenstr.	71	P10
Frankfurter Allee	61	L19-L23
Franklinstr.	38	K8
Franz-Cornelsen-Weg	85	T6
Franz-Grothe-Weg	84	V5-U6
Franz-Jacob-Str.	45	J20
Franz-Klühs-Str.	57	N13-N14
Franz-Körner-Str.	92	W17-V18
Franz-Künstler-Str.	58	N14
Franz-Mehring-Platz	60	L17-L18
Franz-Mett-Str.	64	M24-N24
Franz-Neumann-Platz	8	D11
Franz-Stenzer-Str.	33	F26
Franzensbader Str.	68	R5-S5
Französische Str.	57	L13-L14
Frauenburger Pfad	51	M3
Frauenfelder Weg	8	D11
Frauenlobstr.	94	U21-V21
Fraunhoferstr.	54	L7-L8
Fredericiastr.	52	L4-L5
Fredesdorfer Str.	60	L18
Fregestr.	87	U9-T9
Freiaplatz	63	L22
Freiastr.	63	L22
Freienwalder Str. (Hohen)	31	G22
Freienwalder Str. (Wed)	25	E14-D14
Freiheit	34	J1
Freiheitsweg	7	B10-B11
Freiherr-vom-Stein-Str.	71	S9-R10
Freiligrathstr.	74	P15
Freisin Str.	71	P10
Frieda-Seidlitz-Str.	28	E17-E18
Friedastr.	63	M22-M23
Friedbergstr.	52	M5-M6
Friedelstr.	76	P17-R17
Friedenhorster Str.	80	P24
Friedensplatz	89	V13
Friedensteg	8	A12
Friedenstr.	43	J16-K18
Friedhofstr.	32	F21
Friedrich-Engels-Str.	10	A14
Friedrich-Franz-Str.	89	V12-V13
Friedrich-Friesen-Allee	34	K1
Friedrich-Junge-Str.	78	P20
Friedrich-Karl-Str. (Rei)	6	C8-C9
Friedrich-Karl-Str. (Temp)	89	V12-W13
Friedrich-Krause-Ufer	23	G10-G11
Friedrich-List-Str.	95	V22-W23
Friedrich-List-Ufer	40	K12-J12
Friedrich-Olbricht-Damm	21	F7-G8
Friedrich-Stampfer-Str.	57	N13
Friedrich-Wilhelm-Platz	86	T8
Friedrich-Wilhelm-Str. (Rei)	8	C11

Name	Stadtplan Nr.	Planquadrat
Friedrich-Wilhelm-Str. (Temp)	89	**V12-V13**
Friedrichsberger Str.	44	**K17**
Friedrichsbrunner Platz	92	**V17**
Friedrichsbrunner Str.	92	**V17**
Friedrichshaller Str.	68	**S5-T6**
Friedrichsruher Platz	87	**V9**
Friedrichsruher Str. (Stegl)	87	**V9-V10**
Friedrichsruher Str. (Wilm)	68	**P5-R6**
Friedrichsteiner Str.	80	**R24**
Friedrichstgraht	58	**L14**
Friedrichstr.	41	**J13-N14**
Friesenstr. (Kreu)	74	**R14**
Friesenstr. (Pank)	9	**A12-B14**
Friesickestr.	28	**E17-E18**
Frischlingsteig	83	**T4**
Frithjofstr.	12	**A17-A18**
Fritschestr.	53	**L6-M6**
Fritschweg	85	**V7-U7**
Fritz-Elsas-Str.	71	**S9-S10**
Fritz-Kirsch-Zeile	96	**U23**
Fritz-Lesch-Str.	30	**G20**
Fritz-Reuter-Str.	71	**S10**
Fritz-Riedel-Str.	45	**H18-J19**
Fritz-Schloß-Park	40	**J11**
Fritz-Wildung-Str.	69	**R6**
Fritzi-Massary-Str.	94	**V20-V21**
Frobenstr.	56	**P11-N11**
Fröaufstr.	86	**U8**
Fröbelplatz	27	**G16**
Fröbelstr.	27	**G16-G17**
Fronhoferstr.	86	**W7-W8**
Frostr.	12	**B17**
Frühlingstr.	9	**B13**
Fuchsbau	96	**T23**
Fürbringerstr.	74	**P14**
Fürstenberger Str.	42	**H15-G15**
Fürstenbrunner Weg	35	**J4-K4**
Fürstenplatz	51	**L3**
Fürstenwalderstr.	43	**K17**
Fürther Str.	55	**N9**
Fuggerstr.	55	**N9-N10**
Fuhrmannstr.	89	**U13**
Fuldastr.	76	**S17-R18**
Furtwänglerstr.	67	**R4-S4**
Fuststr.	96	**T23-U24**

G

Name	Stadtplan Nr.	Planquadrat
Gabelsberger Str.	61	**L19**
Gabriel-Max-Str.	61	**M19-L19**
Gadebuscher Weg	84	**U5**
Gäblerstr. (Weiß)	12	**D18-E18**
Gärtnerstr. (Friedrhn)	61	**M19-L19**
Gärtnerstr. (Hohen)	31	**F23**
Gäßnerweg	89	**V12-U12**
Gaillardstr.	10	**C14-D14**
Galenusstr.	11	**A16-A17**
Galileistr.	78	**S21**
Gallesteig	37	**J6**
Galvanistr.	37	**K7-K8**
Gamsbartweg	8	**B11**
Ganghoferstr. (Neuk)	76	**S17-S18**
Ganghoferstr. (Stegl)	85	**U7**
Gardes-du-Corps-Str.	36	**K5**
Gartenfelder Brücke	18	**F2**
Gartenfelder Str.	18	**G1-E2**
Gartenplatz	25	**G13**
Gartenstr. (Mitte)	25	**G13-J14**
Gartenstr. (Weiß)	29	**E20**
Gartenufer	55	**L9-M10**
Gasag	81	**S25-S26**
Gasteiner Str.	70	**R8**
Gaudystr.	26	**F15**
Gaußstr. (Char)	37	**J7**
Gaußstr. (Köp)	97	**V25**
Gebrüder-Grimm-Weg	13	**B19-A20**
Gedonstr.	8	**C12**
Gehrenseestr.	32	**F23-E24**
Gehringstr.	13	**D19-D20**
Geibelstr.	74	**P15**
Geisbergstr.	55	**N9-N10**
Geisenheimer Str.	86	**T7-U8**
Geißlerpfad	19	**G4**
Geitelsteig	20	**G5**
Gelfertstr.	84	**V4-W4**
Gembitzer Str.	31	**F22-E23**
Gemündener Str.	11	**C16**
General-Barby-Str.	5	**C7-B8**
General-Genevalbrücke	20	**F6**
General-Pepe-Str.	72	**T12-R12**
General-Woyna-Str.	5	**C7-B8**
Geneststr.	88	**T11-T12**
Genfer Str.	8	**C10-C11**
Genossenschaftssteg	8	**A12**
Genossenschaftsweg	16	**B24**
Gensinger Str.	65	**L25**
Genslerstr.	47	**H22-G23**
Genter Str.	23	**F10-F11**
Genthiner Str.	56	**N11-M11**
Georg-Blank-Str.	28	**F17**
Georg-Kolbe-Hain	50	**L2-M2**
Georg-Lehnig-Str.	45	**J20**
Georg-Wilhelm-Str.	52	**N5**
George-Grosz-Platz	54	**N7-M7**
Georgenkirchstr.	43	**J16**
Georgenstr.	41	**K13**
Geranienstr.	85	**W7**

Name	Stadtplan Nr.	Planquadrat
Gerdarmenmarkt	58	**L14**
Gerdauer Str.	70	**R8**
Gerdsmeyerweg	88	**W12**
Gerhardtstr.	40	**K11**
Gerichtstr.	24	**F11-G12**
Gerickesteg	39	**K10**
Gerlachsheimer Weg	76	**S18**
Germanenstr.	9	**A12**
Germaniagarten	91	**V15**
Germaniapromenade	92	**V17**
Germaniastr.	90	**U13-V15**
Gernotstr.	64	**L23**
Gerolsteiner Str.	85	**T7**
Gertraudenbrücke	58	**L15**
Gertraudenstr.	58	**L15**
Gertrudstr.	30	**F21**
Gervinusstr.	53	**N6-M7**
Gerzlower Str.	31	**E22**
Geschwister-Scholl-Str.	41	**K14**
Gesellschaftstr.	9	**D12**
Geßlerstr.	72	**R11-R12**
Gethsemanestr.	27	**F16**
Geusenstr.	62	**N21-M21**
Geygerstr.	76	**S18**
Ghanastr.	6	**D9**
Gierkeplatz	37	**K6**
Gierkezeile	53	**K6-L6**
Giers-(Straße 18)str.	30	**E21**
Giesebrechtstr.	53	**N7**
Gieselerstr.	70	**P8-R8**
Gillweg	68	**P5**
Gipsstr.	42	**J14-J15**
Giselastr.	63	**N22-M22**
Gitschiner Str.	58	**N14-N15**
Glanzstr.	95	**U22**
Glaschkestr.	63	**L22**
Glasgower Str.	23	**D9-E10**
Glasower Str.	92	**U17-U18**
Glaßbrennerstr.	27	**E16**
Glatzer Str.	62	**M20**
Gleditschstr.	72	**P11-R11**
Gleimstr.	26	**F14-F15**
Gleyeweg	80	**S23-T23**
Glinkastr.	57	**L13**
Gloedenpfad	21	**G6**
Glogauer Str.	76	**P17**
Glücksburger Str.	25	**E14**
Gneisenaustr.	74	**P13-R15**
Gneiststr. (Prenzl. Bg)	27	**F15-F16**
Gneiststr. (Wilm)	67	**P4**
Gnomenplatz	13	**C20**
Godesberger Str.	81	**R25**
Goebelplatz	19	**G4-G5**
Goebelstr.	19	**G3-G4**
Goebenstr.	72	**P11-P12**
Goeckestr.	47	**H22-G22**
Göhrener Str.	27	**G16**
Goerdelersteg	37	**H7**
Görlitzer Park	60	**N17-P18**
Görlitzer Str.	60	**N17-P18**
Görlitzer Ufer	76	**P18**
Görresstr.	86	**T8**
Görschstr.	10	**C14-D14**
Goethepark (Char)	53	**M6**
Goethepark (Wed)	23	**F9**
Goethestr. (Char)	53	**M7-M8**
Goethestr. (Köp)	96	**U24-V24**
Goethestr. (Weiß)	28	**F17-E17**
Göttinger Str.	87	**V10**
Götzstr.	89	**U13-V14**
Goldfinkweg	83	**U4-T4**
Golßener Str.	74	**R14**
Goltzstr.	71	**P10-P11**
Gondeker Str.	95	**U22**
Gontardstr.	43	**K15**
Gontermannstr.	73	**T12-S12**
Gorgasring	18	**G1**
Gormannstr.	42	**J15**
Goslarer Platz	37	**J7**
Goslarer Ufer	37	**H7-K7**
Goßlerstr.	86	**U8-T8**
Gossowstr.	55	**N10-P10**
Gotenburger Str.	9	**D13-E13**
Gotenstr.	72	**T11-R11**
Gothaallee	34	**K2-K3**
Gothaer Str.	71	**R10**
Gotlandstr.	27	**E15**
Gotlindestr.	47	**K21-K23**
Gottfried-Keller-Str.	51	**L4**
Gottfried-von-Cramm-Weg	67	**R3**
Gottfriedstr.	32	**E24**
Gotthardstr.	6	**D9-C10**
Gottlieb-Dunkel-Brücke	91	**V15**
Gottlieb-Dunkel-Str.	91	**W15-V16**
Gottschalkstr.	9	**C13-D14**
Gottschedstr.	24	**F12-E12**
Gotzkowskybrücke	38	**K8**
Gotzkowskystr.	38	**K9-J9**
Gounodstr.	29	**F19-F20**
Goyastr.	28	**E18**
Graacher Str.	13	**D20**
Grabbeallee	10	**A14-B14**
Grabertstr.	87	**W10**
Grabowstr.	76	**R18-P18**
Gradestr.	91	**W15-W17**
Graefestr.	75	**R15-P16**
Graf-Haeseler-Str.	5	**C7-B7**
Grafenauer Weg	81	**R25-P26**
Grainauer Str.	55	**N9-P9**
Grammestr.	35	**H3-G3**
Granatenstr.	9	**C13**
Granitzstr.	11	**C15-B17**
Granseer Str.	41	**H14-H15**
Graudenzer Str.	61	**L18**
Graunstr.	26	**F14-G14**
Grazer Damm	87	**T10-V10**
Grazer Platz	87	**U10**

Name	Stadtplan Nr.	Planquadrat
Greenwicher Str.	7	D9
Gregor-Mendel-Str.	85	U6
Gregoroviusweg	81	P25
Greifenhagener Str.	27	F15-E16
Greifswalder Str.	43	J16-F18
Grellstr.	27	F17-G17
Grenzallee	92	U18-T20
Grenzalleebrücke	93	U19
Grenzburgstr.	86	W7-W8
Grenzgrabenstr.	32	G24-F24
Grenzstr.	25	G12-G13
Grenzweg (Char)	21	G7-H7
Grenzweg (Köp)	96	T23
Gretelstr.	94	U20
Grethe-Weiser-Weg	50	M1
Grevesmühlener Str.	16	C24
Greveweg	88	V12
Griebenowstr.	42	H15
Griechische Allee	96	U24
Griechische Park	96	U24
Griegstr.	67	S3-S4
Grieser Platz	68	P6
Grillparzerstr.	85	U7
Grimaustr.	96	W24
Grimmstr.	75	P15
Grimnitzstr.	80	S24-R24
Grimsel Weg	13	C19-B19
Grindelwaldweg	7	C10-C11
Gritznerstr.	86	V7-U8
Gröbenufer	60	N18
Grolmanstr.	54	M8-N8
Groninger Str.	24	E11
Gropiusstr. (Hohen)	30	F21
Gropiusstr. (Wed)	25	E12
Groß Berliner Damm	96	W23
Großbeerenbrücke	57	N13
Großbeerenstr.	73	R13-N13
Große Hamburger Str.	42	J14
Große Präsidentenstr. = 5	42	K14
Große Querallee	40	K12
Große Seestr.	13	D19-E20
Große Sternallee	56	L10-M11
Große-Leege-Str.	46	H21-F23
Großer Spreering	34	H1-G2
Großer Stern	55	L10
Großer Weg	55	L9-L11
Großgörschenstr.	72	P11-P12
Großkopfstr.	6	C9
Großstr.	96	U24-V24
Grünauer Str.	96	W23-W24
Grünberger Str.	61	L18-L19
Grüne Trift	17	B25
Grünrockweg	8	B11
Grüntaler Str.	25	E13-D14
Grumbkowstr.	11	A16
Grunerstr.	43	K15
Grunewaldstr. (Schö)	71	R9-P11
Grunewaldstr. (Stegl)	85	V7-V8
Grunowstr.	11	C15
Gryphiusstr.	61	M19-M20
Gubener Str.	61	L18-M18
Gubitzstr.	28	F17
Gudrunstr.	63	L22-L23
Gudvanger Str.	27	F16-E16
Güldenhofer Ufer	95	U22
Güllweg	10	A14
Gülser Weg	49	K25
Güntherstr.	80	S23-S24
Güntzelstr.	70	P8-P9
Guerickestr.	37	K7-L8
Gürtelstr. (Freidrhn)	62	M20-L20
Gürtelstr. (Weiß)	29	F18-G19
Guineastr.	23	E9-F10
Gundelfinger Str.	81	S24-R25
Guntherstr.	64	L23
Gurlittstr.	88	W10-W11
Gustav-Adolf-Str.	28	E17-D19
Gustav-Böß-Str. = 17	42	K15
Gustav-Freytag-Str. (Schö)	71	S10
Gustav-Freytag-Str. (Wlim)	67	R3-S3
Gustav-Mahler-Platz	85	V6-V7
Gustav-Meyer-Allee	25	G13-F13
Gustav-Meyer-Str.	85	V6
Gustav-Müller-Platz	72	R11
Gustav-Müller-Str.	72	S11-R11
Gustav-Zahnke-Str.	45	J19-J20
Gutenbergstr.	54	L9
Gutsmuthsstr.	86	U8
Gutsmuthweg	34	K1
Gutzkowstr.	71	S10

H

Name	Stadtplan Nr.	Planquadrat
Haakonweg	13	**C19-C20**
Haarlemerstr.	93	**V18-W19**
Haasestr.	61	**M19**
Haberechtstr.	91	**V16**
Haberlandstr.	71	**P9**
Habermannplatz	70	**R8**
Habermannzeile	20	**G5-G6**
Habersaathstr.	41	**H12-H13**
Haberstr.	93	**V19-U20**
Habsburgerstr.	71	**P10**
Hackerstr.	86	**U8**
Hackescher Markt	42	**K14-K15**
Haderslebener Str.	85	**V7-U7**
Hadlichstr.	11	**C15-B16**
Haeftenzeile	20	**G5**
Hähnelstr.	87	**T9**
Händelallee	55	**L9-L10**
Hänflingsteig	49	**H26**
Hänselstr.	94	**U20-T21**
Haeselerstr.	52	**L4-L5**
Hafenplatz	57	**M12-N12**
Hagebuttenhecke	33	**G26**
Hagedornstr.	96	**W23**
Hagelberger Str.	73	**P13**
Hagenauer Str.	27	**G16**
Hagenower Ring	15	**B23**
Hagenplatz	67	**R3-S3**
Hagenstr. (Libg)	63	**L22-K23**
Hagenstr. (Wilm)	67	**S3-S4**
Hainstr.	96	**V24-W24**
Hakortstr.	88	**W11**
Halberstädter Str.	68	**P6**
Halemweg	20	**G5-H5**
Halenseestr.	52	**N4-P5**
Halkandstr.	27	**E15-E16**
Hallberger Zeile	94	**V21**
Hallerstr.	38	**K8**
Hallesche Str.	57	**N13**
Hallesches Ufer	57	**N12-N13**
Halligweg	18	**E1**
Halmstr.	51	**L4**
Halskesteig	19	**G3-G4**
Hamburger Platz	28	**E17-E18**
Hammarskjöldplatz	51	**M4**
Hammersteinstr.	84	**T5**
Hanauer Str.	70	**S7-S8**
Handjerystr.	86	**U8-S9**
Hannemannstr.	92	**W17-W18**
Hannoverschestr.	41	**J12-J13**
Hanns-Braun-Str.	34	**K1-K2**
Hanns-Eisler-Str.	29	**G18-G19**
Hans-Otto-Str.	44	**J17-H18**
Hans-Thoma-Str.	77	**R19**
Hansabrücke	39	**K9**
Hansaplatz	39	**K9-K10**
Hansastr. (Hohen/Weiß)	30	**F20-D22**
Hansastr. (Wed)	8	**D12**
Hansaufer	39	**K9**

Name	Stadtplan Nr.	Planquadrat
Hanseatenweg	39	**K10**
Hanstedter Weg	87	**W10**
Harbertssteig	33	**G26**
Harbigstr.	51	**N3**
Hardangerstr.	27	**E16**
Hardenberg Platz	55	**M9**
Hardenbergstr.	54	**L8-M9**
Hardyweg	50	**M1**
Harlinger Str.	85	**T6**
Harlingeroder Weg	37	**J7**
Harnackstr.	63	**L21-M21**
Harriesstr.	19	**F3**
Harzburger Str.	11	**B16**
Harzer Str.	76	**R18-S19**
Harzgeroder Str.	11	**B16**
Haselhorster Damm	18	**F1-G1**
Hasenheide	75	**R15-R16**
Hasensprung (Libg)	81	**S26-T26**
Hasensprung (Wilm)	67	**R4**
Hasselwerderstr.	96	**W24-V24**
Hasseroder Str.	11	**B16**
Haßfurter Weg	11	**B16-C16**
Haßlinger Weg	8	**D11-D12**
Hattenheimer Str.	91	**V16**
Hattinger Weg	3	**B4**
Hatzenporter Weg	65	**L25-K25**
Haubachstr.	53	**L6-L7**
Hauptstr. (Hohen)	31	**F23**
Hauptstr. (Libg)	62	**N20-P22**
Hauptstr. (Schö)	71	**T9-P11**
Hauptweg	17	**C25-A25**
Hausburgstr.	45	**J19-K19**
Hausotterplatz	9	**C12**
Hausotterstr.	8	**C11-C13**
Hausvaterweg	17	**C26-B26**
Hausvogteiplatz	58	**L14**
Havelberger Str.	39	**H10**
Haydnstr.	65	**L26**
Hebbelstr.	53	**L6**
Hechelstr.	6	**C8**
Hechtgraben	84	**V6**
Heckelberger Ring	31	**F23**
Heckerdamm	19	**G4-G7**
Heckmannufer	60	**P18-N18**
Hedemannstr.	57	**N13**
Hedwigskirchgasse = 14	58	**L14**
Hedwigstr. (Hohen)	31	**F22**
Hedwigstr. (Schö)	87	**T9**
Hedwigstr. (Weiß)	29	**E18**
Heerstr.	50	**M1-M4**
Heese-str.	86	**W8-V8**
Hefnersteig	35	**H4**
Hegelplatz	41	**K14**
Hegemeisterweg	80	**S23-T24**
Heidebrinker Str.	25	**F13-E13**
Heidekampweg	94	**U20-V21**
Heidelberger Platz	69	**S7**
Heidelberger Str.	76	**P18-R19**

115

Name	Stadtplan Nr.	Planquadrat
Heidemühler Weg	95	U21-V22
Heidenfeldstr.	45	J18
Heidereutergasse	42	K15
Heidestr.	40	H11-J12
Heilbronner Str. (Schö)	71	P9
Heilbronner Str. (Wilm)	52	N5-N6
Heiligenberger Str.	80	S24
Heiligendammer Str.	84	T5-T6
Heiligenstadter Str.	47	H22
Heiligental	7	A9
Heilmannring	19	G4-G5
Heilsberger Allee	50	M1-L2
Heimdallstr.	12	B17
Heimstättenweg	85	V7
Heimstr.	74	R14
Heinersdorfer Str. (Weiß)	12	A18
Heinersdorfer Str. (Weiß)	27	E17
Heinickeweg	20	G5
Heinrich-Heine-Platz	59	M16
Heinrich-Heine-Str.	59	M15-L16
Heinrich-Lassen-Park	71	R10
Heinrich-Mann-Platz	10	B14
Heinrich-Mann-Str.	9	B13-B14
Heinrich-Roller-Str.	43	H16-J16
Heinrich-Schlusnus-Str.	94	V20-U20
Heinrich-Stahl-Weg	84	U5
Heinrich-von-Kleist-Park	72	P11
Heinrich-Zille-Park	41	J14
Heinrichplatz	59	N16
Heinrichstr.	63	N22-M23
Heinz-Bartsch-Str.	44	H18
Heinz-Galinski-Str.	25	E12
Heinz-Kapelle-Str.	44	H18
Heisenbergstr.	38	K8
Hektorstr.	53	N6
Heldburger Str.	48	H23-H24
Helene-Weigel-Platz	49	J26
Helenenhof	61	M19
Helgiweg	13	B20-C20
Helgoländer Ufer	39	K10
Helgolandstr.	85	T6
Hellersdorfer Weg	17	C26
Hellriegelstr.	84	U6
Helmerdingstr.	61	M19-M20
Helmholtzplatz	27	G16
Helmholtzstr. (Köp)	96	U23-U24
Helmholtzstr. (Tier)	38	K8
Helmstedter Str.	71	R9-P9
Helmstr.	72	R11
Helsingforser Platz	61	M18
Helsingforser Str.	60	M18
Hempelsteig	34	J1-J2
Hendrichplatz	46	K21
Henricistr.	7	A9-A10
Henriettenplatz	52	N5
Hentigstr.	80	R24
Herbartstr.	52	M5-N5
Herbert-Baum-Str.	29	F19
Herbert-Bayer-Str.	12	D18-E18
Herbert-Tschäpe-Str.	45	H19-H20
Herbert-von-Karajan-Str.	56	L12-M12
Herbertstr. (Schö)	72	R11
Herbertstr. (Wilm)	68	P4-R5
Herbststr.	9	B12-B13
Herculesbrücke	55	M10
Herderstr. (Char)	53	M7-L7
Herderstr. (Stegl)	85	U7-V8
Heringerstr.	46	K21
Herkomerstr.	77	R19-R20
Herkulesufer	56	M11
Hermann-Ehlers-Platz	86	V8
Hermann-Hesse-Str.	9	B13-A15
Hermann-Maaß-Brücke	22	G9
Hermannplatz	75	R16
Hermannstr.	75	R16-U17
Herrfurthplatz	75	S16
Herrfurthstr. (Neuk)	75	S16
Herrfurthstr. (Stegl)	86	V7-V8
Herrnhuter Weg	92	T18
Herscheider Weg	3	B4
Herschelstr.	37	J6
Hertastr. (Hohen)	31	F22
Hertastr. (Neuk)	92	U17
Hertelstr.	86	U8
Herthastr. (Pank)	27	E17
Herthastr. (Wilm)	68	P4-R5
Hertzallee	54	M9
Hertzbergplatz	77	S18
Hertzbergstr.	76	T18-S18
Herzbergstr.	46	J21-J23
Hessenallee	51	L3
Hessenring	73	S12-T12
Hessische Str.	41	J13
Heubnerweg	36	J5-K5
Heubuder Str.	9	D13
Hewaldstr.	71	S10
Heydenstr.	84	T5
Heylstr.	71	S9-S10
Heynstr.	10	C14-D15
Hiddenseer Str.	27	G16
Hiddenseestr.	11	C15
Hilchenbacher Weg	4	B5
Hildebrandstr.	56	M11
Hildegard-Jadamowitz-Str.	60	L18
Hildegardstr.	70	S8
Hildestr.	12	B17-B18
Hilssteig	82	W2
Hinckeldeybrücke	21	F6
Hindenburgdamm	85	W7
Hinter dem Gießhaus = 9	42	K14
Hinter dem Zeughaus = 12	42	K14
Hinter der Dorfaue	7	B10

Name	Stadtplan Nr.	Planquadrat
Hinter der Katholischen Kirche = 15	58	L14
Hippelstr.	92	W18
Hiroshimastr.	56	M11
Hirschberger Str.	62	M20
Hirtenstr.	43	J15
Hittorfstr.	84	W5
Hitzigallee	56	M11
Hobrechtbrücke	76	P17
Hochkirchstr.	72	R12-P12
Hochmeisterplatz	69	P6
Hochsitzweg	82	W2-W3
Hochsstädter Str.	24	F11-E11
Hochstr.	25	G12-F13
Hochwaldstr.	81	S25-S26
Hochwildpfad	82	W3
Höchste Str.	43	J16-J17
Hödurstr.	12	C17-B18
Höhmannstr.	67	S3
Höhndorfstr.	73	R12
Hölderlinstr.	51	L4
Hoenerweg	62	L21
Hönover Weg	79	P22-P24
Hönower Str.	81	R24-P25
Hönower Wiesenweg	79	R23-S23
Hoeppnerstr.	89	T12-T13
Hofackerzeile	20	G5-G6
Hoffmann-von-Fallersleben-Platz	69	R7
Hoffmannstr. (Kreu)	58	N14
Hoffmannstr. (Trept)	77	P19
Hofheimer Str.	48	H23
Hofjägerallee	55	L10-M10
Hohe Ähren	84	V5
Hohenbirker Weg	95	U21-U22
Hohenfriedbergstr.	72	R11
Hohengraper Weg	31	E22
Hohenschönhauser Str. (Hohen)	33	E25-C26
Hohenschönhauser Str. (Libg)	45	H19-H20
Hohenschönhauser Weg (Hohen)	15	B21-C22
Hohenschönhauser Weg (Libg)	64	L24
Hohenstaufenplatz	75	P16
Hohenstaufenstr.	71	P9-P10
Hohensteinallee	50	M2
Hohensteiner Str.	69	T7-S8
Hohenzollerndamm	68	T4-P9
Hohenzollernplatz	70	P8
Hoher Wallgraben	80	S24
Hohlweg	20	F5
Hohmannstr.	84	T6
Holländerstr.	7	C9-D11
Hollzmannstr.	91	U16-V16
Holsteiner Ufer	39	K10
Holsteinische Str.	70	R8-P8
Holteistr.	61	M19-M20
Holtzendorffplatz	52	N6
Holtzendorffstr.	52	N6
Holzhauser Str.	5	B6-A7
Holzkirchen Str.	12	D18
Holzmarkt str.	59	L16-L17
Holzmindener Str.	92	W17-V17
Holzstr.	9	D12-D13
Holzungsweg	83	W3
Holzweidepfad	7	B9
Homburger Str.	85	T7-T8
Homeyerstr.	10	B14
Homuthstr.	86	T8
Honnefer Str.	81	R25
Hoppestr.	9	C12-C13
Hornstr.	73	P13
Horst-Kohl-Str.	87	V9-V10
Horstweg	52	L5-L6
Horter Weg	81	P25
Hosemannstr.	28	G17-F18
Hosteinische Str.	86	V8-U9
Hubertusallee	68	S5-P5
Hubertusbader Str.	67	S4
Hubertusstr.	63	L22
Hubertusstr. (Stegl)	86	V8
Hübnerstr.	45	K19
Hülsenplatz	65	N24-N25
Hünensteig	87	W9-W10
Hüttenroder Weg	76	R18
Hüttigpfad	22	G8
Hufelandstr.	44	H17-J17
Humannplatz	27	F16
Humannstr.	6	B8
Humboldtstr. (Rei)	6	C9-B10
Humboldtstr. (Wilm)	68	R5-P5
Hunckemüllerweg	18	G2
Hundekehlestr.	68	S5-T5
Hundingstr.	9	A13
Hunsrückstr.	29	E19-D19
Huronseestr.	63	N22
Husemannstr.	43	H16-G16
Hussitenstr.	25	G13-H14
Huttenstr.	37	J7-J8
Hüttenweg	82	T1-W4
Huttwiler Weg	8	B11-C11

I

Name	Stadtplan Nr.	Planquadrat
Ibsenstr.	26	**E15**
Iburger Ufer	37	**K7**
Ida-Wolff-Platz	57	**N13**
Idastr.	11	**A15**
Idunastr.	12	**B17-B18**
Ifflandstr.	59	**L16**
Illsrt.	86	**U9**
Ilmenauer Str.	68	**S5**
Ilsenburger Str.	37	**K7-J7**
Ilsenhof	92	**T17**
Ilsestr. (Libg)	80	**R24-P24**
Ilsestr. (Neuk)	92	**T17-U17**
Iltistr.	84	**V5**
Im Dol	84	**V4-U6**
Im Eichengrund	19	**F3**
Im Gahege	84	**V5**
Im Heidewinkel	19	**F3**
Im Hornisgrund	67	**P3**
Im Hufenschlag	6	**A8**
Im Jagen	83	**V4**
Im Rodeland	6	**B8**
Im Saatwinkel	18	**E1-D2**
Im Schwarzen Grund	84	**W5**
Immanuelkirchstr.	43	**H16**
Immenweg	87	**W10**
In den Zelten	40	**K12**
In der Halde	84	**V5-U5**
Indira-Gandhi-Str.	30	**E20-G20**
Indische Str.	24	**E11**
Indrastr.	12	**C17**
Industriestr.	90	**W14-W15**
Ingeborgstr.	12	**B18**
Ingelheimer Str.	81	**S25**
Innsbrucker Platz	71	**S10**
Innsbrucker Str.	71	**R9-S10**
Innstr.	76	**S18**
Innungsstr.	5	**A7**
Inselbrücke	59	**L15**
Inselstr.	59	**L15**
Insterburgallee	50	**L2-M2**
Invalidenstr.	40	**J11-H14**
Iranische Str.	24	**E11-E12**
Irenestr.	63	**M22-M23**
Isarstr.	76	**S17**
Isingstr.	76	**P18**
Isländische Str.	26	**E14-E15**
Isoldestr.	70	**S9-T9**
Ithweg	82	**W2**

J

Name	Stadtplan Nr.	Planquadrat
Jablonskistr.	27	**G16-H17**
Jacobsenweg	5	**A6**
Jacobsonstr.	28	**E17-D17**
Jacobystr.	43	**K16**
Jägerstr.	57	**L13-L14**
Jafféstr.	51	**M3-N4**
Jagowstr.	39	**K9-J9**
Jahnstr. (Kreu)	75	**R16**
Jahnstr. (Neuk)	92	**V17-V18**
Jakobikirchstr.	58	**N15-M15**
Jan-Hus-Weg	76	**T18-S18**
Janischweg	19	**F3-G3**
Jannowitzbrücke	59	**L16**
Jansastr.	76	**R17**
Jasminweg	34	**J2-K2**
Jasmunder Str.	25	**G13**
Jebensstr.	54	**M9**
Jenaer Str.	71	**R9-P9**
Jerusalemer Str.	58	**L14-M14**
Jesse-Owens-Allee	50	**L1**
Jessnerstr.	62	**M20-L20**
Jeverstr.	86	**V9**
Joachim-Friedrich-Str.	52	**P6-N6**
Joachimstaler Platz	54	**M9-N9**
Joachimstaler Str.	54	**N9-M9**
Joachimsthaler Str.	31	**G23**
Joachimstr.	42	**J14**
Jochemplatz	86	**V8**
Jötunsteig	14	**B20-C20**
Johann-Georg-Str.	53	**N6-P6**
Johanna-Tesch-Str.	97	**W26**
Johannaplatz	68	**P5-R5**
Johanne-Sigismund-Str.	52	**P6-N6**
Johannes-Itten-Str.	12	**D18-E18**
Johannes-Zoschke-Str.	81	**R25-P25**
Johannisberger Str.	85	**U7-S7**
Johannisburger Allee	50	**M1-M2**
Johannisstr.	41	**J13-J14**
Johanniterstr.	58	**N14-P14**
John-Fitzgerald-Kennedy-Platz	71	**R10**
John-Foster-Dulles-Allee	40	**K11-K12**
John-Schehr-Str.	28	**G17-H18**
John-Sieg-Str.	62	**L21-M21**
Jonasstr.	92	**T17-T18**
Jordanstr.	77	**P18**

Name	Stadtplan Nr.	Planquadrat
Josef-Höhn-Str.	32	**E24**
Josef-Orlopp-Str.	46	**K21-K22**
Joseph-Haydn-Str.	55	**L9**
Joseph-Joachim-platz	68	**S4-S5**
Joseph-Schmidt-Str.	94	**U20-V20**
Joseph-von-Eichendorff-Gasse	57	**M12**
Judith-Auer-Str.	45	**H20**
Jüdenstr.	43	**K15-L15**
Jülicher Str.	26	**E14**
Jüterboger Str.	74	**R14**
Jugendplatz	19	**G4**
Jugendweg	19	**G3-G4**
Juliestr.	7	**C10**
Juliusstr.	92	**U17-U18**
Jungfernheide	3	**C3-D3**
Jungfernheideweg	19	**F4-G4**
Jungfernsteig	19	**G3**
Jungstr.	62	**L20**
Junker-Jörg-Str.	80	**R24**
Jupiterstr. (Neuk)	94	**U20**
Jupiterstr. (Rei)	6	**D8-C8**

K

Name	Stadtplan Nr.	Planquadrat
Kadiner Str.	61	**L18**
Kärntener Str.	71	**S10**
Käthe-Niederkirchner-Str.	44	**H17-J17**
Kätheplatz	31	**F22**
Käthestr.	31	**F22**
Käuzchensteig	83	**U4**
Kahlstr.	69	**S7**
Kaiser-Friedrich-Str.	53	**K6-M6**
Kaiser-Wilhelm-Platz (Schö)	72	**R11**
Kaiser-Wilhelm-Platz (Zehl)	85	**U6**
Kaiserdamm	52	**M4-L6**
Kaiserin-Augusta-Allee	37	**J7-J8**
Kaiserin-Augusta-Brücke	37	**J7**
Kaiserin-Augusta-Str.	89	**V12-V13**
Kaiserkorso	73	**S13-R13**
Kalckreuthstr.	55	**N10**
Kalischer Str.	69	**R7**
Kalkhorster Str.	69	**R7**
Kalkscheunenstr.	41	**J13-K13**
Kamekestr.	9	**C12**
Kameruner Str.	23	**F10-E10**
Kamillenstr.	85	**W6**
Kamminer Str.	37	**J6**
Kanalstr.	18	**F1**
Kandertaler Weg	13	**C18-C19**
Kanner Str.	92	**T18**
Kantstr. (Char)	53	**M6-M9**
Kantstr. (Stegl)	86	**V9**
Kanzlerweg	73	**S13**
Kanzowstr.	27	**F16**
Kapellensteig	19	**G3**
Kapweg	6	**D8-D9**
Karl-August-Platz	53	**M7**
Karl-Egon-Str.	80	**R24**
Karl-Elsasser-Str.	91	**V16-V17**
Karl-Fischer-Weg	88	**W11**
Karl-Kunger-Str.	76	**P18-R19**
Karl-Lade-Str.	45	**J19-J20**
Karl-Liebknecht-Str.	42	**K14-J15**
Karl-Marx-Allee	43	**K16-L19**
Karl-Marx-Platz	92	**T18**
Karl-Marx-Str.	76	**R16-U18**
Karl-Schrader-Str.	71	**P10**
Karl-Vesper-Str.	45	**J19**
Karlplatz	41	**K13**
Karlsbader Str.	68	**S5-R5**
Karlsgartenstr.	75	**S16**
Karlshorster Str. (Lbg)	62	**N20**
Karlshorster Str. (Trept)	96	**V23**
Karlsruher Str.	52	**N6**
Karlstadter Str.	11	**C16**
Karolingerplatz	51	**M4**
Karower Str.	11	**A16**
Karpfenteichstr.	78	**S20-R20**
Kaskelstr.	62	**M20-M21**
Kastanienallee (Char)	51	**L4-K4**
Kastanienallee (Prenzl. Bg)	42	**H15-G15**
Kastanienallee (Tierg)	56	**L11-K11**
Katharina-Heinroth-Ufer	55	**M10**
Katharinenstr.	52	**N5**
Kattegatstr.	9	**C13-D14**
Katzbachstr.	73	**R12-P12**
Katzlerstr.	72	**P12**
Kaubstr.	69	**R7**
Kauschstr.	87	**U10**
Kavalierstr.	11	**B15**
Kehler Weg	83	**W4**
Keibelstr.	43	**J15-J16**
Keithstr.	55	**M10-N10**
Kelberger Weg	14	**D21**
Kelbraer Str.	77	**S19**
Kelheimer Str.	55	**N9**
Kemper plain	56	**L12**
Keplerstr.	37	**J6-J7**
Kernhofer Str.	62	**N21-M21**
Kesselsdorfstr.	72	**R12**
Kiautschoustr.	23	**G10-G11**
Kiebitzweg (Weiß)	12	**A18**
Kiebitzweg (Zehl)	84	**W5**
Kiefernallee	81	**S26**
Kiefernweg	67	**P3**
Kiefholzbrücke	95	**V22**

Name	Stadtplan Nr.	Planquadrat
Kiefholzstr.	77	**P18-V22**
Kiehlufer	76	**R18-S19**
Kiehnwerderallee	79	**S22-T22**
Kielblockstr.	46	**K21**
Kieler Str.	40	**H12**
Kielerbrücke	40	**H12**
Kielerstr.	86	**V8**
Kielganstr.	56	**N11**
Kienheide Weg	92	**W18**
Kienhorststr.	5	**B7-B9**
Kienitzer Str.	91	**T16-S17**
Kietzer Weg	62	**M20**
Kilianistr.	96	**U24-V24**
Kilngsorstr.	86	**W8-W9**
Kinzigstr.	62	**L20**
Kirchbachstr.	72	**P11**
Kircherpfad	21	**G6-H6**
Kirchgasse	76	**S18-T18**
Kirchhofstr.	92	**U17-T18**
Kirchstr. (Tierg)	39	**K10-J10**
Kirchstr. (Zehl)	84	**T6**
Kirschenallee	51	**L3-K3**
Kissingenplatz	11	**C16**
Kissingenstr.	11	**C15-C17**
Kissinger Platz	68	**S6**
Kissinger Str. (Stegl)	87	**V9**
Kissinger Str. (Wilm)	68	**S5-S6**
Klamannstr.	7	**B9**
Klarastr. (Hohen)	31	**F22-E22**
Klarastr. (Köp)	96	**V24**
Klarenbachstr.	37	**J7-J8**
Klaus-Groth-Str.	51	**L4**
Klausenerplatz	36	**K5**
Klausingring	36	**H6**
Klaustaler Str. (Char)	37	**K7-J7**
Klaustaler Str. (Pank)	11	**A16-B16**
Klein Parkstr.	73	**R13**
Kleinbeerenstr.	57	**N13**
Kleine Alexanderstr.	43	**J15**
Kleine Andreasstr.	60	**L17**
Kleine Auguststr.	42	**J15**
Kleine Gertraudenstr.	58	**L15**
Kleine Hamburger Str.	42	**J14**
Kleine Homeyerstr.	10	**B14**
Kleine Innstr.	76	**S18**
Kleine Kurstr.	58	**L14**
Kleine Markusstr.	59	**L16-L17**
Kleine Präsidentenstr.	42	**K14**
Kleine Rosenthalerstr.	42	**J15**
Kleine Tiergarten	39	**J9-J10**
Kleineweg	73	**T13-S13**
Kleiststr.	55	**N10**
Klemkestr.	8	**B11-B13**
Klenzepfad	7	**C10-B10**
Klever Str.	25	**E13-E14**
Klindworthsteig	67	**S3**
Klingelhöferstr.	55	**M10**
Klingenbergbrücke	79	**R22**
Klingerstr.	78	**S20-R20**
Klixstr. (Rei)	5	**C7-B7**
Klixstr. (Schö)	71	**R10**
Kloedenstr.	74	**R14**
Klopstockstr.	55	**L9-K9**
Klosterstr.	43	**K15-L15**
Klothildestr.	11	**A15-A16**
Kluckstr.	56	**N11-M11**
Klüsserather Weg	65	**L25-K25**
Klützer Str.	16	**B24-C24**
Knaackstr.	27	**G15-H16**
Knauerstr.	7	**A10**
Knausplatz	87	**U9**
Knausstr.	87	**U9**
Knausstr. (Wilm)	67	**S4**
Knesebeckstr.	54	**N8-L8**
Kniephofstr.	86	**V9-V10**
Kniprodestr.	44	**J17-G19**
Knobelsdorffstr.	52	**L4-L6**
Knorrpromenade	61	**M19**
Koblenzer Str.	70	**S8**
Koburgallee	34	**K2-K3**
Koburger Str.	71	**S10**
Kochhannstr.	44	**K18-J19**
Kochstr.	58	**M13-M14**
Köberlesteig	10	**B14**
Köbisstr.	56	**M10-M11**
Kögelstr.	6	**C9**
Köllnische Str.	96	**W24-W25**
Köllnischer Park	59	**L15-L16**
Königin-Elisabeth-Str.	52	**K4-L5**
Königin-Luise-Platz	85	**V6**
Königin-Luise-Str.	84	**V5-V7**
Koenigsallee	82	**U2-P5**
Königsheideweg	94	**W20-W21**
Königskinderweg	13	**B19-A20**
Königsmarckstr.	67	**S4**
Königswalder Str.	31	**E22-D23**
Königsweg	82	**T1-R2**
Königswinterstr.	81	**R25-S25**
Köpericker Allee	81	**R25-T26**
Köpenicker Landstr.	78	**S20-U22**
Köpenicker Str.	59	**L16-N18**
Köpernicker Chaussee	79	**P22-S23**
Köpitzer Str.	64	**M24**
Körnerpark	92	**T17**
Körnerstr. (Stegl)	86	**V8-U9**
Körnerstr. (Tierg)	56	**N12**
Körtestr.	75	**R15-P15**
Kösener Str.	68	**T5-S5**
Köslinger Str.	24	**F12**
Köthener Str.	57	**N12-M12**
Köttgenstr.	19	**F3**
Kötzinger Str.	81	**P26**
Kohlfurter Str.	59	**N15-P16**
Kohlrauschstr.	54	**L8-K8**
Kolberger Platz	68	**S5**
Kolberger Str.	25	**G12-F12**
Kollatzstr.	36	**K5**
Kollwitzplatz	43	**H16**
Kollwitzstr.	43	**H15-G16**
Kolmarer Str.	43	**H16**
Koloniestr.	25	**E12-C13**
Kolonnenstr.	72	**R11-R12**
Kommandantenstr.	58	**M14-M15**
Komturstr.	90	**V14-U14**

Name	Stadtplan Nr.	Planquadrat
Kongostr.	23	F10-E10
Konitzer Str.	61	M19
Konrad-Wolf-Str.	46	H20-F23
Konradinstr.	89	W12-W13
Konstanzerstr.	69	R7-N7
Kopenhagener Str.	26	F14-F15
Kopernikusstr.	61	L18-M19
Kopfstr.	92	T17
Kopischstr.	73	R13
Koppenhagener Str.	8	B11-A11
Koppenplatz	42	J14
Koppenstr.	44	K17-L17
Korsörer Str.	26	F14-F15
Koserstr.	84	V5-U6
Kossätenstr.	6	A9
Kothener Brücke	57	N12
Kottbusser Brücke	75	P16
Kottbusser Damm	75	P16-R16
Kottbusser Str.	59	N16-P16
Kottesteig	87	W10
Kottmeierstr.	97	V24-V25
Krachtstr.	78	P20
Kraetkestr.	64	N23-M23
Kramener Weg	3	B4
Krampasplatz	84	T5
Kranoldplatz	92	U17
Kranoldstr.	92	U17
Kranzallee	50	M1
Kranzer Str.	68	R5-S6
Krausenstr.	58	M13-M14
Krausnicksstr.	42	J14
Krautstr.	59	L16-K17
Krebsgang	94	U20-T20
Krefelder Str.	39	J9-K9
Kreisauer Str.	70	S8
Kremmener Str.	26	G14-G15
Kreutzigerstr.	61	L19
Kreuzbergstr.	73	R12-P13
Kreuznacher Str.	86	U7-U8
Kreuzsteg	9	A12
Kreuzstr. (Mitte)	58	L14
Kreuzstr. (Pank)	10	C14
Kreuztaler Weg	4	B5
Kriemhildstr.	64	L23-K23
Kröpeliner Str.	16	C24-B24
Kröver Str.	49	K25
Kronbergerstr.	68	T4-S4
Kronenstr.	57	L13-L14
Kronprinzbrücke	41	K12
Kronprinzendamm	52	N5
Kroppenstedtweg	19	F3-G3
Krossener Str.	61	L19-M20
Krügerstr.	27	F16-F17
Krüllsstr.	76	P18
Krumme Str.	53	M7-L7
Krummhübler Str.	62	M20
Krumpuhler Weg	3	B4
Kruppstr.	39	H10-H11
Kubestr.	44	H18
Kubornstr.	62	L21-K21
Kucharskistr.	38	J8
Kuckhoffstr.	9	A13-A14
Kuckucksweg	84	V5
Kudowastr.	68	P5-R5
Kühler Weg	67	P3
Kühleweinstr.	8	C12-D12
Kühlungsborner Str.	15	C22-B22
Kühnemannstr.	9	C13
Külstedter Str.	47	H23
Külzerstr.	86	V9
Kürenzer Str.	65	L25-K25
Küselstr.	27	F17
Küsterstr.	18	F1-F2
Küstriner Str.	46	H21-G22
Kufsteiner Str.	71	S9-R9
Kuglerstr.	27	E16-F17
Kuhligkshofstr.	86	W8-V8
Kulmbacher Str.	55	P9-N9
Kulmer Str.	72	P11-P12
Kulmseestr.	65	L26
Kundrystr.	86	T8-T9
Kunigundenstr.	89	W13
Kuno-Fischer-Platz	52	M5
Kuno-Fischer-Str.	52	M5
Kunz-Buntschuh-Str.	68	P5
Kunzeweg	46	K21
Kuppenheimer Str.	71	S9
Kurfürsteinplatz	40	K11
Kurfürstendamm	52	P5-M9
Kurfürstenstr.	55	M9-N12
Kurländer Allee	51	M3
Kurmärkische Str.	56	N11
Kurstr.	58	L14
Kurt-Schumacher-Damm	5	D7-D8
Kurt-Schumacher-Platz	6	C8-D8
Kurze Str. (Libg)	64	M24
Kurze Str. (Pank)	27	E16
Kurze Str. (Stegl)	86	W8
Kyffhäuserstr.	71	P10
Kyllburgerweg	15	D22
Kynaststr.	62	N20

L

Name	Stadtplan Nr.	Planquadrat
Labörer Str.	26	**E14**
Lachmannstr.	75	**P16**
Länderallee	51	**M3-L3**
Lärchenweg	51	**N3-P4**
Lahnsteiner Str.	81	**R25**
Lahnstr.	92	**U18-U19**
Lambertstr.	37	**J6-H6**
Lampesteig	8	**B11**
Landauer Str.	86	**T7-T8**
Landecker Str.	68	**R6**
Landgrafenstr.	55	**M10**
Landhausstr.	70	**P8-R8**
Landoltweg	84	**W5**
Landsberger Allee	44	**K17-G26**
Landshuter Str.	71	**P9-R9**
Lange Str.	60	**L17**
Langenbeckstr.	44	**J18**
Langenscheidtstr.	72	**P11-R11**
Langhansstr.	28	**E17-F18**
Langhoffstr.	49	**H26**
Langobardenallee	51	**M4**
Lansstr.	84	**V5-V6**
Lappiner Str.	49	**K26**
Lasdehner Str.	61	**L18**
Laskerstr.	62	**N20**
Lassenstr.	67	**R4-S4**
Laubacher Str.	86	**U8-S8**
Laubenheimer Str.	85	**T7-U7**
Laubestr.	76	**S17-S18**
Laudaer Str.	11	**C16**
Lauenburger Platz	87	**V9**
Lauenburger Str.	87	**U9-W9**
Laufener Str.	96	**V24**
Lausitzer Platz	60	**N17**
Lausitzer Str.	59	**P16-N17**
Lauterberger Str. (Neuk)	92	**V17**
Lauterberger Str. (Pank)	11	**C16**
Lauterstr.	87	**T9-S9**
Leberstr.	72	**S11-R11**
Lebuserstr.	44	**K17**
Lefèvrestr.	86	**U8**
Legiendamm	59	**N16-M16**
Lehderstr.	28	**E17-F18**
Lehmbruckstr.	61	**N19-M19**
Lehndorffstr.	80	**S24-T24**
Lehnepark	89	**U13**
Lehniner Platz	53	**N6**
Lehrter Str.	40	**H11-J11**
Leibnizstr.	54	**N7-L7**
Leidener Str.	93	**W18-W19**
Leinestr.	91	**T16-T17**
Leipziger Platz	57	**M12-L13**
Leipziger Str.	57	**M13-L14**
Leistikowstr.	51	**L3-L4**
Lenaustr.	75	**R16-P17**
Lenbachstr. (Friedrhn)	62	**M20**
Lenbachstr. (Stegl)	87	**U9**
Lengeder Str.	7	**A10**
Lennéstr.	57	**L12**
Lenther Steig	19	**G3**
Lentzeallee	84	**T5-U7**
Leo-Blech-Platz	67	**S4**
Leo-Slezak-Str.	94	**U20-V20**
Leone-Jessel-Platz	70	**R8**
Leonhard-Frank-Str.	9	**C13-B14**
Leonhardtstr.	53	**M6**
Leonhardyweg	73	**T13-S13**
Leopoldplatz	24	**F11**
Leopoldstr.	63	**N21-N22**
Lepsiusstr.	86	**W7-U8**
Lerngoer Str.	29	**E19-D19**
Lerschpfad	36	**K5**
Lesser-Ury-Str.	40	**J11**
Lessingbrücke	39	**K10**
Lessinghöhe	92	**T17**
Lessingstr. (Stegl)	87	**W9-V9**
Lessingstr. (Tierg)	39	**K9-K10**
Letmather Weg	3	**B4**
Letteallee	8	**D12**
Letteplatz	8	**D12**
Letterhausweg	36	**H5**
Lettestr.	27	**G16**
Leuenberger Str.	31	**F23**
Leuningerpfad	37	**H6**
Leuschnerdamm	59	**N16-M16**
Leuthener Platz	72	**S11**
Leuthener Str.	72	**S11**
Levetzow Str.	38	**K9**
Lewaldstr.	27	**E16**
Lewishamstr.	53	**M6-N7**
Lexisstr.	76	**P18-R18**
Leydenallee	86	**W8**
Leykestr.	92	**T17**
Libauer Str.	61	**M19**
Lichtelfensteg	13	**B19-C19**
Lichtenauer Str.	31	**G22-G23**
Lichtenberger Str.	59	**L16-K17**
Lichtenrader Str.	75	**S16-T16**
Lichtensteinallee	55	**M10-L10**
Lichtensteinbrücke	55	**M10**
Liebensteinstr.	84	**W6**
Liebenwalder Str. (Hohen)	31	**G22-H22**
Liebenwalder Str. (Wed)	24	**E11-E12**
Liebermannstr.	13	**D19-D22**
Liebigstr.	61	**L19-K19**
Liebknechtbrücke	42	**K14-K15**
Lieblstr.	78	**R20-S20**
Liegnitzer Str.	76	**P17**
Lienemannstr.	6	**B8**
Liepnitzstr.	80	**S23-S24**
Liesborner Weg	3	**A4**
Liesenstr.	25	**G12-G13**
Lietzenburger Str.	54	**N7-N10**

Name	Stadtplan Nr.	Planquadrat
Lietzenseepark	52	**M5**
Ligusterweg	94	**W20**
Lilienthalstr.	74	**R15-S15**
Lilli-Henoch-Str.	28	**G17**
Limburger Str.	23	**G10-F11**
Limonenstr.	85	**W6**
Lincolnstr.	64	**N23-M23**
Lindauer Allee	7	**B9-B11**
Lindauer Str.	71	**P10**
Lindenallee (Char)	51	**L4-K4**
Lindenallee (Weiß)	29	**F19**
Lindenberger Str. (Hohen)	16	**B24-A24**
Lindenberger Str (Pank)	11	**A16**
Lindenhoekweg	28	**F17**
Lindenstr.	58	**M14-N14**
Lindenweg (Hohen)	31	**F22**
Lindenweg (Hohen-Wartenberg)	17	**B25-A25**
Lindenweg (Wed)	22	**F8**
Lindower Str.	24	**G12-F12**
Lindwurmweg	14	**B20**
Linienstr.	41	**J13-J15**
Linkstr.	57	**M12**
Lise-Meitner-Str.	37	**J7-H7**
Liselotte-Hermann-Str.	44	**H17-J17**
Lisztstr.	80	**R24**
Littenstr.	43	**K15-L16**
Liverpooler Str.	7	**D9-D10**
Livländische Str.	70	**S8**
Lobeckstr.	58	**N15-M15**
Loefer Weg	65	**L25-K25**
Löhleinstr.	84	**W5-V5**
Löhmühlenbrücke	76	**R17-R18**
Loeperplatz	46	**K21**
Lössauer Str.	31	**G22-G23**
Lötzener Allee	51	**M3**
Löwenberger Str.	64	**L23**
Loewenhardtdamm	73	**R12-S12**
Löwestr.	44	**K18**
Lohmestr.	11	**C16**
Lohmeyerstr.	37	**K6**
Lohmühlenplatz	76	**R17**
Lohmühlenstr.	76	**R18-P18**
Lokistr.	12	**B18**
Londoner Str.	7	**D9-D10**
Lorcher Str.	85	**T7-U7**
Loreleystr.	81	**S25**
Lorenzweg	89	**V13-W13**
Lortzingstr.	26	**G14-F14**

Name	Stadtplan Nr.	Planquadrat
Los-Angeles-Platz	55	**N9**
Loschmidtstr.	37	**K7-L7**
Lothar-Bucher-Str.	86	**V9**
Lotharstr.	32	**E24**
Lottumstr.	42	**H15-J15**
Louise-Schroeder-Platz	24	**D11-E12**
Luchsweg	83	**U4-T4**
Luciusstr.	84	**T4-T5**
Luckauer Str.	59	**N15-M15**
Luckenwalder Str.	57	**N12**
Ludwig-Barnay-Platz	85	**U7**
Ludwig-Beck-Str. = 1	57	**M12**
Ludwig-Hoffmann-Brücke	22	**G8**
Ludwig-Klapp-Str.	95	**U21**
Ludwig-Richter-Str.	78	**S20**
Ludwigkirchplatz	54	**N8**
Ludwigkirchstr.	54	**N8**
Lübbener Str.	60	**N17**
Lübecker Str.	39	**H10-J10**
Lückstr.	63	**N21-N22**
Lüdenscheider Weg	18	**F1**
Lüderitzstr.	23	**E9-F10**
Lüdtgeweg	37	**K7**
Lüneburger Str.	39	**K10-K11**
Lünette	18	**F1**
Lüttichauweg	64	**N24**
Lütticher Str.	23	**F10**
Lützenstr.	52	**N5**
Lützowplatz	55	**M10**
Lützowstr.	56	**M11-N12**
Lützowufer	56	**M10-M11**
Lütztalweg	65	**L25-K25**
Luise-Henriette-Str.	89	**U13**
Luise-Zietz-Str.	65	**L26**
Luiseninsel	56	**L11**
Luisenstr.	41	**J13-K13**
Luisenweg	7	**B10-B11**
Luitpoldstr.	71	**P10**
Lukasstr.	32	**E24**
Lunder Str.	27	**E16**
Lustgarten	42	**K14**
Lutherbrücke	39	**K11**
Lutherstr.	86	**W8**
Luxemburger Str.	23	**G10-F11**
Lychener Str.	27	**G15-F16**
Lyckallee	50	**M1-M2**
Lynastr. (Wed)	24	**G11**
Lynarstr. (Wilm)	68	**P4-R5**

M

Name	Stadtplan Nr.	Planquadrat
Machandelweg	34	J2-K2
Mackenroder Weg	92	V17
Mäckeritzbrücke	19	F4
Mäckeritzstr.	19	G4
Märchenweg	13	A20-B21
Märkische Allee	65	L26-F26
Märkische Spitze	49	K26-L26
Märkischer Platz	59	L15
Märkisches Ufer	59	L15
Magazinstr.	43	K16
Magdalenenstr.	63	L22
Magdeburger Platz	56	M11-N11
Magirusstr.	88	U12
Mahlerstr.	29	F19
Mahlower Str.	75	S16
Maienstr.	55	N10
Maienwerderweg	2	D1-D2
Maiglöckchenstr.	45	H19
Maikäferpfad	51	N3-P3
Mainauer Str.	86	T8
Mainzer Str. (Friedrhn)	61	L19
Mainzer Str. (Neuk)	76	R17-T17
Mainzer Str. (Wilm)	70	S8
Majakowskiring	10	B14-B15
Malchower Aue	14	B20
Malchower Chaussee	14	C20-B21
Malchower Str.	12	C18-C19
Malchower Weg	32	D23-F23
Malmöer Str.	26	E15-F15
Malplaquetstr.	24	E11-F11
Malvenstr.	85	W6
Mandelstr.	28	F18
Manetstr.	31	F21-F22
Manfred-von-Richthofen-Str.	73	R13-T13
Mannheimer Str.	70	R7-R8
Mansfelder Str.	69	P6-R7
Mansteinstr.	72	P12
Manteuffelstr. (Kreu)	59	P16-P16
Manteuffelstr. (Temp)	89	W12-U12
Marathonallee	50	L2-L3
Marbacher Str.	86	U7-U8
Marburger Str.	55	N9-M9
Marchbrücke	38	K8
Marchlewskistr.	60	L18-M18
Marchstr.	54	L8
Marchwitzastr.	49	J26-K26
Mareschstr.	93	T18-T19
Margarete-Sommer-Str.	44	J17-H18
Margarete-Walter-Str.	44	H18
Margaretenstr. (Lbg)	63	M22-M23
Margaretenstr. (Wilm)	68	P5
Marggraffbrücke	95	U22
Marheinekeplatz	74	R14
Maria-Elis-Lüders-Str.	53	L7
Mariabrunner Weg	8	C11
Mariannenplatz	59	M16-N16
Mariannenstr.	59	P16-N16
Marie-Curie-Allee	63	N22-M23
Marie-Luise-Str.	31	F21-E21
Marienbader Str.	68	S5
Marienburger Allee	51	N3-M3
Marienburger Str.	43	H16-H17
Mariendorfer Damm	89	W13
Mariendorfer Weg	91	V16-U17
Marienhöher Weg	88	W11-W12
Marienstr. (Köp)	97	V24-V25
Marienstr. (Mitte)	41	K13
Marientaler Allee	93	W18-W19
Marientaler Str. (Trept)	95	U22
Mark Str.	8	D11
Markelstr.	86	U7-U8
Markfridstr.	32	E24
Markgraf-Albrecht-Str.	53	N6
Markgrafendamm	62	N20
Markgrafenstr.	58	L14-N14
Markobrunner Str.	85	T7
Marksburgstr.	80	R24-R25
Marktstr.	62	M20-N20
Markus-Reich-Platz	29	F19
Marlene-Dietrich-Platz	57	M12
Marschallstr.	83	W3-W4
Marsstr.	6	D8-C8
Martha-Arendsee-Str.	49	H26
Martin-Luther-str.	71	S10-N10
Martin-Opitz-Str.	24	E12
Martiniusstr.	76	P17
Martinstr.	86	W8
Marzahner Brücke	33	G26
Marzahner Chaussee	64	M24-H25
Marzahner Promenade	33	G26
Marzahner Str. (Hohen)	32	F23-F25
Marzahner Str. (Hohen-Falkenberg)	17	C26
Massenstr.	56	N11
Maßmannstr.	86	U8
Massower Str.	64	M23-M24
Masurenallee	51	M4
Masurenstr.	11	D15
Matenzeile	16	D23-D24
Mathildenstr.	97	V25
Matkowskystr.	62	M20
Matternstr.	45	K19
Matthäifriedhofsweg	88	T11
Matthäikirchplatz	56	M12
Matthesstr.	77	R19-P19
Matthiasstr.	44	K18
Mauerpark	26	G14-G15
Mauerstr.	57	L13-M13
Mauritiuskirchstr.	62	L21
Max-Aicher-Str.	31	G23
Max-Beer-Str.	42	J15
Max-Brunnow-Str.	45	J19-J20

Name	Stadtplan Nr.	Planquadrat
Max-Dohrn-Str.	37	**H6-H7**
Max-Eyth-Str.	84	**T5-U5**
Max-Josef-Metzger-Platz	24	**F11**
Max-Koska-Str.	27	**E16**
Max-Lingner-Str.	11	**D16**
Max-Steinke-Str.	29	**E18-F18**
Max-Urich-Str.	25	**G13**
Maxdorfer Steig	69	**R7**
Maximilianstr. (Libg)	63	**N22-M22**
Maximilianstr. (Pank)	10	**D15**
Maxstr.	24	**F11-F12**
Maybachufer	75	**P16-P17**
Mayener Weg	14	**D21**
Mecklenburgische Str.	69	**T6-R8**
Meeranerstr.	48	**J24-J25**
Meerscheidtstr.	52	**L4-M4**
Mehlitzstr.	70	**R8**
Mehringbrücke	57	**N13**
Mehringdamm	73	**R13-P13**
Mehringplatz	58	**N14**
Meinekestr.	54	**N8**
Meiningenallee	35	**K3**
Meininger Str.	71	**R10**
Meisenstr.	83	**W4**
Melanchthonstr.	39	**K10-K11**
Melchiorstr.	59	**M16**
Mellenseestr.	80	**P23-P24**
Meller Bogen	6	**B8-C8**
Memhardtstr.	43	**J15**
Menckenstr.	86	**V9**
Mendelssohn-Bartholdy-Park	57	**M12-N12**
Mendelssohnstr.	43	**J16**
Mendelstr.	11	**A16-B16**
Mengerzeile	76	**R18**
Mentelinstr.	96	**U23-T23**
Menzelstr. (Schö)	87	**U9**
Menzelstr. (Wilm)	67	**S3-S4**
Meraner Str.	71	**S9-R9**
Mergenthalerring	77	**S19**
Merkurstr.	6	**D8**
Merler Weg	49	**K25**
Merowingerweg	51	**M3**
Merseburger Str.	71	**R10**
Mescheder Weg	4	**B5**
Messedamm	51	**N4-M5**
Messelpark	84	**T4-U6**
Messelstr.	84	**T5-U5**
Metastr.	64	**M23**
Meteorstr.	5	**C7-D8**
Methfesselstr.	73	**R13**
Mettestr.	71	**S9**
Mettmannplatz	24	**G11**
Metzer Str.	43	**H15-H16**
Metzplatz	89	**V13**
Meusebachstr.	31	**F23-E23**
Meyerbeerstr.	29	**F18-F20**
Meyerheimstr.	27	**F16-F17**
Meyerinckplatz	53	**N7**
Michael-Bohnen-Ring	94	**U20-U21**
Michaelbrücke	59	**L16**
Michaelkirchplatz	59	**M16**
Michaelkirchstr.	59	**M16-L16**
Michelangelostr.	29	**F18-G19**
Michiganseestr.	64	**P23-N23**
Mickestr.	9	**D12**
Midgardstr.	12	**A18-B18**
Mierendorffplatz	37	**J6-J7**
Mierendorffstr.	37	**K6-J6**
Mierstr.	93	**T18-U18**
Milastr.	27	**F15**
Milowstr.	85	**U6-U7**
Miltonweg	50	**M1**
Mimosenweg	90	**V14**
Mindener Str.	37	**J6**
Miquelstr.	84	**T4-U6**
Miraustr.	5	**A7**
Mirbachplatz	29	**E18**
Misdroyer Str.	84	**T5-T6**
Mittelbruch-zeile	8	**C11-C13**
Mittelbuschweg	93	**U18-T19**
Mittelsteg	8	**A12-B12**
Mittelstr. (Hohen)	46	**H21-G21**
Mittelstr. (Mitte)	41	**K13**
Mittelstr. (Stegl)	86	**W8-W9**
Mittelweg	92	**T17**
Mittenberger Weg	11	**C16**
Mittenwalderstr.	74	**R14-P14**
Moabiterbrücke	39	**K10**
Modersohnstr.	61	**N19-M19**
Möckernbrücke	57	**M13**
Möckernstr.	73	**R13-N13**
Möllendorffstr.	62	**L21-J21**
Mönkeberger Str.	26	**E14**
Mörikestr.	94	**U21**
Mörschbrücke	36	**H6**
Mohasistr.	6	**D9**
Mohnickesteig	89	**T12**
Mohrenstr.	57	**L13-L14**
Mohrunger Allee	50	**M2-L2**
Moldaustr.	64	**N23-N24**
Molken-markt	58	**L15**
Mollergasse = 10	42	**K14**
Mollstr.	43	**J16-K17**
Mollwitzstr.	36	**K5**
Moltkebrücke	40	**K12**
Moltkestr.	40	**K12**
Mommsenstr.	53	**M6-N8**
Monbijoubrücke	42	**K14**
Monbijoupark	42	**K14**
Monbijouplatz	42	**K14**
Monopolstr.	89	**W13**
Montanstr.	7	**A10**
Monumentenstr.	72	**R11-R22**
Moosdorfstr.	77	**R19**
Moosrosenstr.	92	**W17**
Moritzplatz	59	**M15-N15**
Moritzstr.	58	**N15**
Morschacher Weg	13	**B18**
Morsestr.	38	**K8**
Morusstr.	76	**S17-T17**
Moselstr.	87	**U9**
Mosischstr.	95	**U21**

125

Name	Stadtplan Nr.	Planquadrat
Motardstr.	18	**G2-H3**
Motzstr.	71	**P9-N10**
Mudrackzeile	8	**C11**
Müggelstr.	62	**M20-L20**
Mühlen-damm	58	**L15**
Mühlendammbrücke	58	**L15**
Mühlenstr. (Friedrhn)	60	**M17-N18**
Mühlenstr. (Pank)	10	**C15-D15**
Mühsamstr.	45	**K18-K19**
Mülhauser Str.	43	**H16**
Müllenhoffstr.	75	**P15-P16**
Müller-Breslau-Str.	54	**L9**
Müllerstr.	6	**D9-G12**
Müncheberger Str.	60	**L17**
Münchener Str.	71	**P9-R10**
Münsterlandplatz	63	**M22**
Münsterlandstr.	63	**M22-N22**
Münstersche Str.	69	**P7**
Münzstr.	42	**J15**
Müritzstr.	80	**S24-R24**
Mulackstr.	42	**J15**
Munster Damm	87	**W10-V10**
Murellenweg	34	**K1-J2**
Murtzaner Ring	49	**H26**
Musäusstr.	84	**W5-V5**
Musehlbrücke	91	**V15**
Museumstr. = 13	42	**K14**
Muskauer Str.	59	**N16-N17**
Muspelsteig	13	**B19-C19**
Musselhstr.	73	**S13-R13**
Mutthesiusstr.	86	**V7-V8**
Mutziger Str.	30	**F20**

N

Name	Stadtplan Nr.	Planquadrat
Nachodstr.	71	**P9**
Nachtalbenweg	13	**B20-C20**
Nachtigalplatz	23	**D9-E9**
Nackenheimer Weg	91	**U16-V16**
Naglerstr.	61	**N18**
Nalepastr.	80	**S23-U23**
Namslaustr.	4	**A4-A6**
Nansenstr.	76	**R17-P17**
Nassauische Str.	70	**P8-R8**
Natalissteig	19	**G4**
Naugarder Str.	28	**F17-G17**
Nauheimer Str.	69	**S7-T7**
Naumannstr.	72	**T11-R11**
Naumburger Str.	92	**U18**
Naunynstr.	59	**N16**
Nazarethkirchstr.	24	**F11**
Neckarstr.	76	**S17**
Nedlitzer Str.	52	**P5-N5**
Neheimer Str.	3	**B4-A4**
Nehringstr.	52	**K6-L6**
Neidenburger Allee	51	**M3-N3**
Neidstr.	86	**T8-T9**
Neißestr.	91	**U16**
Nelly-Sachs-Park	56	**N12**
Neptunstr.	9	**D12**
Nernstweg	94	**T20**
Nestorstr.	53	**P6-N6**
Nettelbeckplatz	24	**F12**
Netzestr.	91	**T16-U16**
Neubrandenburger Str.	16	**C23-B24**
Neue Bahnhofstr.	62	**M20**
Neue Blumenstr.	43	**K16-K17**
Neue Christstr.	36	**K6-L6**
Neue Filandastr.	86	**W9**
Neue Grünstr.	58	**M15-L15**
Neue Hochstr.	25	**G12**
Neue Jacobstr.	59	**L15**
Neue Kantstr.	52	**M5-M6**
Neue Krugallee	78	**R21-U22**
Neue Promenade	42	**K14**
Neue Roßstr.	58	**L15**
Neue Schönhauserstr.	42	**J15**
Neue Schönholzer Str.	10	**C14**
Neue Weberstr.	43	**K17**
Neuenburger Str.	58	**N14**
Neuer Feldweg	80	**P23**
Neuer Kulmer Str.	72	**P11**
Neuer Schildhornweg	66	**P1-R3**
Neuer Steg	9	**B12-A12**
Neuer Steinmetzstr.	72	**P11**
Neues Ufer	37	**J7-K7**
Neuestr.	89	**U13**
Neufertsstr.	36	**K6**
Neukirchstr.	12	**B17-C18**
Neuköllnische Allee	93	**U19-V20**
Neuköllnische Brücke	93	**U19**
Neumagener Str.	14	**D20-E20**
Neumanns Gasse	58	**L14-L15**
Neumannstr.	11	**C16-E16**
Neustadtische Kirchstr.	41	**K13**
Neustrelitzer Str.	31	**G22-H22**
Neuwedeler Str.	92	**T17**
Neuwieder Str.	81	**R25-P25**
Neuzeller Weg	15	**D22-E22**
Niebuhrstr.	53	**M7-M8**
Niederbarnimstr.	61	**L19**
Niederkirchnerstr.	57	**M13**
Niederwallstr.	58	**L14**
Niehofer Str.	31	**E22-F23**
Niemannstr.	61	**M19**
Niemetzstr.	93	**T18-U19**
Nienhagener Str.	15	**C22**
Niersteiner Str.	67	**P4**
Nifheimweg	13	**B20**

Name	Stadtplan Nr.	Planquadrat
Nikischstr.	67	**S3**
Nikolaikirchplatz	58	**L15**
Nikolaus-Groß-Weg	36	**H5**
Nikolsburger Platz	70	**P8**
Nikolsburger Str.	70	**P8**
Nithackstr.	37	**K6**
Nobelstr.	93	**V19-V20**
Nöldnerplatz	62	**N21**
Nöldnerstr.	62	**N21**
Nördliche Seestraßenbrücke	23	**G9**
Nogatstr.	92	**U17-T17**
Nollendorfplatz	55	**N10-N11**
Nollendorfstr.	55	**N10-N11**
Nomenweg	13	**C20**
Nonnendamallee	18	**G1-H4**
Nonnendamm	35	**H4-H6**
Norbertstr.	32	**E24**
Nordbahnstr. (Rei)	9	**B12-B13**
Nordbahnstr. (Wed)	9	**C13-C14**
Norderneyer Str.	85	**T6**
Nordhafenbrücke	40	**H11**
Nordhauser Str.	37	**J6-J7**
Nordhellesteig	3	**B4-B5**
Nordkapstr.	26	**E15**
Nordlichtstr.	5	**C7-D8**
Nordmann zeile	87	**T10**
Nordring	17	**C26-D26**
Nordsternstr.	71	**R10**
Nordufer	22	**G8-H11**
Normannenstr.	62	**L21-L22**
Norvegerstr.	26	**E14**
Nostitzstr.	73	**R13-P14**
Novalisstr.	41	**J13**
Nürnberger Platz	55	**N9**
Nürnberger Str.	55	**N9-M9**
Nußlerstr.	13	**C19-D20**
Nußbaumallee	35	**K3-K4**
Nymphenburger Str.	71	**S9**

O

Name	Stadtplan Nr.	Planquadrat
Obentrautstr.	57	**N13-P13**
Oberbaumstr.	60	**N18**
Obere Freiarchenbrücke	77	**P18**
Oberhaardter Weg	67	**R3-S3**
Oberlandgarten	91	**U15-U16**
Oberlandstr.	91	**U15-U16**
Oberlinstr.	86	**W8**
Obernburger Weg	11	**C16-D16**
Oberseepark	31	**F22**
Oberseeplatz	31	**F21**
Oberseestr.	31	**F21-F22**
Oberspreestr.	97	**W25**
Obersteiner Weg	13	**D18**
Oberwallstr.	42	**K14-L14**
Oberwasserstr.	58	**L14**
Ochtumweg	29	**G19**
Odenwaldstr.	86	**U8**
Oderberger Str.	26	**G15**
Oderbruchstr.	45	**J19-H19**
Oderstraßenbrücke	91	**U16**
Oderstr. (Friedrhn)	62	**L20-M20**
Oderstr. (Neuk)	91	**T16-U16**
Odinstr.	80	**P24-R24**
Oehlertplatz	87	**W10**
Oehlertring	88	**W10-W11**
Oelder Weg	4	**B5**
Ötztaler Str.	10	**D15**
Oeynhauser Str.	85	**T6**
Offenbacher Str.	86	**T7-T8**
Ohlauer Str.	76	**P17-N17**
Ohmstr. (Mitte)	59	**L16**
Ohmstr. (Span)	35	**H4**
Okerstr.	91	**T16**
Olbendorfer Weg	6	**A8**
Olbersstr.	37	**J6-J7**
Olbrichweg	7	**A9**
Oldenburgerstr.	39	**J9-H9**
Oleanderstr.	45	**H19**
Olga-Bena-Prestes-Str.	28	**G17-G18**
Olivaer Platz	53	**N7**
Ollenhauerstr.	6	**C8-A9**
Olof-Palme-Platz	55	**M9**
Olympische Str.	50	**L2-L3**
Olympischer Platz	50	**L2**
Onckenstr.	76	**R18**
Onkel-Bräsig-Str.	92	**W18**
Onkel-Tom-Str.	82	**U2-W2**
Ontarioseestr.	80	**P24**
Opitzstr.	85	**U7**
Oppelner Str.	60	**N17-N18**
Oranienburger Str. (Mitte)	42	**K14**
Oranienburger Str. (Rei)	6	**A9**
Oranienburgerstr.	41	**J13-K14**
Oranienplatz	59	**N15-N16**
Oranienstr.	58	**M14-N16**
Orankestr.	30	**F21-F22**
Orankeweg	30	**F20-F21**
Orber Str.	68	**R6-P6**
Ordenburgallee	35	**K3-L3**
Ordensmeisterstr.	89	**W13-V14**
Orionstr.	78	**S21**
Ortelsburger Allee	50	**M2**
Orthstr.	25	**F12-E12**
Ortliebstr.	64	**L23**

Name	Stadtplan Nr.	Planquadrat
Ortnitstr.	13	C19-B21
Ortrudstr.	86	T8-T9
Osasteig	13	C20
Oskarstr.	80	T23-S23
Osloerstr.	24	E12-E14
Osnabrücker Str.	37	J6
Ossastr.	76	R17
Ossietzkyplatz	10	A15
Ossietzkystr.	10	B15
Ostaraweg	13	C19-B20
Ostender Str.	23	F10-F11
Ostendstr. (Köp)	97	V25-V26
Ostendstr. (Trept)	97	W26
Ostseeplatz	28	F18
Ostseestr.	28	E17-F18
Oststr. (Rei)	6	D8
Oststr. (Trept)	96	W23
Ostweg	91	W16
Oswald-Schumann-Platz	55	L10
Oswaldstr.	32	E24
Otawistr.	23	E9-E10
Othellostr.	12	C17
Otisstr.	5	C6-B7
Otternbuchtstr.	18	G2-H2
Ottilienweg	2	B1
Otto-Brahm-Str.	29	F19-F20
Otto-Braun-Str.	43	K16-J16
Otto-Dix-Str.	40	J11
Otto-Grüneberg-Weg	53	L6
Otto-Krüger-Zeile	96	U23
Otto-Ludwig-Str.	54	M8
Otto-Marquardt-Str.	46	H20
Otto-Schmirgal-Str.	64	P24-N24
Otto-Suhr-Allee	37	K6-L8
Ottokarstr.	89	W12
Ottoplatz	39	J9
Ottostr.	39	J9
Otzenstr.	87	T10
Oudenarder Str.	24	E11
Overbeckstr.	87	V10
Oxforder Str.	7	D10

P

Name	Stadtplan Nr.	Planquadrat
Pablo-Picasso-Str.	16	C24-E25
Pacelliallee	84	V5-T5
Paderborner Str.	53	N7
Pätzer Str.	92	W17-W18
Palisadenstr.	43	K17-K18
Pallasstr.	72	P11
Palmkernzeile	78	P20
Pankgrafenstr.	10	B15
Pankower Allee	8	D11-C12
Pankstr.	25	F12-E13
Pannierstr.	76	R17-P17
Pannwitzstr.	6	A8
Papendickstr.	31	F23-E23
Papierstr.	9	C13
Pappelallee (Prenzl. Bg)	27	G15-F16
Pappelallee (Trept)	78	S21
Pappelplatz	41	H14
Paracelsusstr.	11	A16-B16
Paradestr.	73	S13
Parallelweg	2	D1
Paretzer Str.	70	S7-S8
Parforceweg	82	T1-U2
Pariser Platz	57	L12-L13
Pariser Str.	54	N7-P9
Park am Buschkrug	93	W18
Park Ruhwald	35	J3-K3
Parkaue	46	K21-L21
Parkstr. (Pank)	10	C14-B15
Parkstr. (Temp)	89	V13-U13
Parkstr. (Weiß)	29	F19-D19
Parkweg	78	P20
Parochialstr.	59	L15-K15
Parsevalstr.	96	U24
Pascalstr.	38	K8
Pasedagplatz	13	D19
Pasewalker Str.	24	F12
Passauer Str.	55	N9
Passower Str.	17	C25
Pasteurstr.	44	H17
Pastor-Niemöller-Platz	10	A14
Patschkauer Weg	84	W5-W6
Paul-Francke-Str.	10	B14
Paul-Gesche-Str.	64	M23
Paul-Grasse-Str.	28	F17-F18
Paul-Henckels-Platz	85	V7
Paul-Heyse-Str.	44	J18-H18
Paul-Junius-Str.	46	K20-J21
Paul-Koenig-Str.	32	E23
Paul-Lincke-Ufer	75	P16-P17
Paul-Löbe-Str.	41	K12
Paul-Oestreich-Str.	29	E19
Paul-Robeson-Str.	26	E15
Paul-Schmidt-Str.	88	W12
Paul-Schwenk-Str.	49	H26-G26
Paul-Zobel-Str.	46	J21
Paulsbomer Str.	68	R5-N7
Paulsenstr.	85	V7-U7
Paulsternstr.	18	G2
Paulstr.	39	K11
Pechüler Pfad	84	U5
Pekinger Platz	23	G11
Penzbergerstr.	71	P10

Name	Stadtplan Nr.	Planquadrat
Perchtastr.	12	**A18**
Perelsplatz	86	**T9**
Perleberger Str.	39	**J10-H11**
Perler Str.	15	**D21**
Persiusstr.	61	**N19-N20**
Peschkestr.	86	**U9**
Pestalozzistr. (Char)	53	**M6-M8**
Pestalozzistr. (Pank)	10	**B14-B15**
Peter-Anders-Str.	94	**U20**
Peter-Lenné-Str.	85	**U6-V6**
Peter-Stasser-Weg	73	**S13-T13**
Peter-Wischer-Str.	87	**U9-U10**
Petersallee	22	**E9-D9**
Petersburger Platz	45	**K18**
Petersburger Str.	45	**J18-L19**
Petriplatz	58	**L15**
Pettenkoferstr.	46	**K20-L20**
Pfahlerstr.	6	**B9**
Pfalzburger Str.	70	**R8-N8**
Pfarrstr.	62	**M20-M21**
Pfeilstr.	10	**B14**
Pfifferlingweg	7	**B9**
Pflügerstr.	75	**P16-R18**
Pflugstr.	41	**H13**
Pfuelstr.	60	**N18**
Philippistr.	52	**L5**
Philippstr.	41	**J13**
Pichelswerderstr.	10	**C14**
Pieskower Weg	28	**G18**
Piesporter Platz	14	**D21**
Piesporter Str.	14	**C21-E21**
Pillauer Str.	60	**M18**
Pillkaller Allee	50	**M2-L2**
Pintschallee	92	**W18-V18**
Pintschstr.	45	**K18**
Pirolstr.	81	**P26**
Pistoriusplatz	29	**E18**
Pistoriusstr.	28	**E17-F19**
Plänterwald	79	**S21-S22**
Planckstr.	41	**K13**
Planetenstr.	94	**U20-T20**
Plantagenstr. (Stegl)	86	**W8-W9**
Plantagenstr. (Wed)	24	**F11-F12**
Planufer	75	**P15-P16**
Platanenallee (Char)	51	**L3-L4**
Platanenallee (Tierg)	40	**K11-L11**
Platanenstr.	9	**A13**
Platanenweg	78	**S21-T21**
Plattenberger Pfad	4	**B5**
Platz A	12	**A18**
Platz am Königstor	43	**J16**
Platz am Spree tunnel	78	**R20-R21**
Platz am Wilden Eber	84	**T5**
Platz an der Eiche	81	**S26**
Platz C	12	**D18**
Platz der Luftbrücke	73	**R13**
Platz der Märzrevolution = 7	41	**K14**
Platz der Vereinten Nationen	43	**K17**
Platz S	68	**S5-T5**
Platz vor dem Brandenburger Tor	57	**L12**
Platz vor dem Neuen Tor	41	**J12-J13**
Plauener Str.	31	**G22-F24**
Plesser Str.	77	**R19**
Plöner Str.	68	**S5**
Plönzeile	97	**V24-V25**
Plonzstr.	63	**L22-K22**
Podbielskiallee	84	**T5-V6**
Podewilsstr.	89	**U12**
Poelchaustr.	49	**H26**
Pöppelmannstr.	87	**U10**
Poetensteig	78	**R21-S22**
Poggendorffweg	80	**S23**
Pohlstr.	56	**N11-N12**
Polcher Weg	14	**D21**
Polsumer Pfad	3	**B4**
Pommernallee	51	**M4**
Pommersche Str.	69	**P7**
Popitzweg	19	**G4-H4**
Poschlingenstr.	87	**U9-V9**
Poststr.	42	**K15-L15**
Potsdamer Brücke	56	**M12**
Potsdamer Platz	57	**M12**
Potsdamer Str.	72	**P11-M12**
Pradelstr.	10	**C14**
Prager Platz	71	**P9**
Prager Str.	71	**P9**
Prellerweg	87	**V10-V11**
Prendener Str.	16	**C24-B24**
Prenzlauer Allee	43	**J16-E17**
Prenzlauer Berg	43	**J16**
Prenzlauer Chaussee	12	**A17**
Prenzlauer Promenade	12	**B17-E17**
Prerower Platz	15	**C23**
Preunelstr.	12	**D18**
Preussen Park	69	**P7**
Preussenallee	51	**M3-L3**
Preußstr.	28	**G17**
Prießnitzstr.	11	**A16**
Priesterweg (Neuk)	92	**V18**
Priesterweg (Schö)	88	**V11-T11**
Prinz-Eugen-Str.	24	**F11-F12**
Prinz-Friedrich-Karl-Weg	34	**K1**
Prinz-Georg-Str.	71	**S10-S11**
Prinzenallee	25	**E13-D13**
Prinzenstr.	58	**P15-M15**
Prinzregentenstr.	70	**S9-P9**
Pritzchardstr.	83	**W3**
Pritzwalkerstr.	39	**J10**
Privatstr. 1	15	**D23**
Privatstr. 2	15	**D23**
Privatstr. 3	15	**D23**
Privatstr. 4	15	**D23**
Privatstr. 5	15	**D23**
Privatstr. 6	31	**E23**
Privatstr. 7	31	**E23**

Name	Stadtplan Nr.	Planquadrat
Privatstr. 8	31	**E23**
Privatstr. 9	31	**E23**
Privatstr. 10	31	**E23-D23**
Privatstr. 12	16	**D23**
Privatstr. 13	12	**D18**
Privatstr. 14	12	**D18**
Propstr.	58	**L15-K15**
Proskauer Str.	61	**L19-K19**
Provinzstr.	9	**D12-B13**
Puccinistr.	29	**F19**
Puchertweg	6	**A8**
Puderstr.	77	**R19-R20**
Pücklerstr. (Kreu)	60	**N17-M17**
Pücklerstr. (Wilm)	83	**U4-T5**
Pufendorfstr.	44	**K17-K18**
Pulsstr.	36	**J5**
Puschkinallee	77	**P18-R20**
Putbusser Str.	26	**F14-G14**
Putlitzbrücke	39	**H10**
Putlitzstr.	39	**H10**
Puttkamerstr.	57	**M13-M14**
Pyramidenring	48	**H24-H25**

Q

Name	Stadtplan Nr.	Planquadrat
Quäkerstr.	5	**B7**
Quedlinburger Str.	37	**K7**
Quellweg	35	**H3-G4**
Quermatenweg	82	**W1-W2**
Quitzowstr.	39	**H9-H11**

R

Name	Stadtplan Nr.	Planquadrat
Raabestr.	43	**H16**
Rackwitzer Str.	31	**E22-E23**
Radebeuler Str.	49	**H25-J25**
Radenzer Str.	95	**V21-V22**
Rägeliner Str.	65	**N26**
Räuscstr.	5	**A6**
Ragazer Str.	8	**B11**
Ragniter Allee	50	**M1**
Rahel-Varnhagen-Promenade	57	**N13-N14**
Ramlerstr.	25	**F13-F14**
Randowstr.	16	**D24-C25**
Rankestr.	54	**N9-M9**
Rapsstr.	19	**F3-G3**
Raschdorffstr.	8	**C11-B12**
Rathausbrücke	42	**K15**
Rathauspromenade	6	**A9**
Rathausstr. (Libg)	62	**L21**
Rathausstr. (Mitte)	58	**L14-K16**
Rathausstr. (Temp)	89	**W12**
Rathenauplatz	68	**P5**
Rathenaustr.	97	**V25**
Rathenower Str.	39	**H10-J11**
Ratiborstr.	76	**P17-P18**
Ratzeburger Allee	51	**L3**
Rauchstr.	55	**M10**
Rauenthaler Str.	86	**U7-U8**
Raumerstr.	27	**F16-G16**
Rauschener Allee	50	**M2**
Rauxeler Weg	3	**B4**
Ravenéstr.	24	**G12**
Ravensberger Str.	69	**P7**
Regensburger Str.	70	**P9**
Regerstr.	67	**S3-S4**
Reginhardstr.	8	**B12-D12**
Reglinstr.	88	**V11**
Rehkitzsteig	83	**T4**
Reichartstr.	88	**T11**
Reichenberger Str. (Hohen)	31	**G21-G22**
Reichenberger Str. (Kreu)	59	**N16-P18**
Reichenhaller Str.	68	**S5-S6**
Reichensteiner Weg	84	**W5**
Reichpietschufer	56	**M11-M12**
Reichsstr.	34	**J2-L4**
Reichstagufer	41	**K13**
Reichweindamm	37	**H6-G6**
Reiler Str.	65	**L25**
Reinbeckstr.	96	**V24**
Reineke-Fuchs-Weg	13	**B19-B20**
Reinerzstr.	68	**R5**
Reinhardsbrunner Str.	47	**H22**
Reinhardtplatz	89	**U13**
Reinhardtstr. (Mitte)	41	**K12-K13**
Reinhardtstr. (Temp)	89	**U13**
Reinholdstr.	92	**U17-U18**
Reinickendorferstr.	24	**E11-G12**
Reinickes Hof	6	**A9-B9**
Reinzstr.	80	**P24-R24**
Reisstr.	35	**H4**
Rembrandtstr.	87	**U9-T10**
Renate-Privatstr.	89	**V12**
Renée-Sintenis-Platz	86	**T9**
Rennbahnstr.	13	**C18-E20**
Rerikerstr.	15	**B22-C22**

Name	Stadtplan Nr.	Planquadrat
Residenzstr.	8	B11-D12
Rethelstr.	78	R20
Rettigweg	10	D14-C14
Retzbacher Weg	11	B16-C16
Retzdorffpromenade	86	U8
Reuchlinstr.	38	J8
Reußallee	35	K3
Reuterpfad	67	S4
Reuterplatz	76	R17
Reuterstr. (Neuk)	76	P17-S17
Reuterstr. (Rei)	6	C9
Revaler Str.	61	M18-M20
Rheinbabenallee	68	S5-T5
Rheingaustr.	86	U8-T8
Rheingoldstr.	81	R25-S25
Rheinhardtstr.	41	K13-J13
Rheinpfalzallee	81	P25-R26
Rheinsberger Str.	41	H14-G15
Rheinsteinstr.	81	S25-R26
Rheinstr.	86	U8-T9
Rhenaniastr.	18	E1-F1
Rhenser Weg	81	R25
Rhinower Str.	27	F15
Rhinstr.	32	F23-M24
Rhodestr.	90	V15
Riastr.	80	R24
Ribbecker Str.	64	M23
Ribbeweg	8	C12
Ribnitzer Str.	15	C22-B23
Richard-Sorge-Str.	44	J18-K18
Richard-Strauss-Str.	67	S4-R4
Richard-Wagner-Platz	37	K7
Richard-Wagner-Str.	53	L7
Richardplatz	92	T18
Richardstr.	76	S17-T18
Richnowstr.	89	U13
Riedelstr.	91	W16
Riehlstr.	52	M5-L5
Riehmers Hofgarten	73	P13
Riemannstr.	74	P14
Riemeisterstr.	82	W2
Riemenschneiderweg	87	T10-V10
Riensbergstr.	18	F1-G1
Rieppelstr.	19	F3
Riesestr.	92	W18
Rietzestr.	28	G17
Rigaer Str.	45	K19-L20
Ringbahnstr. (Neuk)	92	U17-L20
Ringbahnstr. (Temp)	89	U12-U14
Ringbahnstr. (Wilm)	52	N5
Rinkartstr.	94	U21
Rintelner Str.	68	P6
Ritterlandweg	8	D12
Ritterstr.	58	M14-N15
Rixdorfer Str. (Temp)	90	W15
Rixdorfer Str. (Trept)	95	V22-V23
Robert-Kock-Platz	41	J12-J13
Robert-Lück-Str.	86	V8
Robert-Siewert-Str.	81	P25-P26
Robert-Uhring-Str.	64	M23
Rochowstr.	61	N19
Rochstr.	42	K15-J15
Rodelbergweg	95	U22
Rodenbergstr.	27	E16-F16
Roderichplatz	32	E24
Roeblingstr.	88	V11-W12
Roedeliusplatz	63	L22
Rödelstr.	80	S23-S24
Roedernallee	7	A10-B10
Roedernstr.	30	F21-G22
Roelckestr.	28	F18-C20
Römerweg	81	P24-P25
Roennebergstr.	86	U8-U9
Rönnestr.	52	N5-M6
Röntgenbrücke	37	K7
Röntgenstr.	37	K7
Rösnerstr.	85	W7
Rötkenring	16	D24
Rognitzstr.	52	M5-L5
Rohlfsstr.	85	U6-V6
Rohrbeckstr.	91	V16
Rohrdamm	19	F3-J3
Rohrdammbrücke	35	J4
Rolandseck	81	R25
Rolandstr.	11	A15-A16
Rolandufer	59	L15-L16
Rollbergstr.	76	S16-S17
Romain-Rolland-Str.	12	A17-C18
Romanshorner Weg	7	B10-D10
Rominter Allee	34	J2-L2
Rosa-Luxemburg-Platz	43	J15
Rosa-Luxemburg-Str.	43	K15-J15
Roschacher Zeile	8	B11
Roscherstr.	53	N6
Roseggerstr.	76	S18
Roseneck	68	S4-S5
Rosenfelder Ring	64	L23-L24
Rosenfelder Str.	64	M23-L23
Rosenheimer Str.	71	P9-P10
Rosenstr.	42	K15
Rosenthaler Platz	42	J14
Rosenthaler Str.	42	J14-J15
Rosenweg	21	G7-H7
Rosmarinstr.	57	L13-L14
Roßbachstr.	72	R11
Rossinistr.	29	F18
Rossitter Platz	34	K2
Rossitter Weg	50	L2-K2
Roßmäßlerstr.	81	P25-P26
Rostocker Str. (Hohen)	16	B23
Rostocker Str. (Tierg)	38	H8-J8
Rotdornstr.	86	T8
Roth-Andreas-Friedrich-Park	85	W7
Rothariweg	88	V12
Rothenbachstr.	11	B17-C17
Rothenburgstr.	86	W7-V8
Rotherstr.	61	M18-N19
Rotkamp	16	D23-D24
Rottannenweg	67	P3
Rousseauinsel	56	L11
Rubensstr.	71	S10-V10

131

Name	Stadtplan Nr.	Planquadrat
Rudi-Arndt-Str.	44	J18
Rudolf-Baschant-Str.	28	E18
Rudolf-Ditzen-Weg	10	B14-B15
Rudolf-Grosse-Str.	81	R25-P25
Rudolf-Mosse-Platz	85	T6
Rudolf-Mosse-Str.	85	T6-T7
Rudolf-Reusch-Str.	62	L21-K21
Rudolf-Schwarz-Str.	44	H18
Rudolf-Seiffert-Str.	46	J20
Rudolf-von-Gemeist-Gasse	57	M12
Rudolf-Wilde-Park	71	S9-R10
Rudolfplatz	61	N19
Rudolfstr.	61	M19
Rudolstädter Str.	69	R6-S7
Rudower Str.	97	W24
Rue Ambroise Paré	21	E6-E7
Rue André le Nôtre	21	E7
Rue Charles Caimette	21	D7-E7
Rue Dominique Larrey	21	E7
Rue Doret	5	C6
Rue du Capitaine Jean-Maridor	5	C6
Rue du Docteur Roux	21	E7
Rue François Voltaire	21	E7
Rue Gustave Courbet	21	E7
Rue Henri Guilleumet	5	C6
Rue Hyacinthe Vincent	21	E6
Rue Joseph le Brix	5	C6
Rue Marin la Meslée	5	C6
Rue Nungesser et Coli	5	C6
Rue René Laennec	5	D7
Rübelandstr.	92	T17
Rübezahlstr.	94	U20
Rückerstr.	42	J15
Rückertstr. (Char)	53	L6-M6
Rückertstr. (Stegl)	85	V6-V7
Rüdersdorfer Str.	60	L17-L18
Rüdesheimer Platz	85	T7
Rüdesheimer Str.	85	U7-T7
Rüdickenstr.	16	D23-D24
Rüdigerstr.	63	L22-L23
Rügener Str.	25	F14
Rüntherstr.	86	V8
Rüsternallee (Char)	51	L3-L4
Rüsternallee (Tierg)	56	L11-K11
Rütlistr. (Neuk)	76	R17
Rütlistr. (Rei)	8	D11
Rugestr.	86	W8
Ruheplatzstr.	24	F11
Ruhlaer Str.	68	S5
Ruhlsdorferstr.	57	P13-N13
Ruhrstr.	69	P7
Rumeyplan	89	T12-T13
Rummelsburger Landstr.	80	S23-U24
Rummelsburger Platz	60	M17
Rummelsburger Str.	63	N22-M24
Rundpfuhweg	7	B9
Rundweg	65	N26-M26
Runenzeile	13	B19
Rungestr.	59	L15-L16
Rungius-Brücke	92	V18
Rungiusstr.	92	V18-W18
Ruppiner Str.	26	G14-H14
Rupprechtstr.	63	M21-N22
Ruschestr.	47	K21-L21
Rutnikstr.	46	K21
Ruwersteig	49	K25
Rykestr.	43	H16-G16

S

Name	Stadtplan Nr.	Planquadrat
Saalburgstr.	91	V15-W16
Saalestr.	92	U18-T19
Saalmannsteig	6	A9
Saalmannstr.	6	B9-A9
Saarbrücker Str.	43	H15-J16
Saarstr.	87	U9
Saatwinkler Damm	18	F1-G8
Sabinensteig	31	F22
Sachsendamm	72	S10-T12
Sachsenhausener Str.	90	V14-V15
Sachsenstr.	9	A12
Sachsenwaldstr.	87	V9-U10
Sadowastr.	80	S24
Sächsische Str.	70	P7-N8
Saganer Str.	79	P22-R23
Salderstr.	52	L5
Saltykowstr.	76	T17-S17
Salzbrunner Str.	68	R6-P6
Salzburger Str.	71	R9-R10
Salzmannstr.	63	P22-N22
Salzufer	38	K8-L9
Salzwedeler Str.	39	H10
Samariterplatz	45	K20
Samariterstr.	62	L20-K20
Sambesistr.	23	F9
Samländische Str.	11	D15
Samoastr.	23	G10-G11
Sanderstr.	75	P16-P17
Sandinostr.	30	G21-H21
Sandkrugbrücke	41	J12
Sangeallee	80	R24
Sankt-Galler-Str.	7	B10
Sansibarstr.	23	E9-E10
Sarner Weg	13	C18-B19
Sarrazinstr.	86	T8-T9
Sasarsteig	76	S17
Saßnitzer Str.	84	T5
Saturnstr.	6	D8-C8

Name	Stadtplan Nr.	Planquadrat
Savignystr.	54	M8
Schackelsterstr.	65	N26
Schadowstr.	41	K13
Schächentaler Weg	13	B19
Schätzelbergstr.	90	W14-V14
Schaffhausener Str.	91	V15-U15
Schalkauer Str.	48	H23
Schamweberstr.	31	F21-F22
Schandauer Str.	76	R18
Schaperstr.	54	N8-N9
Scharfenberger Str.	2	C1
Scharnhorststr.	41	H12-J12
Scharnweberstr. (Friedrhn)	62	L19-L20
Scharnweberstr. (Köp)	97	V25-V26
Scharnweberstr. (Rei)	5	C7-D9
Scharnweberstr. (Weiß)	28	E18
Scharounstr.	56	M12
Scharrenstr.	58	L15
Schaumburgallee	34	K2-K3
Scheffelstr.	46	K20-K21
Scheiblerstr.	95	U22
Scheidemannstr.	40	K12
Scheiner Weg	37	J6-H6
Schelingstr.	57	M12
Schellendorffstr.	84	T5
Schendelgasse	42	J15
Schenkendorfstr.	74	R14
Schenkestr.	80	S23-S24
Scherenbergstr.	27	F16-E16
Scherestr.	24	F12
Scheringstr.	25	G13
Scheveninger Str.	93	W18-W19
Schicklerstr.	59	L16
Schierker Platz	92	T17
Schierker Str.	92	T17-T18
Schiffbauerdamm	41	K13
Schildhornstr.	86	U7-V8
Schildhornweg	66	P1-R3
Schileritzstr.	28	F17-F18
Schillerhof	8	D11
Schillerpark	7	D10-E10
Schillerplatz	86	T8
Schillerpromenade (Köp)	96	V24-U24
Schillerpromenade (Neuk)	75	S16-T16
Schillerring	7	C10-C11
Schillerstr.	53	M6-L8
Schillingbrücke	60	M17
Schillingstr. (Mitte)	59	L16-K16
Schillingstr. (Rei)	6	C8
Schillstr.	55	N10-M10
Schinkelstr.	68	P5
Schinkestr.	75	P16
Schivelbeiner Str.	26	E15-F15
Schlangenbader Str.	85	U7-S7
Schlegelstr.	41	J13-H13
Schleidenplatz	62	L20
Schleiermacherstr.	74	R14-P14
Schleinitzstr.	68	R4-R5
Schleizer Str.	31	G22-G23
Schlesingerstr.	38	J8
Schlesische Str.	60	N18
Schlesischebrücke	61	N18
Schlesischer Busch	77	P18
Schleswiger Ufer	39	K9
Schleusenbrücke = 16	58	L14
Schleuseninsel	54	L9
Schleusenufer	61	N18
Schlichtallee	62	N21
Schliemannstr.	27	G16-F16
Schlochauer Str.	65	N26-M26
Schloßallee	11	A16-A17
Schloßbrücke (Char)	37	K6
Schloßbrücke (Mitte)	42	K14
Schlossgarten	36	J5-K6
Schloßpark Bellevue	39	K10-L10
Schloßplatz	42	K14-L14
Schloßstr. (Char)	53	K6-L6
Schloßstr. (Stegl)	86	W7-U8
Schlüterstr.	54	N7-L8
Schmalenbachstr.	94	U20-V20
Schmargendorfer Brücke	69	S7
Schmargendorfer Str.	86	T8-T9
Schmetterlingsplatz	67	R3
Schmidstr.	59	M16
Schmiedeberger Weg	80	R24
Schmiljanstr.	86	T8-U9
Schmitt-Ott-Str.	85	V7
Schmitzweg	7	A9
Schmohlstr.	12	D18
Schmollerplatz	76	P18-R18
Schmollerstr.	76	R18
Schnackenburgstr.	86	T9
Schneeglöckchenstr.	45	J19-H19
Schneehornpfad	13	C19
Schnellerstr.	95	U22-W25
Schneppenhorstweg	20	G5
Schoelerpark	70	R8
Schönburgstr.	89	U13
Schöneberger Str. (Stegl)	86	U8-U9
Schöneberger Str. (Temp)	89	T12-U12
Schöneberger Ufer	56	M11-M12
Schönebergstr.	57	N12-M13
Schöneicher Str.	31	F22-G22
Schöneweider Str.	92	T18
Schönfließer Str.	27	E15
Schönhauser Allee	43	J15-E15
Schönhauser Str.	87	V9-U9
Schönholzer Str. (Mitte)	26	G14
Schönholzer Str. (Pank)	10	C14
Schönholzer Weg	9	A12
Schöning Str.	23	E10-D10
Schönleinstr.	75	P16
Schönstedtstr. (Neuk)	76	S17
Schönstedtstr. (Wed)	25	F12
Schönstr.	29	E18-D19
Schöntaler Weg	94	U21
Schönwalder Str.	24	G12
Schonenschestr.	27	E16
Schorlemerallee	85	U6-U7
Schottstr.	63	L22-K22
Schraderstr.	94	V21
Schrammstr.	70	S8
Schreiberhauer Str.	62	N20-M21
Schreiberring	73	S12-S13

133

Name	Stadtplan Nr.	Planquadrat
Schreinerstr.	45	K19-L20
Schrodaer Str.	65	N26
Schröderstr.	41	J14-H14
Schubarstr.	5	A7
Schuckertdamm	19	G3-G4
Schudomastr.	93	T18-T19
Schützenstr. (Mitte)	58	M14
Schützenstr. (Stegl)	86	W8
Schulenburgring	73	S13-R13
Schulenburgstr.	6	B9
Schulstr. (Mar)	65	L26
Schulstr. (Pank)	10	C15
Schulstr. (Wed)	24	F11-E12
Schultze-Delitsch-Platz	59	L15
Schulweg	44	K17
Schulze-Boysen-Str.	62	M21-L21
Schulzendorfer Str.	25	G12
Schulzestr.	10	C14
Schumannstr.	41	K13-J13
Schustehruspark	53	L6
Schustehrusstr.	37	K6-K7
Schwabstr.	9	C12-C13
Schwäbische Str.	71	P10-R10
Schwalbacher Str.	86	T8
Schwambzeile	21	G6
Schwanenfeldstr.	22	G8
Schwanheimer Str.	91	V16
Schwartzkopffstr.	41	H13
Schwartzstr.	9	C12-C13
Schwarzastr.	93	T19
Schwarzbacher Str.	68	P5
Schwarzelfelweg	13	B19-C20
Schwarzer Weg	2	B1-A2
Schwarzer Weg (Köp)	80	S23-U23
Schwarzer Weg (Mitte)	41	H12-J12
Schwarzmeerstr.	64	N23-N24
Schweden Str.	25	D12-E12
Schwedlerstr.	67	R4
Schwedter Str.	26	F14-H15
Schweidnitzer Str.	69	P6
Schweiggerweg	20	G5
Schweinfurthstr.	84	T5-V6
Schwendenerstr.	84	W5-W6
Schweriner Ring	16	B23-A23
Schwerinstr.	56	N11
Schwerter Weg	18	F1
Schwiebusser Str.	73	R13-R14
Schwiegersteig	19	G4
Schwindstr.	78	S20
Schwyzer Str.	7	D10-D11
Scottweg	50	M1
Sebastianstr.	58	M15
Sedanstr.	86	W9
Seddiner Str.	64	L24
See Weg	29	E20
Seebergsteig	67	R4-S4
Seefelder Str.	31	F23
Seehausener Str.	16	D24-D25
Seelingstr.	52	L5-L6
Seelower Str.	27	F15-E15
Seepark	80	S24
Seesener Str.	68	N5-R6
Seestr.	23	G9-E11
Seeweg (Rei)	2	D1
Seeweg (Temp)	90	W15
Segitzdamm	59	N15
Seidenberger Str.	28	D17-E17
Seifertweg	81	P25
Selchower Str.	75	S16
Selchowstr.	84	T5
Selerweg	86	W9
Selkestr.	92	T17-U17
Sellerbrücke	40	H11-H12
Sellerstr.	24	G12
Sellinstr.	11	C16
Selmer Pfad	3	B4
Sembritzkistr.	88	W10-V11
Semiramisstr.	12	C17
Semmelweg	3	C3-B4
Semperstr.	87	T9
Sendener Weg	3	B3-B4
Senefelderstr.	27	G16
Senegalstr.	23	F9
Sennockstr.	89	U13
Sensburger Allee	50	L2-M3
Sentastr.	86	T8-T9
Seppenrader Weg	3	B4
Septimerstr.	7	C9-D10
Sesenheimer Str.	53	L7
Sesselmanweg	69	P6-R6
Seumestr.	61	M19-L19
Sewanstr.	63	N22-P24
Seydelstr.	58	L14-M15
Seydlitzstr.	40	J11
Shakespeareplatz	53	L7
Shawweg	50	M1
Sickingenbrücke	37	H7-J7
Sickingenstr.	37	H7-H8
Siedelmeisterweg	6	B8
Siedelstr.	5	B6-C6
Siegburger Str.	69	S7
Siegertweg	89	T13
Siegfried-Aufhäuser-Platz	93	T19
Siegfriedstr. (Libg)	47	H22-L22
Siegfriedstr. (Neuk)	91	U16-U17
Siegfriedstr. (Pank)	11	A15
Sieglindestr. (Schö)	70	T8-S9
Siegmunds Hof	55	L9
Siemensdamm	35	H4-H5
Siemenssteg	37	K7
Siemensstr. (Köp)	96	U23-U24
Siemensstr. (Tierg)	38	H8-H9
Sieversufer	93	V18-V19
Sigismundstr.	56	M11-M12
Sigmaringer Str.	70	P8-R8
Sigridstr.	45	H19
Sigurdstr.	12	A18-B18
Silbersteinstr.	91	U16-U18
Silingenweg	51	M3
Simmelstr.	8	C11-C12
Simon-Bolivar-Str.	31	G21-H22
Simon-Dach-Str.	61	M19-L19

Name	Stadtplan Nr.	Planquadrat
Simonring	18	**G1**
Simplonstr.	61	**M19-M20**
Singerstr.	43	**K16-L17**
Sinsheimer Weg	77	**R18-R19**
Sinziger Str.	81	**R25**
Siriusstr.	94	**U20**
Sittestr.	7	**A9**
Skalitzer Str.	59	**N15-N18**
Skandinavische Str.	64	**L23**
Skirenweg	51	**M3**
Skladanowskystr.	9	**A13-A14**
Slabystr.	97	**V25**
Sleipnerplatz	12	**B18**
Sleipnerstr.	12	**B17-B18**
Smetanastr.	29	**F19**
Sodener Str.	85	**T6**
Sodtkestr.	28	**F17**
Sömmeringstr.	37	**K7-J7**
Soldauer Allee	51	**M3**
Soldauer Platz	51	**M3**
Soldiner Str.	9	**D12-E14**
Solferinostr.	6	**B9**
Solinger Str.	39	**K9**
Sollstedter Str.	48	**H23**
Solmsstr.	74	**R14-P14**
Solonplatz	29	**F19**
Soltauer Str.	5	**A6-A7**
Sommerfelder Str.	5	**A6**
Sommergarten	51	**M4**
Sommerstr. (Hohen)	30	**G21**
Sommerstr. (Rei)	9	**B12-C12**
Sonderburger Str.	25	**E14**
Sonnenallee	76	**R16-V21**
Sonnenbrücke	93	**T19**
Sonnenburger Str.	26	**F15**
Sonnenhof	67	**P3**
Sonntagstr.	62	**M20**
Soonwaldtstr.	13	**D19**
Soorstr.	51	**K4-M4**
Sophie-Charlotte-Platz	53	**L6**
Sophie-Charlotten-Str.	36	**J5-L5**
Sophienstr. (Libg)	63	**M22**
Sophienstr. (Mitte)	42	**J14-J15**
Sophienwerderweg	34	**H1-J1**
Sorauer Str.	60	**N17**
Späthsfelder Weg	94	**W21**
Späthstr.	93	**W19-W20**
Spandauer Damm	34	**J2-K6**
Spandauer Str.	42	**K15**
Spanheimstr.	25	**E13-E14**
Sparrplatz	24	**G11**
Sparrstr.	24	**G11**
Spatzensteig	80	**S23**
Spechstr.	83	**V4-U4**
Spenerstr.	39	**K10-J11**
Spennrathbrücke	22	**G9**
Sperberweg	19	**E3**
Sperlingsgasse	58	**L14**
Sperlingsstr.	94	**W20**
Spessartstr.	69	**T7-S8**

Name	Stadtplan Nr.	Planquadrat
pichernstr.	54	**P9-N9**
Spiegelweg	52	**M5**
Spiekermannstr.	27	**E16-E17**
Spielhagenstr.	53	**L6**
Spilstr.	85	**U7**
Spinozastr.	85	**U7**
Spittastr.	62	**N21-M21**
Spittelmarkt		**L14**
Splanemannstr.	80	**P24**
Spohrstr.	67	**S4**
Sponholzstr.	87	**T9**
Sportforumstr.	34	**K2-L2**
Spreepark	79	**R21-R22**
Spreestr.	96	**W23-V24**
Spreeufer	42	**K15-L15**
Spreewaldplatz	60	**N17**
Spreeweg	55	**L10-L11**
Spremberger Str.	75	**P16**
Sprengelstr.	23	**G10-G11**
Springpfuhlpark	49	**H26-J26**
Sprungschanzenweg	82	**W2-W3**
Sredzkistr.	27	**G15-G16**
Stader Str.	65	**N26**
Stadthausstr.	62	**N21**
Stadtpark	46	**K20-K21**
Stahlheimer Str.	27	**F16-E16**
Stallschreiberstr.	58	**M15**
Stallstr.	37	**K6**
Stallupöner Allee	50	**M1**
Stargarder Str.	27	**F15-G16**
Stargardfstr.	8	**C11**
Starnberger Str.	71	**P10**
Starstr.	84	**U4-U5**
Stauffenburgstr.	56	**M11**
Stavangerstr.	27	**E15**
Stechlinstr.	80	**S24-R24**
Stedingerweg	29	**G19-H19**
Steegerstr.	10	**D14**
Steengravenweg	29	**G19**
Steffelbauerstr.	97	**V25**
Steffenstr.	30	**G21**
Steffring	21	**F7**
Stegeweg (Hohen)	17	**C26-B26**
Stegeweg (Rei)	8	**B11**
Steglitzer Damm	87	**W9**
Steifensandstr.	52	**M6**
Steinacher Str.	71	**R9**
Steinbockstr.	94	**T20**
Steinmetzstr.	72	**P11-N11**
Steinplatz	54	**M8**
Steinrückweg	85	**U7**
Steinstr. (Mitte)	42	**J15**
Steinstr. (Stegl)	87	**W9**
Stendaler Str.	39	**H10**
Stendelweg	34	**K1-J1**
Stenzinger Str.	71	**R9**
Stephanplatz	39	**H10**
Stephanstr.	39	**H10-H11**
Sterkrader Str.	4	**A5-B5**
Sterndamm	96	**W23**
Sternfelder Str.	34	**H3**
Sternstr.	9	**C13-C14**

135

Name	Stadtplan Nr.	Planquadrat
Stettiner Str.	25	E13
Steubertplatz	35	K3-L3
Stewardstr.	83	W3
Stierstr.	87	T9
Stiftsweg	11	B16
Stille Str.	10	B14-B15
Stirnerstr.	87	W9
Stockholmer Str.	9	D13-E13
Stockumer Str.	4	B5-A5
Stökkelstr.	18	G1
Stolbergstr.	89	U13
Stolzenfelsstr.	81	S25
Storkower Str.	28	G18-K21
Storkwinkel	68	P5
Stormstr. (Char)	51	L4
Stormstr. (Trept)	95	U22
Stralauer Allee	61	N18-N20
Stralauer Platz	60	M17
Stralauer Str.	59	L15-L16
Stralsunder Str.	25	G13-G14
Straßburger Str.	43	J15-H16
Straße 1 (Hohen)	15	A22
Straße 1 (Libg)	81	S26
Straße 1 (Pank)	10	A14
Straße 1 (Weiß)	12	A18
Straße 2 (Libg)	81	S26
Straße 2 (Weiß)	12	A18
Straße 3 (Hohen)	17	A25
Straße 3 (Libg)	81	S26
Straße 3 (Weiß)	12	A18
Straße 4 (Hohen)	17	A25
Straße 4 (Libg)	81	S26
Straße 4 (Weiß)	12	A18
Straße 5 (Hohen-Malchow)	15	A22
Straße 5 (Hohen-Wartenberg)	17	A25
Straße 5 (Libg)	81	S26
Straße 5 (Weiß)	12	B17-A18
Straße 6	17	A25
Straße 10	16	A24
Straße 11	16	A24
Straße 12 (Hohen)	30	F21
Straße 12 (Nuek)	93	U19
Straße 13	49	H25
Straße 15	47	J22
Straße 16	12	C18
Straße 18	12	C18
Straße 19	12	C18
Straße 22	5	B6-B7
Straße 30	12	C18
Straße 31	12	B18
Straße 33	8	A12
Straße 42	13	C18
Straße 43b	65	N26
Straße 49	12	D17-D18
Straße 56	12	C17-D17
Straße 70	21	G6-F7
Straße 77	62	L21
Straße 78	8	A12
Straße 79	8	A12
Straße 104	8	A12
Straße 106	10	B14
Straße 107	10	A14
Straße 133	32	G23-G24
Straße 134	32	G23
Straße 142	31	E23-D23
Straße 150	32	F23-G23
Straße 155	32	G23-G24
Straße 156	32	F23
Straße 158	32	G24
Straße 201	10	B14
Straße 206	13	D18
Straße 209	12	D18
Straße 210	13	D18
Straße 224	21	G6
Straße 244	38	K8
Straße 245	13	D18-D19
Straße 246	13	D19
Straße 250	15	D22
Straße 251	15	D22
Straße 252	15	D22
Straße 442	6	D8
Straße 455	6	D8
Straße 462	6	D8
Straße 614	92	V17-V18
Straße A	19	F4-E4
Straße am Günterbahnhof Wilmersdorf	71	S9
Straße am Heizhaus	81	S26-R26
Straße am Schaltwerk	18	G3
Straße am Schoelerpark	70	R8
Straße C	19	E3-E4
Straße D	19	F4-E4
Straße der Pariser Kommune	60	M17-K18
Straße des 17. Juni	54	L8-L12
Straße E	19	F3-E3
Straße F	19	F3-E3
Straße G	19	F3-E3
Straße H	19	F3-E3
Straße J	19	F3-E3
Straße K	19	F3-E3
Straße L	18	E2-E3
Straße M	18	F3-E3
Straße N	18	F2-E2
Straße O	18	E2
Straße P	18	E2
Straße Q	18	E2
Straße R	2	D1-E2
Straße S	18	E2
Straße T	18	E2
Straße U	18	E2
Straße V	18	E2
Straße vor Schönholz	9	B12-B13
Straße W	18	E2
Straße X	18	E2
Straße Y	18	E1
Straße Z	18	E1
Straßmannstr.	45	K18-K19
Strausberger Platz (Friedrhn)	43	K17
Strausberger Platz (Hohen)	31	G22
Strausberger Str. (Friedrhn)	44	K17
Strausberger Str. (Hohen)	31	G22
Strelitzer Str.	25	G14-H14

137

Name	Stadtplan Nr.	Planquadrat
Stresemannstr.	57	**M12-N13**
Streustr.	28	**E17-F18**
Stromstr.	39	**K10-H10**
Struvesteig	37	**J6**
Stubbenkammerstr.	27	**G16**
Stubenrauchbrücke (Köp)	96	**V23**
Stubenrauchbrücke (Temp)	89	**W13**
Stubenrauchstr.	70	**S8-U8**
Stubnitzstr.	11	**C16**
Stuckstr.	77	**R19-R20**
Stübbenstr.	71	**R9**
Stühlinger Str.	80	**S24**
Stülerstr.	55	**M10**
Stülpnagerstr.	52	**L5**
Stünckweg	37	**H6**
Stuhmerallee	50	**M2**
Stuttgarter Platz	53	**M6**
Stuttgarter Str.	76	**S18**
Suadicanistr.	88	**T11**
Suarezstr.	52	**N5-L6**
Suchlandstr.	86	**W8**
Suderorder Str.	92	**V17**
Süden-str.	86	**V8-W9**
Süderbrokweg	45	**H19-G19**
Südliche Seestraßenbrücke	22	**G9**
Südlicherweg	18	**G2**
Südostallee	94	**V21-W23**
Südstern	74	**R15**
Südtorweg	50	**L1**
Südwestkorso	85	**U7-S8**
Sültstr.	27	**F17**
Sülzhayner Str.	76	**R18**
Suermondtstr.	31	**E21-F23**
Sulzaer Str.	68	**T5-S5**
Sulzfelder Str.	30	**E20**
Süntelsteig	82	**W2**
Suttnerstr.	88	**V11**
Swakopmunder Str.	6	**D9**
Swiftweg	50	**L1-M1**
Swinemünder Str.	26	**F14-H15**
Sybelstr.	53	**N6-N7**
Sylter Str. (Wed)	23	**G9**
Sylter Str. (Wilm)	85	**T6**
Syringenplatz	45	**H19**
Syringenweg	45	**H19**
Syrische Str.	24	**E11**

T

Tabbertstr.	96	**U23**
Taborstr.	60	**P18-N18**
Takustr.	84	**V5-W6**
Talstr.	27	**E16-E17**
Tamseler Str.	31	**E22-E23**
Tangastr.	23	**F9-F10**
Tankredstr.	89	**W12**
Tannenbergallee	50	**M2**
Tannhäuserstr.	80	**P23-P24**
Tapiauer Allee	50	**M1**
Tasdorfer Str.	62	**M21**
Tassostr.	29	**F19-E19**
Taubenstr.	57	**L13-L14**
Taubertstr.	67	**R3-S4**
Tauentzienstr.	55	**M9-N10**
Taunusstr. (Schö)	86	**T8**
Taunusstr. (Wilm)	68	**S4-S5**
Tauroggener Str.	37	**K6-J6**
Taylorstr.	83	**W3-W4**
Tegeler Str.	24	**G11**
Tegeler Weg	36	**H6-K6**
Tegeler Brücke	18	**E2**
Tegelorter Ufer	2	**C1**
Tegnerstr.	27	**E15**
Teichgräberzeile	21	**G6**
Teichstr.	7	**C10-B10**
Teilestr.	90	**V14-V16**
Tellstr.	76	**R17**
Tempelherrnstr.	74	**P14**
Tempelhofer Damm	89	**V13-R13**
Tempelhofer Ufer	57	**N12-N13**
Tempelhofer Weg (Neuk)	91	**V16-W17**
Tempelhofer Weg (Schö)	72	**S11-T11**
Templerzeile	90	**V14**
Templiner Str.	42	**H13**
Teplitzer Str.	68	**S4-S5**
Terwielsteig	21	**G6**
Tessenowstr.	7	**A9**
Tessiner Weg	8	**D11**
Teterower Str.	93	**W18-W19**
Teufelsseechaussee	66	**P1-M2**
Teupitzer Brücke	77	**S19**
Teupitzer Str.	77	**S19-R19**
Teutoburger Platz	42	**H15**
Thaerstr.	45	**K19-J19**
Tharandter Str.	70	**R9-P9**
Thaters Privatweg	21	**G7**
Thaterstr.	8	**C11**
Theaterufer	56	**M12**
Themarer Str.	48	**H24-G24**
Themseestr.	7	**D9-D10**
Theobaldstr.	32	**E24**
Theodor-Francke-Str.	89	**V13**
Theodor-Heuss-Platz	51	**M4**
Theodor-Heuss-Weg	41	**H13**
Theodor-Wolff-Park	57	**N13-N14**
Theodorstr.	89	**V13**
Theresenweg	2	**B1**
Thiel Park	84	**V5-W5**

Name	Stadtplan Nr.	Planquadrat
Thielallee	84	**V5-W5**
Thielenbrücke	76	**P17**
Thiemannstr.	77	**S19-T18**
Thiesstr.	12	**D18**
Thomas-Dehler-Str.	55	**L10-M10**
Thomas-Mann-Str.	28	**G18**
Thomashöhe	92	**T17**
Thomasiusstr.	39	**K10-J10**
Thomasstr.	92	**T17**
Thorwaldsenstr.	87	**U9-V10**
Thrasoltstr.	53	**L6-L7**
Thüringerallee	51	**M4**
Thujaweg	94	**W21**
Thulestr.	27	**E16-E17**
Thurandtweg	49	**K25**
Thurgauer Str.	7	**B10-C11**
Thurneysserstr.	25	**E12**
Thusnelda Allee	39	**J9**
Thuyring	89	**T13**
Thyssenstr.	7	**A10**
Tieckstr.	41	**J13-J14**
Tiergarten	56	**L9-L12**
Tiergartenstr.	56	**M10-L12**
Tiergartenufer	55	**L9-M10**
Tilburger Str.	93	**W19**
Tile-Wardenberg-Str.	38	**K9**
Tiniusstr.	12	**B17-C17**
Tiroler Str.	10	**D14-D15**
Toblacher Str.	10	**D15**
Tölzer Str.	68	**S6**
Toeplerstr.	19	**G4-G5**
Togostr.	6	**D9-F10**
Topsstr.	27	**G15**
Torellstr.	61	**L18**
Torfstraßensteg	23	**G10-G11**
Torfstr.	23	**G10-G11**
Torstr.	41	**J13-J16**
Totilastr.	88	**V12**
Trabacher Str.	29	**E20-D20**
Trabener Str.	67	**R3-N5**
Traberweg	80	**S24**
Trachtenbrodtstr.	27	**F17**
Traegerstr.	71	**T9-T10**
Trakehner Allee	50	**L1-L2**
Transvaalstr.	23	**F9-E10**
Traunsteiner Str.	71	**P10**
Trautenauer Str.	80	**S23-S24**
Trautenaustr.	70	**P8-P9**
Travemünder Str.	25	**E13**
Traveplatz	62	**L20**
Travestr.	62	**L20**
Trebbiner Str.	57	**N12**
Treffurter Str.	32	**G24-H24**
Treitschkepark	86	**U8-V8**
Treitschkestr.	86	**U7-V8**
Trelleborger Str.	11	**D16-E16**
Trendelenburgstr.	52	**M5**
Treptower Brücke	77	**S19**
Treptower Park	78	**R20**
Treptower Str.	77	**S18-R19**
Treseburger Str.	37	**K7-J7**
Treskowallee	96	**U24-P25**
Treskowbrücke	96	**V24**
Treskowstr. (Köp)	97	**V25**
Treskowstr. (Pank)	10	**A14**
Treskowstr. (Weiß)	12	**D17**
Treuchtlinger Str.	71	**P9**
Triberger Str.	69	**S7**
Triebjagdweg	82	**W2**
Trienter Str.	10	**D15**
Trierer Str.	29	**E20**
Triftstr.	23	**G10-F11**
Triniusstr.	96	**U24**
Trojanstr.	95	**U22**
Tromsöer Str.	9	**D12**
Tronjepfad	14	**B20**
Trumanplaza	83	**W4**
Truseweg	76	**S18**
Tschaikowskistr.	10	**B14-A15**
Tuchmacherweg	9	**B13**
Tuchollaplatz	62	**N21**
Tucholskystr.	41	**J14-K14**
Tübinger Str.	70	**S8-S9**
Türkenstr.	23	**E10**
Türrscmidtstr.	62	**N21**
Tunnelstr.	78	**P20-R21**
Turmstr.	38	**J8-J11**
Turnier Str.	24	**E11-F11**

U

Name	Stadtplan Nr.	Planquadrat
Ubierstr.	51	**M4**
Udetzeile	73	**S12**
Ueckermünder Str.	26	**E14-E15**
Überseestr.	80	**S24**
Ürzigerstr.	14	**D20**
Uferstr.	25	**F12-E12**
Ufnaustr.	37	**H7-J7**
Ugandastr.	23	**F9**
Uhlandstr.	70	**R8-M8**
Ullerplatz	13	**B19**
Ullerweg	13	**B19**
Ullsteinstr.	89	**W13-W15**
Ulmenallee	35	**K3-L4**
Ulsterstr.	77	**S18**
Umgehungschaussee	67	**S3-T3**
Ungarnstr.	23	**E10-D11**
Unionplatz	39	**H9**
Unionstr.	39	**H9**
Universitätsstr. = 6	41	**K14**

Name	Stadtplan Nr.	Planquadrat
Unstrutstr.	92	**T18**
Unter den Eichen	85	**W7**
Unter den Linden	57	**L13-K14**
Unterbaumstr.	41	**K12-K13**
Unterwasserstr.	42	**K14-L14**
Upsalaerstr.	27	**E16**
Upstallweg	64	**N24**
Uranusweg	5	**C7-C8**
Urbanstr.	74	**P14-R16**
Ursula-Goetze-Str.	81	**P25**
Usambarastr.	7	**D9**
Usedomerstr.	25	**G13-G14**
Uthmannstr.	92	**T18**
Utrechter Str.	24	**F11-E11**

V

Name	Stadtplan Nr.	Planquadrat
Valwiger Weg	65	**L25**
Varian-Fry-Str. = 2	57	**M12**
Varnhagenstr.	27	**F16-E16**
Varziner Platz	70	**S9**
Varziner Str.	70	**S8-S9**
Veltener Str.	7	**B9-B10**
Venusplatz	94	**U20**
Venusstr.	6	**D8-C8**
Verbindungschaussee	66	**S1-P1**
Verdener Gasse	31	**G21-H21**
Vereinssteig	9	**B12**
Verlängerte Kolonienstr.	9	**C13**
Verlängerte Waldowallee	81	**S25-T26**
Verlängertes	22	**F8**
Vesaliusstr.	11	**A16-A17**
Veteranenstr.	41	**H14**
Viktoria-Luiser-Platz	71	**P9-P10**
Viktoriapark (Kreu)	73	**R12-R13**
Viktoriapark (Stegl)	86	**V8**
Viktoriastr.	89	**W13**
Vincent-van-Gogh-Str.	16	**C24-D25**
Vinetaplatz	26	**G14**
Vinetastr.	11	**D15-D16**
Virchowstr.	44	**J17-J18**
Vogelsang	84	**V5-U5**
Voigtstr.	62	**L20-K20**
Volkersstr.	64	**L23**
Volkmarstr.	90	**W14**
Volkradstr.	64	**N23**
Volkspark	96	**U24**
Volkspark am Weinberg	41	**H14**
Volkspark Friedrichshain	44	**J17**
Volkspark Hasenheide	75	**R15-S16**
Volkspark Humboldthan	25	**F13**
Volkspark Jungfernheide	20	**F5-G5**
Volkspark Prenzlauer Berg	45	**H19-H20**
Volkspark Rehberge	22	**E9-F9**
Volkspark Schönholzer Heide	9	**A12-B13**
Volkspark Wilmersdorf	69	**R7-S9**
Voltaierstr.	43	**K15-K16**
Voltastr. (Span)	35	**H4**
Voltastr. (Wed)	25	**G13-G14**
Von-der-Gablentz-Str.	6	**C8**
Von-der-Heydt-Str.	56	**M10-M11**
Von-der-Schulenburg-Park	94	**U20**
Vor dem Schlesischen Tor	61	**N18**
Vorarlberger Damm	87	**T10-T11**
Vorbergstr.	72	**R10-R11**
Vorstadtweg	65	**N26-M26**
Voßbergstr.	71	**S10**
Voßstr.	57	**L12-L13**
Voxstr.	57	**M12**
Vulkanstr.	46	**H21-K21**

W

Name	Stadtplan Nr.	Planquadrat
Wacholderweg	34	**K2**
Wachtelstr.	84	**V4-V5**
Wadzeckstr.	43	**J15-J16**
Waetzoldtstr.	85	**W7**
Waffenschmiedstr.	12	**C17**
Waghäuseler Str.	70	**R9-S9**
Waiblinger Weg	96	**W23**
Waidseestr.	8	**D11**
Waisenstr.	43	**K15-L15**
Waitzstr.	53	**N7-M7**
Waldbacher Weg	65	**L26**
Waldeckpark	58	**M14-M15**
Waldemarstr.	59	**M16-N17**
Waldenserstr.	38	**J9**
Waldeyerstr.	62	**L20**
Waldkrauzstr.	2	**A2**
Waldmeisterstr.	67	**S4-T4**
Waldowallee	81	**R25-S25**
Waldowplatz	97	**V25**
Waldowstr. (Hohen)	31	**F21-F22**

Name	Stadtplan Nr.	Planquadrat
Waldowstr. (Köp)	97	V25
Waldowstr. (Rei)	7	B9
Waldschulallee	51	M3-N4
Waldsteg	8	A12
Waldstr. (Pank)	10	A14
Waldstr. (Rei)	5	B7-B9
Waldstr. (Tierg)	38	J9-H9
Walhallastr.	9	A12-A13
Walkenrieder Str.	92	V17
Walkürenstr.	80	R23-R24
Wallenbergstr.	69	R7-S7
Wallensteinstr.	80	P23-R24
Walliser Str.	8	B11
Wallotstr.	67	P4
Wallstr.	58	L15
Walsroder Str.	87	W9-W10
Walter-Zermin-Weg	41	H13
Walterstr.	92	U18
Wamgenheimsteg	68	P5
Wandalenallee	51	M3-M4
Wandlitzstr.	80	R24-S24
Wanensteig	14	C20
Wangenheimstr.	68	R5-P5
Wangerooger Steig	84	T6
Wanzlikpfad	92	T18
Warmbrunner Str.	68	R5-R6
Warneckstr.	69	R6-R7
Warnemünder Str. (Hohen)	16	B23
Warnemünder Str. (Wilm)	84	T5
Warnenweg	51	M3
Warnitzer Str.	16	C24
Warschauer Platz	61	N18-M18
Warschauer Str.	61	N18-L19
Wartburgplatz	71	R10
Wartburgstr.	71	R9-R10
Wartburgzeile	53	L7-K7
Wartenberger Str.	16	C23-F23
Wartenberger Weg	15	B21-B23
Wartenbergstr.	62	M20-M21
Wartenburgstr.	73	P13
Wartheplatz	91	T16-U16
Warthestr.	91	U16-T17
Wartiner Str.	17	C25
Washingtonplatz	40	K12
Wassergasse	59	L15
Wassergrundstr.	33	F25-G25
Wassertorplatz	59	N15
Wassertorstr.	58	N15
Wasserweg	78	R21-R22
Waterloobrücke	58	N14
Waterlooufer	58	N14
Wattstr. (Köp)	79	T23-U23
Wattstr. (Span)	35	H3-G3
Wattstr. (Wed)	25	G13-G14
Waxweilerweg	15	D22
Weberwiese	60	L18
Weddingplatz	24	G12
Weddingstr.	24	F12
Wedekindstr.	60	L18
Wederstr.	92	V17-V18
Weg 7	96	T23
Wegastr.	94	T20-U20
Wegelystr.	55	L9
Wegenerstr. (Weiß)	29	E20
Wegenerstr. (Wilm)	70	R7-R8
Wehlener Str.	13	D20
Wehneltsteig	35	H4
Weichselstr. (Friedrhn)	62	M20-L20
Weichselstr. (Neuk)	76	R17
Weidenauer Weg	4	B5
Weidenweg (Friedrhn)	44	K18-K19
Weigandufer	76	R18-S19
Weimarer Str.	53	M7-L7
Weimarische Str.	70	S8
Weinbergsweg	42	J14-H15
Weinbrennerweg	7	A10
Weinheimer Str.	68	S5
Weinmeisterstr.	42	J15
Weinstr.	43	J16-J17
Weisbachstr.	45	J18
Weisestr.	75	S16-T16
Weiskopffstr.	97	V26
Weißensee Park	29	E19
Weißenseer Weg	30	G20-J21
Weitlingstr.	63	N22-L22
Weldendammer Brücke	41	K13
Weldenweg	35	J3
Welserstr.	55	P9-N10
Welsestr.	16	D24-C25
Weltlingerbrücke	20	G6
Wendland ziele	87	T10
Werbellinstr.	76	S16-S17
Werdauer Weg	71	S10
Werderscher Markt	58	L14
Werderstr. (Mitte)	58	L14
Werderstr. (Temp)	89	W13-V13
Werdohler Weg	3	B4-B5
Wereinsweg	86	W8
Werftendensteig	8	C11
Werftstr.	40	K11
Werkring	34	H1-J1
Werkstättenweg	51	P4-N5
Werner-von-Siemens-Park	19	G3-G4
Werner-Voß-Damm	73	T12-S12
Wernerwerkdamm	35	H3-H4
Werneuchener Str.	31	G22
Wernigeroder Str.	37	K7-J7
Wernwerstr.	67	S4-R4
Werrastr.	76	S18
Weseler Str.	81	S25-R25
Weserstr. (Friedrhn)	62	L19-M20
Weserstr. (Neuk)	75	R16-S19
Westarpstr.	71	R9-R10
Westendallee	34	K2-L3
Westerlandstr.	11	D15-D16
Westfälische Str.	52	N5-P7
Westhafenstr.	23	G9-G10
Westiger Pfad	3	B4
Weststr.	6	C8
Wetterseestr.	27	E16
Wetzlarer Str.	86	U7-T8
Wexstr.	70	S8-S9

Name	Stadtplan Nr.	Planquadrat
Weydemeyerstr.	43	K16-K17
Weydingerstr.	43	J15
Wichertstr.	27	F15-F17
Wichmannstr.	55	M10
Wickeder Str.	4	B5-B6
Wiclefstr.	38	H8-J9
Widderstr.	94	T20
Widstrubelpfad	13	C18
Wiebestr.	38	H8-J8
Wiecker Str.	15	C22
Wiedenweg (Char)	37	J7
Wielandstr. (Char)	54	N7-M8
Wielandstr. (Schö)	87	U9-T9
Wiener Str.	60	N17-P18
Wienerbrücke	76	P18
Wiersichweg	21	G6
Wierwald-Stätter Weg	8	D11
Wiesbadener Str.	85	T6-T8
Wiesen grund	37	J7
Wiesenburger Weg	33	F25-F26
Wiesendamm	34	J1-J2
Wiesenerstr.	89	T13
Wiesengrundstr.	81	S25-S26
Wiesenstr.	25	F12-G13
Wiesenweg	62	M20-M21
Wießenhöher Str.	65	M26
Wigantstaler Str.	12	D18
Wikingerufer	38	K9
Wildenbruchbrücke	76	R18
Wildenbruchplatz	76	R18
Wildenbruchstr.	76	S18-R19
Wildensteiner Str.	80	S24
Wildentensteig	83	T4
Wildpfad	67	S4
Wilhelm-Busch-Str.	76	S18
Wilhelm-Gericke-Str.	7	A9
Wilhelm-Guddorf-Str.	62	L21-M21
Wilhelm-Hauff-Str.	87	U9
Wilhelm-Kuhr-Str. (Pank)	10	C14
Wilhelm-Kuhr-Str. (Wed)	9	C13
Wilhelm-Stolze-Str.	44	J18-K18
Wilhelm-Wagenfeld-Str.	12	D18
Wilhelm-Wolff-Str.	9	A13-A14
Wilhelminenhofstr.	96	U23-W25
Wilhelmsaue	70	R7-R9
Wilhelmshavener Str.	39	H9-J9
Wilhelmshöhe	73	R13
Wilhelmshöher Str.	86	T8
Wilhelmstr.	41	K13-N13
Wilhem-Borgmann-Brücke	91	V16-W17
Willdenowstr. (Stegl)	85	W6
Willdenowstr. (Wed)	24	F11-G11
Willenberger Pfad	51	M3
Willi-Sänger-Str.	78	S21
Willibald-Alexis-Str.	74	R13-R14
Willmanndamm	72	P11
Willstätterstr.	93	U19
Wilmersdorfer Str.	53	K6-N7
Wilseder Str.	87	W9
Wilsnacker Str.	39	H10-J10
Windhalmstr.	6	A8
Windhuker Str.	22	E9
Windscheidstr.	53	L6-M6
Windsorer Str.	7	D10
Winkelriedstr.	8	D11
Winkler Str.	67	R3-R4
Winninger Weg	49	K25
Winsstr.	43	H16-G17
Winterfeldtplatz	56	N11-P11
Winterfeldtstr.	71	P10-P11
Wintersteinstr.	37	K7
Winterstr.	9	C12-C13
Winterthurstr.	7	C10
Winterweg	5	B6-B7
Wintgensstr.	73	S12
Wipperstr.	92	T18
Wirmerzeile	37	H6
Wisbyer Str.	27	E16-E17
Wischbergeweg	13	C18-B19
Wismarplatz	62	L20-M20
Wissmannstr. (Neuk)	75	R16-S16
Wissmannstr. (Wilm)	67	P4-R4
Wittekindstr.	89	W12-V12
Wittelsbacherstr.	69	P7
Wittenbergplatz	55	N10
Wittestr.	4	A5-B7
Wittlicher Str.	30	D21-E21
Wittmannsdorfer Str.	92	T17
Wittstocker Str.	38	H8
Witzenhauser Str.	48	H24-G24
Witzlebenplatz	52	M5-M6
Witzlebenstr.	53	L6-M6
Wodanstr.	9	A13
Wöhlertstr.	41	H12-H13
Woelckpromenade	29	E19
Wölfertstr.	89	T12
Woemannkehre	93	V18
Wönnichstr.	63	N22-M23
Wörnitzweg	76	S18
Wörther Str.	43	H15-H16
Woglindestr.	9	A13
Woldegker Str.	16	B23
Wolfener Str.	33	E26
Wolfensteindamm	86	W7-W8
Wolffring	73	S12-S13
Wolframstr.	89	W12-W13
Wolfshagener Str.	10	B15-B16
Wolgaster Str.	26	G14
Wolgemuthstr.	94	U21-V21
Wollankstr.	9	D13-C14
Wollenberger Str.	32	F23
Wolliner Str.	26	G14-H15
Worbiser Str.	32	G23-G24
Wormser Str.	55	N10
Worpswederstr.	87	W9
Wotanstr.	63	L22-K22
Wrangelstr. (Kreu)	60	M16-N18
Wrangelstr. (Stegl)	86	W7-W8
Wriezener Karree	60	L17-L18
Wriezener Str. (Hohen)	31	G22
Wriezener Str. (Wed)	25	E13-D13
Wühlischplatz	62	M20

Name	Stadtplan Nr.	Planquadrat
Wühlischstr.	61	M19-M20
Württembergallee	51	L3-M3
Württembergische Str.	69	P7-N7
Würtzstr.	11	B16
Würzburger Str.	55	N9
Wüsthoffstr.	73	S12
Wulffstr.	85	W7
Wulfilaufer	89	W12-W13
Wulfsheinstr.	37	K6
Wullenwebersteg	38	K9
Wullenweberstr.	38	K9
Wundtstr.	52	M5-L6
Wussowstr.	92	W17
Wustrower Str.	15	B23-C23
Wuthenowstr.	86	V9

X-Y

Name	Stadtplan Nr.	Planquadrat
Xantener Str.	53	N7
Yorckstr.	72	P12-P13
Ystader Str.	26	F15

Z

Name	Stadtplan Nr.	Planquadrat
Zaandamer Str.	93	W18-V19
Zachertstr.	64	M23-M24
Zähringerstr.	69	P7-P8
Zampastr.	12	C17
Zastrowstr.	90	V14
Zauritzweg	53	L7
Zechliner Str. (Hohen)	47	H22
Zechliner Str. (Wed)	9	D13
Zehdenicker Str.	42	H15-J15
Zeiler Weg	11	C16-C17
Zeitzerstr.	92	T18
Zellerfelder Str.	11	B16
Zellestr.	45	K19
Zellinger Weg	11	C16-D16
Zelterstr.	27	F16-F17
Zeppelinplatz	23	F10-F11
Zeppelinstr.	96	U24
Zermatter Str.	7	C10
Zeughofstr.	60	N17
Zeunepromenade	85	V7-W7
Ziegelstr.	41	K13-K14
Ziegrastr.	77	T19-S19
Zietenstr.	56	N11
Zikadenweg	51	P3-N3
Zillertalstr.	10	D15
Zillestr.	53	L6-L7
Zimmermannstr.	86	V8
Zimmerstr.	57	M13-M14
Zingergraben	9	A13
Zingster Str. (Hohen)	15	B22-D23
Zingster Str. (Wed)	25	F13-E13
Zinnowitzer Str.	41	H13
Zinzendorfstr.	38	K9-J9
Zionskirchstr.	41	H14-H15
Zionskirckplatz	42	H15
Zobelitzstr.	5	B7-C8
Zobtener Str.	62	N21-P22
Zolastr.	43	J15
Zoologischer Garten	55	M9
Zoppoter Str.	85	T6
Zornstr.	64	M23
Zossener Brücke	58	N14
Zossener Str.	74	R14-N14
Züllichauer Str.	74	R14-R15
Zum Hechtgraben	15	B22-C22
Zur Plauener Str.	32	G23
Zwieseler Str.	81	R26-P26
Zwiestädter Str.	93	T18
Zwillingestr.	93	U19-U20
Zwinglistr.	38	J8-J9

Durch Nummern gekennzeichnete Straßen
Index des rues numérotées sur le plan
Index of streets numbered on plan
Register met de genummerde straten op de plattegrond
Indice delle strade numerate sulla pianta
Índice de calles numeradas en el plano

1 Ludwig-Beck-Str. 57 **M12**
2 Varian-Fry-Str. 57 **M12**
3 Fontaneplatz 57 **M12**
4 Brüder-Grimm-Gasse 57 **M12**
5 Große Präsidentenstr. 42 **K14**
6 Universitätsstr. 41 **K14**
7 Platz der Märzrevolution 41 **K14**
8 Am Festungsgraben 42 **K14**
9 Hinter dem Gießhaus 42 **K14**
10 Mollergasse 42 **K14**
11 Am Zeughaus 42 **K14**
12 Hinter dem Zeughaus 42 **K14**
13 Museumstr. 42 **K14**
14 Hedwigskirchgasse 58 **L14**
15 Hinter der Katholischen Kirche 58 **L14**
16 Schleusenbrücke 58 **L14**
17 Gustav-Böß-Str. 42 **K15**

Nützliche Telefonnummern,
Téléphones utiles,
Useful telephone numbers,
Nuttige telefoonnummers,
Numeri di telefono utili,
Teléfonos útiles

Notdienste

Assistance - *Emergency services* **- Noodnummers**
Numeri d'emergenza **- Servicios de asistencia**

Allgemeiner Notruf (Polizei) 1 10
Allgemeiner Notruf (Feuerwehr, Rettungsleitstelle) 1 12
Zentraler ärztlicher Notfalldienst 0 30/31 00 31
Zahnärztlicher Notfalldienst 0 30/89 00 43 33
Apothekennotdienst 0 11 41
   (über Auftragsservice der Telekom, 1,80 DM pro Auskunft)
Giftnotzentrale 0 30/1 92 40
Tierärztlicher Notfalldienst 0 11 41
   (über Auftragsservice der Telekom, ab 20 Uhr 1,80 DM pro Auskunft)

Touristische informationen

Offices d'informations touristiques
Tourist information centres
Toeristische informatie
Uffici informazioni turistiche
Centros de información turística

Berlin Tourismus Marketing GmbH 01 90/75 40 40
   (Hotelbuchungen, Theater-, Bahnkarten, allgemeine Informationen;
Sondertarif, 2,42 DM pro Minute)

Stadtrundfahrten:

Severin & Kühn 0 30/8 80 41 90
Bus-Verkehr-Berlin 0 30/8 85 98 80
Berliner-Bären-Stadtrundfahrt GmbH 0 30/35 19 52 70
Berolina 0 30/8 85 68 00 30

Schiffahrten:

Stern- und Kreisschiffahrt 0 30/5 36 36 00
Berliner Wassertaxi Stadtrundfahrten 0 30/65 88 02 03

Verkehr

Transports - *Transport* - Vervoer
***Trasporti* - Transportes**

BVG: Berliner Verkehrsbetriebe	0 30/1 94 49
VBB: Verkehrsverbund Berlin-Brandenburg	0 30/25 41 41 41
ZOB: Zentraler Omnibusbahnhof	0 30/3 01 80 28
(am Kaiserdamm gegenüber Messegelände)	
Reiseservice der Deutschen Bahn	0 18 05/99 66 33
(Sondertarif, 0,24 DM pro Minute)	
Berliner Flughäfen (Schönefeld, Tegel, Tempelhof)	0 18 05/00 01 86
(Sondertarif, 0,24 DM pro Minute)	
ADAC Pannenhilfe	0 18 02/22 22 22

Taxizentralen:

Funk Taxi Berlin	0 30/26 10 26
Würfelfunk Berlin Taxi-Ruf	0 30/21 01 01

Sonstiges

Divers - *Others* - Andere
***Vari* - Vários**

Zentrales Fundbüro	0 30/69 95
Messe Berlin	0 30/3 03 80
Deutscher Wetterdienst, Berliner City-Wetter	01 90/11 64 32
(Sondertarif, 1,21 DM pro Minute)	
Postamt mit Sonderöffnungszeiten	0 30/26 93 88 31
(Budapester Straße 42, gegenüber Europa-Center, Mo-Sa 8-24 Uhr, So 10-24 Uhr)	
Berliner Sporttelefon	0 30/90 26 50 50

MANUFACTURE FRANÇAISE DES PNEUMATIQUES MICHELIN
Société en commandite par actions au capital de 2 000 000 000 de francs
Place des Carmes-Déchaux - 63 Clermont-Ferrand (France)
R.C.S. Clermont-Fd B 855 200 507
© **Michelin et Cie, Propriétaires-Éditeurs 2000**
Dépôt légal mars 2000 - ISBN 2-06-203300-1

Jede Reproduktion, gleich welcher Art, welchen Umfangs und mit welchen Mitteln, ohne Erlaubnis des Herausgebers ist untersagt.

Printed in France 02-2000

Photocomposition : APS/Chromostyle, Tours
Impression : AUBIN Imprimeur, Ligugé
Brochage : SIRC, Marigny-Le-Châtel